KB122403

후삼국 통일전쟁사 연구

한국중세사학회 연구총서 11

후삼국 통일전쟁사 연구

신 성 재 지음

혜안

책을 내면서

　이 책은 필자가 2011년부터 2017년까지 후삼국 통일전쟁사 연구의 일환으로 집필하여 학술지에 기고한 7편의 논문들을 다듬고 보완하여 하나의 단행본으로 엮어낸 것이다.

　필자는 본서를 집필하기에 앞서 후삼국시대 수군활동과 해전을 연구한 논문들을 모아 저서로 출간한 바 있다. 2016년에 발행된 『후삼국시대 수군활동사』(혜안)가 바로 그 책이다. 고려가 서남해역 해상권을 장악하고 해상교통을 보장하는 수군활동을 적극 전개함으로써 후삼국을 통일할 수 있었다고 결론지은 이 첫 번째 저서에서는 독자들로 하여금 한국 역사 속 해양력의 불변적인 가치와 해군력의 중요성을 알리는 데 주력하였다.

　그로부터 2년여의 시간이 흐른 뒤에 또 하나의 책을 출간하게 되었다. 이 책은 기존의 저서에서 다루지 못했던 지상 전투와 그동안 새롭게 밝혀낸 수군활동 내용을 담고 있다. 물론 이 책은 고려와 후백제가 벌인 후삼국 통일전쟁의 전투 모두를 망라하고 있지는 않다. 전쟁사가들 사이에서 보편적으로 중요하게 인식되어온 전투들 중에서 전쟁의 전환점을 마련한 지상전과 바닷길, 도서지방, 연근해의 전략 거점을 둘러싸고 벌어진 일련의 해양쟁패전에 주목한 논문들이 저서의 근간을 이루고 있다.

　이 책은 보론을 포함하여 3개의 체제로 구성하였다. 논문은 가급적 전투와 사건의 연대기적 순서에 따라 배치하였다. 먼저 1부는 고려와 후백제의 전쟁에서 중요한 전환점이 되었던 지상전과 이를 주도한 장수의 군사활동을 다룬 논문 3편을 중심으로 구성하였다. 대중들에게 널리 알려진 후백제 견훤의 완승이자 고려 태조 왕건이 죽음 직전에서 구사일생으로 살아난 공산전투의 배경과 과정을 전략 전술적 관점에서 해석해낸「고려와 후백제의 공산전투」를 우선적으로 수록하고, 후삼국시대 고려와 후백제의 최후 결전인 일리천전투에 대해 역시 전략 및 전술적 차원에서 분석한「일리천전투와 왕건의 전략전술」논문을 이어서 수록하였다. 또한 고려의 장수 유금필이 후삼국 통일 과정에서 주도적으로 수행한 군사활동에 주목하여 그가 전투 국면에서 구사한 용병술과 지휘통솔, 장수로서의 자질 등을 밝혀낸「고려 태조대 명장 충절공 유금필」을 마지막 논문으로 수록하였다.

　2부에서는 수군활동과 해양쟁패전에 주목한 논문들을 중점적으로 수록하였다. 2부에 수록한 논문 역시 3편이다. 첫 번째로 수록한 논문은 왕건이 서남해에 위치한 전략 도서들을 대상으로 벌인 수군활동과 그것이 갖는 해양사적 의미를 상세히 검토한 「왕건의 서남해 도서지방 경략과 해양사적 의미」이다. 이 글에서는 왕건의 서남해 도서지방 경략이 통일전쟁을 벌이던 당대는 물론 통일 이후까지 미친 영향과 의미를 해양사적인 시각에서 거시적으로 밝히고 있다. 서남해 도서지방이 해상권 확대의 교두보가 된 점, 전쟁 수행에 소요되던 전략물자를 공급하는 거점으로 활용된 점, 안정적인 해상교통 보장에 따라 견훤이 해로를 통하여 고려 왕조로 입조해와 전쟁을 조기에 종식시킬 수 있었던 점, 통일 이후 조세운송시스템 구축과 대선 중심의 군선 운용이 조선 왕조로 계승된 점 등이 그 핵심적인 내용이다.

주지하듯이 고려와 후백제의 서남해역 해상권쟁탈전은 궁예가 통치하던 900년 초기부터 훗날 견훤이 고려로 입조하여 왕건이 후삼국 전쟁의 주도권을 장악하고, 실질적으로 통일을 완수하는 순간까지 지속되었다. 양국간의 가장 치열했던 해양쟁패전은 930년 초에 발발하였다. 고려가 927년에 해상권을 남해안의 진주지방에까지 확대하자, 후백제왕 견훤은 932년에 서해 중부해역을 침탈하고 고려의 왕도로 통하는 예성강 수역을 대거 공략하는 수군활동을 전개하였다. 남해로부터 시작하여 서해 중부해역, 그리고 고려의 왕도가 위치한 서해 북부 예성강 수역을 무대로 격화되던 왕건과 견훤의 해상 대결은 「고려와 후백제의 해양쟁패전」을 통해 생동감 있게 접해볼 수 있다.

이와 함께 고려의 명장 유금필이 동시기에 백령도와 인근 도서지방을 연결하는 해상방어체제를 구축함으로써 후백제 수군의 침탈을 억제시킨 사례가 눈길을 끄는데, 이에 대한 과정과 해양방위사적인 의미는 끝으로 수록한 「나말려초 백령도와 유금필의 수군활동」을 통해 구체적으로 파악할 수 있다.

한편 보론에서는 특별히 「후삼국 통일전쟁과 왕건의 해군력 운용 － 현대의 해군력 운용 개념을 적용하여」라는 제목의 가장 최근에 작성한 논문을 수록하였다. 이 논문은 한국의 현대 해군이 규정하고 있는 해군력을 운용하는 개념 중에서 후삼국 전쟁기의 수군활동에 적용이 가능하다고 판단되는 개념인 해양 통제, 군사력 투사, 해군력 현시, 인도적 지원에 주목하여, 왕건이 궁예 치하에서부터 후삼국 통일을 달성하기까지 벌인 수군활동을 이들 몇 가지 이론적 틀에 입각하여 재해석해낸 것이다. 후삼국 전쟁기에 해군력을 운용하던 개념이 오늘날과 다르고, 단순히 현대의 이론적 틀에 적용하는 것 역시 역사 연구방법론으로 적합하지 않은 측면이 있다. 그러나 무릇 '모든 역사는 현대사'라는 말이 웅변해주듯이 해군력의 전략적 가치가 날로 증가되어 가는 현실에서 앞으로 닥쳐올 미래 문제에 선제적으로 대응하자면 충분히 적용해봄직한 해석이자 정책적 시사점을 제공하는 시도가 아닐 수 없다.

이 책이 발간되는 2018년, 금년은 공교롭게도 태조 왕건이 고려를 건국한 지 꼭 1100주년이 되는 해이다. 이처럼 역사적인 해를 맞이하여 학계에서는 해양강국 고려의 다양성과 통합성, 개방성과 역동성을 특징으로 하는 다원사회 고려 왕조의 면모를 재조명하고 왕건의 업적을 널리 알리는 작업이 한창이다. 마침 그러한 때에 태조 왕건과 고려군이 후삼국 통일전쟁 과정에서 해·육상을 무대로 활약했던 전투와 해전을 다룬 단행본을 출간하게 되어 뿌듯하기 그지없다.

논문 체제로 정리된 학술적 성격의 글이기에 독자들에 따라서는 어려움을 느낄 수도 있으나, 각각의 논문은 가급적 이해하기 용이하도록 서술 내용을 보완하였다. 이 시대의 전쟁과 개별적인 전투, 해전이 당대의 정치·사회·경제·군사·외교적 과제와 어떻게 연결되고, 또한 어떠한 영향을 끼쳤는가에 대해서도 의미 있는 교훈을 선사할 것으로 기대한다. 더불어 해양강국 고려가 후삼국을 통일하는 과정에서 수군력을 핵심 전력으로 확보 및 운용하였듯이, 장래 통일 한국을 건설하는 과정에서도 해군력이 선도적인 역할을 수행하였으면 하는 바람이다.

끝으로 저서 발간에 도움을 준 기관과 지인들께 사의를 표한다. 한국중세사학회 김기섭 회장님과 임원들께서는 필자의 부족한 글이 학회의 연구총서로 출간될 수 있도록 배려와 격려를 해주셨다. 필자가 몸담고 있는 해군은 언제나 든든한 후원자의 역할을 해주고 있고, 모교인 해사는 교육적 지원을 아끼지 않고 있다. 연세대학교 사학과에 계시는 하일식 선생님과 김도형·도현철 선생님께도 감사드린다. 선생님들의 가르침과 학은에 힘입어 역사 연구자의 길을 걷게 되었고, 부족하나마 소중한 학문적 성과를 이룰 수 있게 되었다. 늘 필자를 챙겨주는 아내 송미경과 꿈 많은 딸 하은이, 사려 깊은 아들 중현이에게도 고마움을 표한다. 이 책의 출간을 흔쾌히 받아주신 도서출판 혜안의 오일주 사장님과 아담하게 편집을 해주신 김태규 선생님,

그리고 편집진 선생님들께도 감사의 말씀을 전한다. 이 분들의 정성이 있었기에 흩어져 있던 필자의 논문들은 하나로 모여 체제와 내용을 갖춘 학술서적으로 새롭게 태어날 수 있게 되었다.

고려 건국 1100주년을 기억하며,
해군사관학교 통해관에서
2018년 5월
신 성 재

글싣는 차례

제1부 지상전과 전략·전술

제1부
지상전과 전략·전술

고려와 후백제의 공산전투

1. 머리말

후삼국 전쟁기에 고려(高麗)와 후백제(後百濟)는 해·육상의 전략적 요충지를 둘러싸고 치열한 싸움을 벌였다. 나주(羅州)로 통하는 서남 해역과 경상남도 남부 지방에 위치한 대야성(大耶城) 일대, 충청도 중북부 지역의 운주(運州 : 홍성)와 보은(報恩) 지방, 경북 내륙의 문경 (聞慶)과 상주(尙州) 지방은 그 대표적인 격전지로서 크고 작은 전투가 빈번하게 발생하였다. 이처럼 수없이 많은 격전지에서 치러진 전투 가운데 927년(태조 10) 대구(大邱) 팔공산(八公山) 일원에서 고려와 후백제가 격돌한 공산전투(公山戰鬪)는 후삼국 통일전쟁의 3대 전투 라 불릴[1] 정도로 학계는 물론 세간에 널리 알려져 있어 주목된다.

공산전투가 이렇듯이 널리 알려지게 된 배경에는 무엇보다도 견훤

---

1) 文暻鉉, 『高麗太祖의 後三國統一硏究』, 螢雪出版社, 1987, 137쪽. 경북 안동에서 발발한 古昌戰鬪(929.12~930.1)와 충남 홍성에서의 運州戰鬪(934.9)를 통일전 쟁의 3대 전투로 명명하였다.

(甄萱)의 경주 침입으로 말미암아 위기에 처한 신라를 구원하기 위해 출동한 고려군이 후백제와의 대전(大戰)에서 무참히 패배하고 왕건(王建)만이 극적으로 탈출하였다는 사실에서 기인하는 것 같다. 뿐만 아니라 절체 절명의 위기 상황에서 왕건을 구하고 순절한 신숭겸(申崇謙)의 활약과 숭고한 희생정신이 불러오는 감동도 그 이유인 듯하다. 나아가 비록 일시적인 기간이기는 하지만, 이 전투를 기점으로 후백제가 경상도 권역을 둘러싼 고려와의 대결 정국에서 주도권을 장악하면서 후삼국 통일전쟁에서 유리한 위치에 올라서게 되었기 때문이기도 하다. 이와 같이 역동적이면서도 한편으로는 비장함마저 느껴지는, 그러면서 역사적인 측면에서 그 의의가 컸던 전투였기 때문에 지금까지 이와 관련하여 주목할 만한 성과들이 여럿 제출되었다.

먼저 민병하(閔丙河)는 신숭겸이 왕건의 민족 재통일에 미친 영향과 공산전투에서의 활약상, 그가 순절한 곳에 설치된 표충단(表忠壇)을 비롯한 대구 일대의 유지(遺趾) 등을 정리한 성과를 내놓았다.[2] 이는 공산전투를 다룬 최초의 논문으로 고려의 후삼국 통일 과정에서 신숭겸이 끼친 영향과 역할을 조명하고 충절의 표상으로 선양하였다는 점에서 의미를 갖는다. 이로부터 1년 뒤에, 류영철(柳永哲)은 공산전투의 발생 배경과 공산 지역이 격전지로 선택되어진 원인, 전투의 전개 과정, 927년을 전후한 대구 지역의 동향과 존재 양태 등을 포함하는 논고를 발표하였다. 그의 논고는 경상도 권역을 둘러싼 고려와 후백제의 쟁패 과정이라는 시각 속에서 공산전투의 배경과 진행 과정, 의의 등을 전론(專論)으로 살피고 있어 주목된다.[3] 특히 사료

---

2) 閔丙河, 「申崇謙과 公山桐藪 戰鬪」 『軍史』 29, 國防軍史硏究所, 1994.

3) 柳永哲, 「공산전투의 재검토」 『鄕土文化』 第9·10合集(斗山 金宅圭 博士 停年

부족에 따른 한계점을 극복하기 위해 현지에 전하는 속전(俗傳) 자료를 적극적으로 활용하여 전투의 실상과 왕건의 행적 등을 재현한 점은 눈여겨볼 부분이다.

신숭겸에 대한 선양적 의미를 반영한 성과가 나오고, 고려와 후백제의 쟁패 과정에 주목한 연구가 후속하는 분위기 속에서 자연스럽게 이에 기초한 성과들이 제시되었다. 신숭겸의 생애와 고려 건국 과정에서의 역할을 소개하면서 그의 사후 평가와 대우를 시대별로 정리한 성과와,[4] 마찬가지로 신숭겸의 생애를 다루면서 사후 곡성(谷城)의 성황신(城隍神)으로 추앙받게 되는 배경과 덕양사(德陽祠)에 배향되는 과정을 살핀 논고가 그것이다.[5] 이 성과들은 신숭겸의 일대기를 보다 객관적으로 파악할 수 있고, 사후에 진행된 선양 작업의 내용과 그것이 갖는 역사적인 의미를 살필 수 있다는 점에서 눈길을 끈다. 공산전투에 대한 쟁패사적 시각이 반영된 성과는 후삼국 건국자들의 군사활동을 중심으로 서술한 개설서와 일반 독자들을 상대로 한 대중도서,[6] 후삼국시대 전쟁사를 다룬 연구서[7] 등에서 부분적으로 소개되는 등 점차 보편적이며 대중화되어 가는 경향을 보이고 있다. 대체로 공산전투에서 활약한 신숭겸의 생애와 사후평가, 공산전투의

紀念 郷土史論叢), 1995 ; 「공산전투의 재검토」『고려 태조 왕건 고려 태사 신숭겸 장군-공산전투 동수대전』, 평산신씨 대구·경북화수회, 2000 ; 「公山戰鬪의 배경과 전개과정」『高麗의 後三國 統一過程 硏究』, 景仁文化社, 2004.

4) 李仁在, 「羅末麗初 申崇謙의 生涯와 死後評價」『江原文化硏究』6, 江原郷土文化硏究會, 2001.

5) 변동명, 「申崇謙의 谷城 城隍神 推仰과 德陽祠 配享」『韓國史硏究』126, 韓國史硏究會, 2004.

6) 이도학, 『궁예 진훤 왕건과 열정의 시대』, 김영사, 2000 ; 임용한, 『전쟁과 역사-삼국편』, 혜안, 2001.

7) 문안식, 『후백제 전쟁사 연구』, 혜안, 2008.

배경과 전개 과정을 전론으로 다룬 성과가 나오는 등 연구 수준이 심화되는 가운데 일반 대중들을 대상으로 하는 영역에까지 관심이 확대되고 있는 실정이다.

그럼에도 불구하고 공산전투를 다룬 지금까지의 성과가 충분하거나 전투와 관련한 의문점이 완전히 해소된 상황은 아니다. 특히 전쟁사적인 관점에서 이 전투의 배경과 실상 등을 살핀 연구는 매우 드문 편이다. 선학들이 일구어 놓은 성과에 의지하는 가운데, 남겨진 기록에 대한 정치한 분석을 바탕으로 고려와 후백제의 공산전투에 대해 서술해보고자 한다. 927년 9월 견훤의 경주 침입으로부터 실제 공산전투로 이어지는 전투의 발발 시기에 대한 재구성 작업은 이러한 논의의 출발점에 해당한다.

공산전투의 발발 배경에 대해서는 927년을 전후하여 고려와 후백제가 경상도 권역을 둘러싸고 추진한 군사활동을 중심으로 그 내면에 반영된 '양국의 전략적 목표와 군사력 운용 방향이 무엇이었는지'를 국지적인 전투가 아닌 후삼국 전쟁이라는 거시적인 흐름 속에서 살펴볼 필요가 있다. 고려와 신라가 동맹관계를 형성하면서 해·육상으로 경상도 지역의 요충지를 잠식해오던 상황에서, 후백제가 이에 대한 적극적인 대응 전략을 마련하였을 것으로 짐작되는 점은 공산전투가 발발하게 되는 전략적인 배경을 이해하는 데 있어 주목해볼 대목이다. 공산전투의 전개 과정과 전술적 특징, 전투의 영향 등에 대해서도 좀더 당대의 실상에 가깝게 정리할 필요가 있다. 특히 이 부분에 대해서는 고려군이 왜 패배하게 되었고 후백제군이 승리할 수 있었던가를 군사력을 운용하는 전술적인 측면에 주목하여 밝혀보고자 한다.

2. 공산전투의 시기 재구성

927년에 발발한 공산전투에 대해서는 그 역사적인 중요성으로 인하여 현전하는『삼국사기(三國史記)』와『삼국유사(三國遺事)』,『고려사(高麗史)』등에 빠짐없이 기록되어 있다. 근품성(近品城)8)을 공격한 견훤이 신라의 경주를 침입하자 왕건이 5천의 정예 기병을 이끌고 공산에서 조우하여 치열한 전투를 벌였으나 참담하게 패하였고, 그 과정에서 신숭겸과 김락(金樂)이 사력을 다해 분투한 덕분에 가까스로 탈출하여 죽음을 모면하였다는 것으로 대체적으로 사서마다 그 내용이 일치한다. 그러나 견훤이 근품성을 공격하던 9월부터 실제 공산전투가 발발하는 시점에 대해서는 기록마다 차이를 보인다. 이러한 차이에 대해『고려사』의 기록을 중심으로 다른 사서들과 비교하면서 전투의 시기를 추정해 보고자 한다.

①-1 9월에 甄萱이 近品城을 공격하여 불사르고 나아가 신라 高鬱府를 습격하여 교외에까지 이르렀다. 신라왕이 連式을 보내어 급함을 고하였다.

①-2 왕이 시중 公萱과 大相 孫幸, 正朝 聯珠 등에게 말하기를, "신라는 우리와 더불어 同好한 지 이미 오래인데 지금 급박하니 구하지 않을 수 없다."라고 하며 공훤 등을 보내어 병사 1만명으로서 나아가게 하였다.

---

8) 삼국사기 경애왕 4년의 기록을 근거로 近嵒城으로 표기하기도 한다(文暻鉉, 앞의 책, 1987, 134~136쪽). 그 위치는 현재의 경상북도 문경시 산양면으로 비정된다.

①-3 (이들이) 미처 이르기 전에 견훤이 갑자기 신라의 도성으로 들어갔
다. 이때 신라왕은 妃嬪 宗戚과 더불어 鮑石亭에 나와 놀며 주연을
베풀고 오락을 하다가 갑자기 적병이 왔음을 듣고 창졸간에 어찌할
바를 몰랐다. … (견훤이) 왕의 表弟인 金傅를 세워 왕으로 삼고
아우 孝廉과 宰臣 英景 등을 포로로 하였으며, 자녀들과 百工·兵仗·珍
寶를 모조리 掠取하여 돌아갔다.

①-4 왕이 이를 듣고 크게 노하여 사신을 보내어 弔祭하고 친히 정예기병
5천을 거느리고 公山桐藪에서 견훤을 요격하여 크게 싸웠으나 불리
하였다. 견훤의 군사가 왕을 몹시 급하게 포위하였다. 大將 申崇謙과
金樂이 힘을 다해 싸웠으나 전사하고 모든 군사가 패배하였다.
왕은 겨우 단신으로써 위기를 면하였다.

①-5 견훤은 승세를 타고 大木郡을 공취하고 田野에 쌓여 있는 곡식을
불살라 버렸다.

② 겨울 10월에 견훤이 장수를 파견하여 碧珍郡을 침략하고 大木과
小木 2군의 벼를 베어갔다.

③ 11월에 碧珍郡의 벼 곡식을 불살랐으며 正朝 索湘이 여기서 전사하였
다.9)

---

9) 『高麗史』 권1, 세가1 태조 10년 9월, "九月 甄萱攻燒近品城 進襲新羅高鬱府
逼至郊畿 新羅王遣連式告急 王謂侍中公萱大相孫幸正朝聯珠等曰 新羅與我同好已
久 有急不可不救 遣公萱等以兵一萬 赴之 未至萱猝入新羅都城. 時 羅王與妃嬪宗戚
出遊鮑石亭置酒娛樂 忽聞兵至倉卒不知所爲 … 立王表弟金傅爲王 虜王弟孝廉宰
臣英景等 盡取子女百工兵仗珍寶以歸 王聞之大怒 遣使弔祭親帥精騎五千 邀萱於
公山桐藪大戰不利 萱兵圍王甚急 大將申崇謙金樂力戰死之 諸軍破北 王僅以身免
萱乘勝取大木郡 燒盡田野積聚 冬十月 甄萱遣將侵碧珍郡 芟大木小木二郡禾稼 十
一月 燒碧珍郡稻穀 正朝索湘戰死之."

위는 고려와 후백제 간에 발발한 공산전투의 전체적인 흐름을 담고 있는『고려사』의 기록이다. 그런데 기록을 통해 보듯이 공산전투는 927년 9월에 발발한 것처럼 서술되어 있다. 전투에 앞서 신라의 경주가 습격을 받고, 이후 여러 사건들이 발생하고 있음에도 불구하고 (사료 ①-1~①-5) 시기구분 없이 연속되는 사건으로 기록된 것이 이를 말해준다.[10] 더구나 공산전투에서의 승리를 계기로 주도권을 잡은 견훤이 그 해 10월과 11월에 벽진군(碧珍郡 : 경북 성주)을 침략하여 곡식을 불태우고 고려의 장수 색상(索湘)을 전사시켰다고 하는 내용이 별도의 월로 기록된 점은 공산전투가 9월에 발발하였던 것으로 이해하는 데 무리가 없어 보인다. 하지만 공산전투를 9월에 발발하였던 사건으로 이해하기에는 문제점이 없지 않다.

동일한 사건 내용을 전하는『삼국사기』에는 공산전투의 전후 시기를 구분하여 파악하고 있다. 먼저 견훤의 일대기를 기록한 열전에 따르면 견훤의 근품성 공격과 이에 따라 신라왕이 구원군을 요청한 사실이 9월에 있었던 사건으로 나온다. 그리고 10월에는 견훤이 경주를 침입한 사실과 왕건이 구원군을 친솔(親率)하고 내려온 기사가 이어지고, 공산전투의 발발과 진행 과정, 전투에서 승기를 잡은 견훤이 대목군(大木郡 : 경북 칠곡군 약목면)을 빼앗은 기사가 후속한다.[11] 만약 이 기록을 신뢰하는 입장에서 본다면 공산전투는 9월이 아닌 10월에 발발한 셈이 된다. 그런데 동일한 사서의 경애왕(景哀王)

---

10) 삼국유사의 기록에도 근품성 공격에서부터 공산전투에 이르기까지 일련의 사건이 9월에 발발한 것처럼 서술되어 있다(『三國遺事』권2, 기이2 후백제 견훤 천성 2년 정해).

11) 『三國史記』권50, 열전10 견훤.

본기 기사에는 이와는 또 다른 내용의 기록이 나온다. 신라가 고려에 구원군을 요청한 사실은 9월에 있었던 것으로 기록하고 있음에 비해, 견훤이 경주를 침입한 사건은 11월에 발생한 것으로 나온다.[12] 이 기록을 기준으로 본다면 공산전투는 9월이나 10월이 아닌 11월에 발발한 사건이 된다. 그렇다면 과연 공산전투는 어느 시점에 발발하였던 사건으로 보아야 마땅할까.

공산전투의 시기가 사서마다 차이를 보이던 점에 대해서는 이미 류영철이 의문을 표명한 바 있다. 즉 그는 공산전투의 발발 시점이 『삼국사기』 본기 기사와 열전, 『고려사』 세가의 기록이 상이하다는 점을 언급하면서 그 진위를 분명히 하기는 어렵다고 하였다. 그러면서 『고려사』의 기록에 『삼국사기』에서 공산전투가 발발하였다고 하는 10월 및 11월에 견훤이 벽진군을 침공한 사실이 수록되어 있고(사료 ② ③), 전투가 끝난 뒤인 12월에 견훤이 왕건에게 국서(國書)를 보낸 기록을[13] 언급하면서 『고려사』의 기록을 더 신뢰하는 입장을 취하였다. 물론 그는 공산전투가 어느 시기에 발발하였는지에 대해서 직접적인 서술을 하지 않았다. 그러나 『고려사』의 기록에 무게를 두면서 공산전투의 전모를 살피고 있어 견훤이 근품성을 공격하던 9월에 발생한 사건으로 이해하는 듯한 인상을 남겼다. 하지만 『고려사』의 기록을 중시하여 공산전투의 발발 시기를 9월로 인정하기에는 여전히 의심스런 점이 있다. 아래 기록을 보자.

---

12) 『三國史記』 권12, 경애왕 4년 秋 9월. 안정복이 저술한 『동사강목』에서는 견훤의 경주 침입과 공산전투의 내용을 모두 11월로 기록하고 있다(『東史綱目』 제5하, 정해 경애왕 4년 冬 11월).
13) 『高麗史』 권1, 세가1 태조 10년 12월.

④ 12월에 甄萱이 왕에게 서신을 보내어 말하기를, … "足下는 나의 忠告를 자세히 살피지 않고 유언에 귀를 기울여 온갖 계략으로 엿보고 여러 방향으로 침략하였다. 하지만 오히려 그대는 나의 말 머리를 보지 못하였고, 소털을 뽑지도 못하였다. 초겨울에 都頭 索湘이 星山陣 아래에서 속수무책으로 패하였고, 그 달 안에 左相 金樂이 美利寺 앞에서 해골을 드러내었다. 죽이고 노획한 것도 많고 추격하여 사로잡은 것도 많았다."[14]

위는 견훤이 공산전투에서 승리한 뒤인 12월에 왕건에게 보낸 국서의 내용 중 일부를 발췌한 부분이다. 이 기록에서 주목되는 사실은 견훤이 도두(都頭)[15] 색상을 성산진(星山陣) 아래에서 격파한 같은 달에 고려의 좌상(左相) 김락을 미리사(美利寺) 앞에서 전사시켰다고 언급한 점이다. 공산전투의 전황을 담고 있는『고려사』의 기록을 보면 색상이 전사한 달은 11월로 나온다(사료 ③). 그렇다면 김락이 전사한 시점은 색상이 전사한 달과 같으므로 11월에 해당한다. 그런데 흥미로운 사실은『고려사』의 기록에 김락이 공산전투에서 전사하였다고 서술한 점이다(사료 ①-4). 따라서 국서에 전하는 색상과 김락이 전사한 시점이 11월로 동일한 점,『고려사』에 김락이 공산전투에서 전사하였다고 하는 사실 등을 종합해보면 이 전투가 9월이 아닌 11월에 발발하였다는 결론에 이르게 된다. 하지만 이것으로 공산전투

---

14) 위와 같음. "十二月 甄萱寄書王曰 … 足下 不詳忠告 恃聽流言 百計窺覦 多方侵擾 尙不能見僕馬首 拔僕牛毛 冬初 都頭索湘束手 於星山陣下 月內 左相金樂 曝骸於美 利寺前 殺獲居多 追擒不小."

15) 동일한 사서의 11월 기록(사료 ③)에는 관품을 나타내는 正朝로 표현되어 있다.

가 11월에 발발한 것으로 단정하기는 조심스럽다. 그럼에도 불구하고 공산전투가 10월 또는 11월에 발발한 것으로 기록하고 있는『삼국사기』열전과 경애왕 본기 기사는 눈여겨볼 필요가 있다.[16] 9월의 근품성 공격을 시작으로 본격적인 경주 공략을 감행하던 후백제의 군사활동과 이에 대한 신라와 고려의 외교군사적 대응이 어느 정도의 시간을 필요로 하는 사안이었을 것임을 감안해볼 때 일련의 사건 중에서 맨 마지막에 벌어진 공산전투가 그 시발점에 해당하는 9월에 발발하였을지는 의문이 아닐 수 없다. 오히려『삼국사기』에 기록된 것처럼 적어도 10월이나 그 이후인 11월에 발발하였기 때문에 그와 같은 기록으로 남겨졌던 것은 아닐까.

공산전투가 9월 이후에 발발하였음직한 이유는 또 있다. 경주를 침략한 견훤이 곧바로 회군하지 않고 일정 기간동안 머물렀음을 보여주는 기록이 이를 짐작케 한다.『삼국유사』에 따르면, 신라 말에 정보(正甫) 최은함(崔殷誠)이 늦도록 아들이 없어 중생사(衆生寺)의 부처님께 기도를 하였더니 드디어 태기가 있어 아들을 낳았다고 한다. 그런데 아들을 얻은 지 채 석 달이 못되어 백제(百濟)의 견훤이 서울(京師)을 습격하여 범하니 성중(城中)이 크게 혼란하였다고 한다. 이에 은함은 중생사를 찾아가 훗날을 기약하며 아들을 강보에 싸서 사자좌(猊座) 밑에 감추어 두고 떠났다고 한다. 그리고 '반 달이 지나 적병이 물러난 뒤에(經半月寇退)' 아이를 찾아보니 살결이 마치 목욕한 것처럼 어여뻤다고 한다.[17] 다소 과장스런 표현이 반영된 기록이기도 하지만, 경주를 침입한 견훤이 곧바로 회군하지 않고 적어도 보름

---

16) 주 11)·12) 참조.
17)『三國遺事』권3, 탑상4 삼소관음 중생사.

정도의 기간을 머물렀음을 짐작해볼 수 있다.[18] 이 기록을 고려하여 공산전투의 발발 시기를 추정해본다면 9월보다는 그 이후에 발발하였을 가능성이 높다고 생각된다. 경주에서 머물렀던 보름 정도의 기간과 처음 근품성을 공격하여 함락하기까지의 기간, 이후 고울부 (高鬱府 : 영천)로의 병력 이동과 신라의 왕도를 위협하던 기간, 신라가 고려에 구원을 요청하고 고려가 공훤(公萱)을 지휘관으로 하는 1만의 구원군을 편성 및 이동시키는 데 걸리는 기간,[19] 그 뒤 경주를 습격하는 등 실제 공산전투를 치르기에 앞서 적지 않은 기간이 소요되었을 것이기 때문이다.

공산전투가 어느 시기에 발발하였는가 하는 문제는 그다지 중요치 않다고 볼 수도 있다. 현전하는 기록을 모두 포괄하여 9월에서 11월 사이에 발발하였던 전투로 결론내릴 수도 있다. 하지만 이 전투가 언제 치러졌는가에 대한 시기 문제는 근품성 공격으로부터 경주 습격, 공산전투에 이르기까지 이어지는 일련의 군사활동이 견훤의 계획하에 수행되었을 가능성이 높다는 점에 의미가 있다.[20] 공산전투를 직접적으로 거론한 것은 아니지만, 견훤의 경주 습격이 왕건의 구원군 파견에 따라 이루어진 비계획적인 결과로 서술되기도 한다. 견훤이 도성 근교에 있을 때에 신라왕이 왕건에게 구원을 요청하였고,

---

18) 류영철, 앞의 책, 2004, 112~113쪽.
19) 신라의 구원 요청을 접수한 왕건은 공훤을 지휘관으로 하는 별도의 구원군 1만을 우선적으로 파견하였다. 하지만 파견된 이후 이 구원군이 수행한 활동과 행적은 전무하다. 이에 대해 견훤이 궤멸시킨 것으로 보는 견해가 있다(이도학, 앞의 책, 2000, 209쪽).
20) 근품성 공격에서 경주 침입에 이르기까지 견훤이 실행한 일련의 군사활동에 대해 '聲東擊西의 陽動作戰'으로 파악한 견해가 있다(文暻鉉, 앞의 책, 1987, 136쪽).

왕건이 구원군을 보내자 견훤으로서는 입성을 결심하지 않을 수 없었다고 한다.[21] 유사한 맥락에서 신라는 고려에 구원을 요청하였고, 고려군이 출동했다는 소식을 들은 견훤은 내친 김에 신라의 서울로 쳐들어가 경애왕을 살해하였다고 한다.[22] 이러한 입장에서 본다면 후속하는 공산전투 역시 회군길에 우연적으로 발생한 전투로 해석되기 쉽다. 하지만 그렇지 않았을 가능성이 높다고 생각된다. 오히려 견훤이 경주 공략이라고 하는 과감한 형태의 군사력 운용 계획을 수립하였고, 고려군의 이동 경로 등을 파악하면서 대구 지역을 회군로로 잡는 과정에서 전투가 발발하였던 것이 아니었나 추정된다.[23] 견훤이 신라를 공격하기에 앞서 고려의 세력 기반 내지는 군량공급처가 될 수 있는 가능성을 차단하기 위해 근품성을 소각시키고,[24] 경주가 기습 공격을 받는 상황에서 신라의 군신들이 조직적인 저항을 전개하지 못하였던 점,[25] 전투 이후 견훤이 왕건에게 보낸 국서에서 "기약하는 바는 나의 활을 평양(平壤)의 문루에 걸고 나의 말에게 패강(浿江)의 물을 마시게 하고자 한다."[26]며 군사적 자신감을 드러낸 것을 보면 단순히 우연적인 군사활동을 통해 얻어진 결과가 아니었음을 짐작케한다. 공산전투는 경상도 지역을 둘러싼 고려와 후백제간의

---

21) 河炫綱, 『韓國中世史硏究』, 一潮閣, 1988, 58~59쪽.
22) 김갑동, 「後百濟 甄萱의 戰略과 領域의 變遷」『후백제 견훤정권과 전주』, 주류성, 2001, 207쪽 ; 『고려의 후삼국 통일과 후백제』, 서경문화사, 2010, 40쪽.
23) 공산지역에서 전투가 발발하게 된 배경은 4장에서 상론한다.
24) 류영철, 앞의 책, 2004, 111쪽 ; 崔貞煥, 「고려시기 대구지역의 변화와 정체성」 『安東史學』 9 · 10號, 安東史學會, 2005, 116쪽.
25) 陸軍本部, 『韓國古戰史 2』(中世篇), 1976, 28쪽.
26) 『高麗史』 권1, 세가1 태조 10년 12월. "期者掛弓於平壤之樓 飮馬於浿江之水."

전략적인 이해관계가 첨예하게 대립하는 과정에서 발발하였던 전투로 그 시기는 10월 또는 11월이 아니었던가 추정된다.

3. 공산전투의 전략적 배경

공산전투가 927년이라고 하는 특정한 시기에 발발하게 된 배경에 대해서는 심층적인 검토가 이루어지지 못하고 있다. 대다수의 연구자들은 공산전투에 선행하여 발생한 견훤의 경주 침입에 보다 많은 관심을 기울였다. 특히 견훤이 경주를 침입한 목적과 경애왕(景哀王)을 살해하고 경순왕(敬順王)을 옹립한 정치외교적인 이유에 주목하였다. 그리하여 고려와 신라가 공동 전선을 펴나가는 것에 불안과 증오를 느낀 견훤이 신라를 징벌하는 등 고려와의 연락을 차단하기 위한 의도에서,[27] 신라와 고려의 군사동맹을 견제하는 한편 경애왕을 중심으로 하는 친고려정권을 타도하여 친백제 내지는 중립 왕권을 세우기 위한 목적에서 침입하였던 것으로 파악하였다.[28] 유사한 시각에서 견훤이 자신에게 대항하고 적대감을 나타내던 신라왕을 응징함으로써 고려와의 관계를 차단하고 후삼국의 주도권을 장악하기 위한 목적이었다는 견해도 제시되었다.[29]

---

27) 陸軍本部, 앞의 책, 1976, 28쪽.
28) 文暻鉉, 앞의 책, 1987, 137쪽.
29) 陰善赫,「新羅 敬順王의 卽位와 高麗 歸附의 政治的 性格」『全南史學』11, 全南史學會, 1997, 129쪽. 이 시기 견훤의 경주 침입 배경과 신라의 정치세력 동향은 다음 논고가 유익하다. 申虎澈,『後百濟 甄萱政權研究』, 一潮閣, 1993, 114~115쪽 ; 曺凡煥,「新羅末 朴氏王의 登場과 그 政治的 性格」『歷史學報』129, 歷史學會, 1991, 16~20쪽 ; 李明植,「新羅末 朴氏王代의 展開와 沒落」『大丘史學』83, 大丘史

공산전투가 견훤의 경주 침입과 불가분의 관계에 있고, 그 연속선상
에서 발발하였다고 하는 사실은 이러한 견해에 주의 깊은 경청을
요한다. 고려와 신라와의 관계는 920년(태조 3) 정월에 처음 교빙관계
를 맺은 것을 시작으로 동년 10월 진례군(進禮郡 : 경남 창원)까지
핍박해온 후백제군을 격퇴하기 위해 고려가 구원군을 파견하면서
가까워지게 되었다.[30] 이후 925년(태조 8) 10월에는 경주로 통하는
길목을 방위하던 고울부의 장군 능문(能文)이 왕건에게 귀부(歸附)
의사를 표시해오면서[31] 양국간의 관계는 더욱 밀착하게 되었다. 더구
나 공산전투가 발발하던 927년에 이르러서는 신라의 국상(國相)인
김웅렴(金雄廉)이 왕건을 경주로 초빙하고자할 정도로[32] 양국간의
관계는 동맹적인 수준으로 발전하고 있었다. 고려와 신라의 우호적인
관계가 한층 공고해지고, 경상도 지역에서 고려의 군사적 영향력이
확대되어 가던 상황은 후백제의 위기의식을 심화시키는 가운데 이를
타개하기 위한 군사작전을 모색케 하는 계기가 되었을 것이다. 류영철
이 제시한 견해처럼 경상도 지역에서 후백제세력의 급속한 약화는
후백제의 입장에서 보아서는 심대한 타격이었다. 결국 이러한 열세를
만회하기 위한 후백제의 대규모 군사행동이 경주 침입으로 나타났고,
뒤이어 공산전투로 진행되었던 것이다.[33]

學會, 2006, 19~23쪽 ; 전기웅, 「신라의 멸망과 朴氏王家」『韓國民族文化』31,
釜山大學校 韓國民族文化研究所, 2008, 347~350쪽 ; 丁善溶, 『高麗太祖의 新羅政
策 研究』, 西江大 博士學位論文, 2010, 58~73쪽.
30) 『高麗史』 권1, 세가1 태조 3년.
31) 『高麗史』 권1, 세가1 태조 8년 10월.
32) 『高麗史』 권1, 세가1 태조 10년 12월.
33) 류영철, 앞의 책, 2004, 109~110쪽.

경상도 지역에서의 군사적 영향력이 고려 중심적인 방향으로 기울어져 가던 분위기는 분명 공산전투가 후속하는 정치외교적인 요인이었을 것이다. 하지만 역학관계의 이동에 따른 힘의 우위적 측면도 중요하지만 후삼국 전쟁에서 그러한 군사적 영향력이 전략적으로 무엇을 의미하는 것인가와 전쟁을 수행하는 과정에서 어떠한 가치를 갖는 것인지에 천착해볼 필요가 있다. 그 전략적인 의미와 가치는 공산전투의 배경을 이해하는 핵심적인 요인이라 생각된다. 그것이 무엇이었는가 하는 문제는 927년에 즈음하여 고려가 추진하였던 군사활동의 방향과 내용, 이 과정에서 귀부해왔던 경상도 지역 호족세력들이 수행하였음직한 역할, 후백제의 대응 전략 등을 통하여 간접적으로 유추해볼 수 있지 않을까 싶다.

이 시기 고려가 추진한 군사활동은 크게 보아 두 개의 방면으로 병행하여 실천된 것이 특징적이다. 우선 고려는 경상북도 내륙지역으로의 세력 확장을 도모하기 위해 문경과 안동 지방에 대한 남진 공략을 감행하였다. 왕건이 927년 정월에 친히 용주(龍州 : 예천군 용궁)를 공격하여 후백제군의 항복을 접수한 것은 그 시발점에 해당한다.[34] 이후 3월에는 근품성을 공격하여 함락함으로써 문경 지역으로의 영향력을 확대하였다. 이를 기반으로 왕건은 같은 해 8월에 고사갈이성(高思葛伊城 : 문경) 성주(城主) 흥달(興達)의 항복을 받아낼 수 있게 되었다.[35] 뿐만 아니라 이 일대에서 후백제를 지지하면서 활동하고 있던 여러 성주들의 자발적인 투항을 이끌어내면서[36] 경상

---

34) 『高麗史』 권1, 세가1 태조 10년 春 정월.
35) 『高麗史』 권1, 세가1 태조 10년 8월.
36) 위와 같음.

도 중북부지역에서 군사적인 영향력을 한층 확대할 수 있게 되었다. 이 지역에서 고려의 군사적 영향력 확대는 신라와의 군사적 동맹을 강화시켜주는 한편으로 남진공략에 소요되는 군사적 거점과 인력, 물자 등을 활용할 수 있는 기반을 확보하였다는 점에 의미가 있다. 고려로 투항해온 고사갈이성 성주 홍달과 문경 일대의 호족세력들이 활동하던 성과 근거지, 이들이 확보하고 있던 인적·물적 재원, 자신들의 활동 거점을 중심으로 구축해 놓았을 교통로 및 운송망 등은 고려가 후백제의 군사활동을 압박하면서 경상도 지역에서 군사적 주도권을 장악해가는 기반이자 수단으로 활용되어지게 되었을 것이다.37)

고려가 추진한 또 하나의 방향은 남해안 방면을 통한 경북 내륙지역으로의 진출이었다. 이는 보기병을 이용한 것과는 달리 남해안 지방으로 해상원정을 감행하여 수군활동을 수행할 수 있는 전략 거점을 마련한 다음 점차 내륙으로 북상해가면서 후백제의 군사활동을 억제하는 방식으로 실행되었다. 왕건이 927년 4월에 해군장군(海軍將軍) 영창(英昌)과 능식(能式)으로 하여금 수군을 지휘하여 강주(康州 : 진주)를 함락토록 한 것은38) 남해안 해상교통의 요지이자 대야성의 후백제군을 배후에서 압박할 수 있는39) 거점을 확보하고 경북 내륙지

---

37) 예컨대 왕건이 항복해온 홍달을 가상히 여겨 그를 비롯한 세 아들에게 각각 靑州祿과 珍州祿, 寒水祿, 長淺祿을 내려주고 더불어 토지와 집을 하사한 사례를 통하여 이것을 살펴볼 수 있지 않을까 싶다(『高麗史』 권92, 열전5 왕순식 附 이총언). 왕건으로부터 하사받은 녹읍 지역에서 징발한 인력과 토지로부터 생산된 곡물, 생산된 곡물의 이송과 운송 경로 등은 이 지역에서 활동하고 있던 고려군에게 유용하게 활용되어졌을 것이다.

38) 『高麗史』 권1, 세가1 태조 10년 夏 4월.

39) 정요근, 「後三國時期 高麗의 남방진출로 분석」 『한국문화』 44, 서울대 규장각

역으로 북상하기 위한 것이었다. 강주를 획득한 뒤 고려는 곧바로 내륙으로 북상하는 군사활동에 주력하였다. 강주 공취 후 불과 3개월 뒤인 7월에 원보(元甫) 재충(在忠)과 김락이 이끄는 고려군이 대량성(大良城 : 대야성)을 격파하고 후백제의 장군 추허조(鄒許祖) 등 30여 명을 포로로 잡아온 것이 이를 말해준다.[40] 이 시기 대야성을 함락하는 과정에서는 강주 공취시에 활약한 수군이 그 역할을 수행하였을 것이다.[41]

고려의 대야성 확보는 이 지역을 공취함으로써 신라 진출의 교두보를 마련하고자 하던 후백제의 지속적인 도전을 억제하였다는 점에서 의미를 갖는다. 그런데 후삼국 전쟁을 수행하는 전략적인 측면에서 더욱 주목해볼 점은 고려의 수군이 남해안의 강주 지방으로부터 대야성 일대를 연결하는 교통망을 확보함으로써 궁극적으로는 경상도 중북부 내륙지역으로까지 북상할 수 있는 기반을 마련하였다는 사실에 있다. 이러한 사실은 고려가 문경과 안동 일대를 장악하면서 경상북도 내륙지역으로 남진 공략을 추진하던 사정과 비교하여 매우 흥미로운 부분이다. 이 시기 고려가 추진한 군사활동의 전략적 목표가 보기병과 수군을 효과적으로 운용하여 경상권역을 남북으로 연결하

한국학연구원, 2008, 24쪽. 이 시기 고려 수군의 강주진출에 대해 순천과 진주지역의 친견훤세력의 해양활동을 차단하기 위한 조치로 이해하기도 한다(姜鳳龍, 「後百濟 甄萱과 海洋勢力－王建과의 海洋爭覇를 중심으로」『歷史教育論集』83, 歷史教育研究會, 2002, 131쪽).

40) 『高麗史』 권1, 세가1 태조 10년 秋 7월.

41) 신성재, 「일리천전투와 고려태조 왕건의 전략전술」『韓國古代史研究』61, 한국고대사학회, 2011, 67~68쪽. 일찍이 고려가 수군을 동원하여 진주에 상륙한 다음 의령이나 산청을 거쳐 대야성을 함락한 것으로 추정한 견해가 있어 참고된다(문안식, 앞의 책, 2008, 148~149쪽).

는 병참운송망을 구축하고자 하였던 것임을 짐작케 한다.

경상도 내륙지역이 국가적 차원에서 물자를 운송하는 루트로 활용되었음은 역사적으로도 입증된다. 대표적으로 조선시대의 조세 운송 사례를 들 수 있다. 조선 초기에 경상도 지역에서 수취한 전세곡의 운송은 기본적으로 전라도와 충청도 연안 항로를 따라 조운하는 체제였다고 한다. 하지만 서남해역의 수로가 험악하여 여러 차례 조운선(漕運船)이 침몰하는 사태가 발생하자 태종 3년(1403)에 해로를 통한 조운을 폐지하고, 대신 문경새재를 거쳐 충주 경원창(慶源倉)에 바치게 한 다음 다시 여기서 전세곡을 참선(站船)에 싣고 남한강 수로를 이용하여 한양까지 운송하는 체제로 전환하였다고 한다.[42] 조선시대에 나타나는 수상과 육상을 경유하는 세곡 운송은 그 이전 시기에도 이용되어졌음직하다. 신라시대의 조세운송 루트를 추정한 전덕재의 견해에 따르면, 신라에서는 한강유역의 여러 지역에서 거둔 수취물 등을 남한강 수로나 다양한 루트의 육로를 경유하여 충주(忠州)로 운송한 다음, 그것을 다시 계립령(鷄立嶺)이나 죽령(竹嶺) 등을 통해 소백산맥을 넘고 상주 등에서 낙동강 수로 또는 다양한 육상 루트를 이용하여 경주로 운송하였다고 한다. 또한 역으로 한강유역에 주둔하던 군사들에게 군수물자를 보급하고자 할 때 역시 계립령 등을 통하여 충주로 보낸 다음, 거기에서 남한강 수로나 육로를 이용하였다고 한다.[43] 이 견해를 수용하는 입장에서 후삼국시대 역시

---

42) 최완기, 「조운제의 정비」 『한국사』 24, 국사편찬위원회, 1994, 527~528쪽 ; 전덕재, 「조선시대 영남지역 포구와 나루의 변천－낙동강유역의 포구와 나주를 중심으로」 『島嶼文化』 28, 목포대 도서문화연구소, 2006, 449~450쪽.
43) 전덕재, 「신라의 王京과 小京」 『歷史學報』 209, 歷史學會, 2011, 10쪽.

이러한 지역들을 연결하는 운송루트를 통해 전투에 소요되는 인력과 물자 등이 운송되어졌을 것으로 보여진다. 고려가 남해안 지방인 강주와 경북 중북부 내륙의 문경지방을 연결하는 병참운송망을 구축하고자 하였던 사실은 다음 기록을 통하여 유추해볼 수 있다.

⑤ 李恩言은 역사에 그 세계가 전하지 않는다. 신라 말에 碧珍郡을 보호하고 있었다. 이때 도적의 무리가 충만하였으나, 총언이 성을 견고히 고수하자 민들이 의지하고 편안하였다. 太祖가 사람을 보내 함께 힘써 화란을 평정할 것을 일깨우니, 총언이 글을 받들고 심히 기뻐하여 그의 아들 永을 보내어 군사를 이끌고 태조의 정토를 따르게 하였다. 이때 영은 18세였는데, 태조가 대광 思道貴의 딸을 처를 삼게 하였다. 총언을 本邑將軍에 임명하고 이웃 읍의 丁戶 229호를 더 주었다. 또 忠州·原州·廣州·竹州·堤州 倉의 곡식 2,200석과 소금 1,785석을 주고 손수 편지를 써서 금석의 신의를 보였다. 그 글에 이르기를, "자손에 이르기까지 이 마음은 변치 않을 것이다." 라고 하였다. 총언이 이에 감격하여 軍丁을 단결하고, 물자와 양곡을 저축하니 외로운 성으로써 신라와 백제가 반드시 쟁취하려는 곳에 끼어 있으면서도 엄연히 東南을 성원하였다.[44]

---

44) 『高麗史』 권92, 열전5 왕순식 附 이총언, "李恩言史失世系 新羅季保碧珍郡 時群盜充斥 恩言堅城固守 民賴以安 太祖遣人諭 以共戮力定禍亂 恩言奉書甚喜 遣其子永 率兵從太祖征討 永時年十八 太祖以大匡思道貴女妻之 拜恩言本邑將軍 加賜傍邑丁戶二百二十九 又與忠原廣竹堤州倉穀二千二百石 塩一千七百八十五石 且致手札示以金石之信曰 至于子孫此心不改 恩言乃感激 團結軍丁 儲峙資糧 以孤 城介於羅濟必爭之地 屹然爲東南聲援."

위는 벽진군(碧珍郡 : 경북 성주)의 유력한 호족으로 활동하던 이총언(李恩言)이 신라 말기에 고려에 귀부하여 왕건의 정벌활동에 참가하게 되었음을 보여주는 기록이다. 이 기록에서 주목되는 점은 오늘날의 성주지방에서 활동하던 이총언이 고려의 대후백제전에 참여한 대가로 받은 곡식 2,200석과 소금 1,785석, 그리고 그것을 보관하던 거점으로 충주(忠州)·원주(原州)·광주(廣州 : 하남)·죽주(竹州 : 안성)·제주(堤州 : 제천)의 창을 운영한 점이다. 이 물자와 창고는 후삼국시대 전쟁과 병참지원과의 상관 관계를 살펴보는 데 있어 좋은 사례가 된다. 열거된 지역이 대체로 한강과 남한강, 북한강 수로와 인접한 지역인 점에서 전쟁기에 수상교통이 발달한 지방들이 병참을 지원하는 전략거점으로 적극 활용되었고, 이러한 운송 루트를 따라 병력과 물자의 이동이 이루어졌음을 알 수 있다.[45] 고려는 이러한 루트를 따라, 또한 전투를 통해 새로이 확보한 거점을 연결하면서 경북 내륙지방으로의 남진을 추진하였을 것이다.

남해안 방면으로부터의 병참운송망 역시 비슷한 양상으로 구축되어졌을 것이다. 고려가 강주를 공취하고, 이어서 경북 내륙지역으로 북상할 수 있는 거점인 대야성을 확보한 것은 이를 반영한다. 아마도 이때의 경로는 수운의 이점을 최대한 활용할 수 있는 낙동강 루트를 적극적으로 고려하는 가운데 설정되어졌을 것으로 보여진다. 앞서 거론한 이총언과 같은 인물이 경북 성주지방에서 활동하면서 왕건의 정벌전에 협조하였다고 하는 사실은 이를 짐작케 한다. 주지하듯이 성주 지방은 낙동강의 물줄기를 이용하여 인력과 물자를 운송할

---

45) 신성재, 앞의 논문, 2011, 367쪽.

수 있는 전략적인 요충지에 위치한다. 고려는 이러한 지역을 점진적으로 확보해가면서, 또한 이 지역에서 활동하던 유력한 호족세력들을 포섭하면서 경남 해안지방과 경북 내륙지역을 연결하는 병참운송망을 구축하고자 하였던 것이다. 그 전략적인 목표는 보기병과 수군을 효과적으로 운용하여 경상도 지역을 남북으로 연결하는 병참운송망을 구축함으로써 신라 방면으로 향하는 후백제의 군사활동을 봉쇄하고, 이 지역을 아우르는 안정적인 병참지원체계를 바탕으로 후삼국 통일전쟁의 주도권을 장악하기 위한 것이었다.

고려가 추진한 일련의 군사활동은 후백제에게 커다란 위협으로 인식되었을 것이다. 그리고 그 위협은 경상도 지역에서의 패권을 상실당할지도 모른다는 의기의식을 심화시켰을 것으로 짐작된다. 여기에 더하여 정치외교적으로도 고려와 신라간의 관계가 동맹적인 수준으로 발전해 가고 있던 상황은 후백제의 고립을 가속화시키는 가운데 이를 타개할 적극적인 대응 방안을 모색케 하는 계기가 되었을 것이다.

경남 남해안 지방과 경북 내륙의 전략 거점을 따라 형성되고 있던 고려의 병참운송망을 차단하고, 정치군사적으로도 포위되어 고립무원(孤立無援)의 형국으로 치닫던 난국을 타개하기 위해서는[46] 신라의 심장부에 대한 공략을 시도하는 것이 효과적이었을 것이다. 공산전

---

[46] 일찍이 고려 태조의 군사정책을 대국적인 측면에서 후백제포위정책으로 파악한 견해가 있어 많은 시사점을 주고 있다. 박한설에 따르면 태조 왕건의 후백제포위정책은 고려의 정면 국경인 충청도 전선, 후백제의 배후인 전라남도 전선, 신라 세력권에 해당하는 경상도 전선, 후백제의 서쪽인 서해 전선 등 네 방향으로 추진되었다고 한다(朴漢卨, 「高麗太祖의 後三國統一政策」『史學志』 14, 檀國大學校史學會, 1980, 54~62쪽).

투는 바로 이상과 같은 전략적인 배경하에서 발발한 전투였다고
생각된다.

4. 전투의 전개 과정과 영향

공산전투는 경주에 침입하여 김부(金傅)를 왕으로 세우고 귀환하던
후백제군과 이를 요격하기 위해 남하한 고려군이 대구의 공산 지역에
서 조우하면서 발발하였다. 고려군의 이동 경로는 충주 지역에서
계립령을 넘어 문경에 이른 뒤 예천과 안동, 의성 등지를 거쳐 남하한
것으로 보여진다.47) 후백제군이 이동한 경로는 분명하지 않다. 다만
『삼국사기』 열전 견훤에는 견훤이 경주를 약탈한 뒤 "김부로 하여금
왕위를 잇게 한 뒤에 … 왔던 길을 따라 되돌아갔다(自隨以歸)."48)라고
하는 기록이 전한다. 이에 근거하여 본다면 후백제군의 회군 경로는
경주를 출발하여 영천을 거쳐 공산 지역으로 이동하였음을 알 수
있다.
후백제군이 굳이 공산 지역으로 회군하는 길을 선택했을까 하는
점은, 왜 하필이면 대구의 공산 지역에서 고려와 후백제간의 대규모
전투가 일어나게 되었는가 하는 의문점을 해결해 줄 수 있는 열쇠로
주목된다. 공산 지역이 전투의 장소로 선택되어지게 된 배경에 대해서
는 성주(星州)와 상주, 문경 등의 서쪽 방면과 영천 등의 동쪽 방면,
안동의 이북 지역이 고려에 귀부한 사례가 있으나 고령(高靈) 및

---

47) 류영철, 앞의 책, 2004, 112쪽 ; 문안식, 앞의 책, 2008, 156쪽.
48) 『三國史記』 권50, 열전10 견훤. "金傅嗣立 然後 … 自隨以歸."

대구, 군위(軍威), 의성(義城)으로 이어지는 중앙 지역이 고려에 귀부한 기록을 찾아볼 수 없다는 점, 이 지역에서 호족의 존재에 대한 흔적 또한 찾아보기 어려운 점 등에 근거하여 후삼국정립기에 대구 지역이 후백제의 세력권하에 있었을 가능성을 제기한 견해가 있어 흥미롭다. 특히 이 견해에서는 왕건이 공산전투 직후인 12월에 견훤에게 보낸 국서의 내용 중 전투와 관련한 표현에서 "동수(桐藪)에서 (고려의) 깃발을 바라보고는 무너져 흩어졌다."[49]는 기록을 근거로 공산 일대에 군사력으로 전용이 가능한 집단이 존재하였을 가능성이 있고, 이들의 성향이 반고려적이며 후백제를 지지하는 입장이었다고 한다.[50] 만약 이 견해가 타당하다면 견훤이 경상도 지역에 조성되고 있던 우호적인 분위기를 이용하여 공산 지역을 전투의 장소로 선택하였을 가능성도 있을 것이다.

하지만 공산 지역의 동향이 당시에 후백제를 지지하는 입장이었을지는 의문이다. 그 이유는 무엇보다도 이 지역이 후백제를 지지하였다는 근거를 어디에서도 확인할 수 없기 때문이다.[51] 오히려 그보다는 신라 쪽에 가까웠던 입장이 아니었나 생각된다. 최치원이 찬한 「신라수창군호국성팔각등루기(新羅壽昌郡護國城八角燈樓記)」를 보면 이재(異才)라고 하는 인물이 나온다.[52] 이재는 당시 수창군(대구시 수성구 일대)의 토착유력자였다.[53] 그는 908년(天祐 5) 겨울 10월에 국가의

---

49) 『高麗史』 권1, 세가1 태조 10년 12월, "桐藪望旗而潰散."
50) 류영철, 앞의 책, 2004, 104~113쪽 ; 崔貞煥, 앞의 논문, 2005, 115~121쪽.
51) 김갑동, 「고려 후삼국 통일과정의 정밀 탐구-류영철, 『고려의 후삼국 통일과정 연구』, 경인문화사, 2005」『한국중세사연구』 21, 한국중세사학회, 2006, 379쪽.
52) 최치원, 「新羅壽昌郡護國城八角燈樓記」 『東文選』 권64 記.

경사를 기원하고 전쟁의 화를 물리치는 길은 법등(法燈)을 높이 달아 병화(兵火)를 없애는 것이라 하며 남령(南嶺)에 팔각등루를 세웠다. 이재가 물리치고자 염원했던 전쟁의 화는 분명 고려와 후백제의 전쟁으로 말미암아 발생하던 신라 사회의 혼란과 피해였을 것이다. 그리고 그가 경사를 기원하던 대상으로 설정한 국가의 실체는 신라였을 것이다. 이재는 후백제나 고려보다는 신라에 가까운, 친신라적인 성향을 가지고 있었다.[54] 신라의 안녕을 기원하는 이재의 불사활동은 908년 이후로도 지속되었을 것이다.[55] 그리고 그와 유대관계를 형성하고 있던 주변의 세력가들이나, 이 지역에 기반을 두고 있었을 친신라적 성향의 인물들 역시 이재와 같은 입장의 활동을 벌였을 것이다.

그렇다면 왜 공산 지역에서 전투가 발발하였던 것일까. 아마도 그것은 이 지역이 후백제의 회군로상에서 그나마 고려의 영향력을 가장 적게 받고 있던 지역이었기 때문이 아닐까 추정된다. 앞서 살펴본 것처럼 이 시기 고려와 신라와의 관계는 매우 밀접한 관계로 발전하고 있었고, 경상도 지역의 중앙부를 제외한 북부와 남부의 이동(以東) 지역은 호족세력들이 귀부해오는 등 고려에 호의적인 분위기가 형성되고 있었다. 하지만 공산 지역에서는 그러한 동향이 그다지 감지되지 않는다. 더구나 경상도 남부지역에서 신라로 진출하는 데 있어 전통적인 요충지였던 대야성과 그 주변 지역은 불과

---

53) 하일식, 「해인사전권(田券)과 묘길상탑기(妙吉祥塔記)」『역사와 현실』 24, 한국역사연구회, 1997, 33쪽.

54) 위와 같음.

55) 이재가 활동한 시기인 908년이 고려가 건국되기 10년 전이라고 하는 점에서 고려 건국 이후에는 후백제의 세력권하에 있었던 것으로 보기도 하나(류영철, 앞의 책, 2004, 106쪽 ; 崔貞煥, 앞의 논문, 2005, 120~121쪽) 여전히 친신라적 성향을 유지하고 있었을 것으로 추정된다.

3개월 전에 고려에 함락된 상태였다.[56] 남부의 대야성 방면을 경유하는 회군로의 설정은 사실상 불가능한 상황이었다. 경상도 지역에서 공산 지역이 고려의 영향력이 비교적 적게 미치던 지역이었고, 대야성 방면을 이용한 이동이 제한되던 상황에서 견훤이 이 지역을 회군로로 선택하는 과정에서 발발하였던 것이 아니었나 추정된다.[57]

   양국간의 전투는 공산 지역까지 내려온 고려군이 영천 방면으로 진행하다가 더 이상 나아가지 못하고 견훤의 군사와 조우하면서 시작된 것으로 보인다.[58] 전투의 구체적인 실상은 소략하지만 앞서 제시하였던 『고려사』기록(사료 ①-4)을 중심으로 『삼국사기』 열전의 내용 등과 비교하면서 추정해볼 수 있겠다. 다시 한번 사료 ①-4에 주목해보자.

   ①-4 왕이 이를 듣고 크게 노하여 사신을 보내어 弔祭하고 친히 정예기병 5천을 거느리고 公山桐藪에서 견훤을 요격하여 크게 싸웠으나 불리하였다. 견훤의 군사가 왕을 몹시 급하게 포위하였다. 대장 申崇謙과 金樂이 힘을 다해 싸웠으나 전사하고 모든 군사가 패배하였다. 왕은 겨우 단신으로써 위기를 면하였다.[59]

---

56) 주 40)과 같음.
57) 신라와 고려가 밀접한 관계였던 사실을 감안한다면 신라 국가의 안위를 기원하던 이재와 같은 인물들이 고려의 군사활동을 후원하는 역할을 하였을 가능성도 있다. 하지만 이재가 고려에 귀부하였다거나 친고려적 활동이 부재한 것을 보면 군사적으로 조력이 되지는 않았던 것 같다.
58) 류영철, 앞의 책, 2004, 112쪽.
59) 『高麗史』권1, 세가1 태조 10년 9월, "王聞之大怒 遣使弔祭親帥精騎五千 邀萱於公山桐藪大戰不利 萱兵圍王甚急 大將申崇謙金樂力戰死之 諸軍破北 王僅以身免."

위 기록을 통해 보듯이 전투는 고려군이 공산동수(公山桐藪)에서 견훤의 군대를 요격하면서 시작되었으나 역으로 견훤의 군대가 포위함으로써 전세가 역전되고, 결국 고려군이 대패하면서 왕건만이 가까스로 위기를 모면하는 양상으로 전개되었다. 당시 전투의 실상과 관련해서는 "고려군은 공산동수에 이르러 길목에 매복해 있다가 신라 왕성을 치고 돌아오는 견훤을 갑자기 들이쳐 크게 격파하였다. 견훤의 군대는 처음에 고려군의 불의의 공격에 갈팡질팡하였으나 점차 대오가 재수습되면서 형세는 역전되기 시작하였으며 도리어 왕건의 군대가 포위 속에 들게 되었다."라는 박진감 넘치는 서술이 있다.[60] 이는 일견 타당하면서 흥미로운 서술이라고 생각된다. 전투 기록에 보이는, "공산동수에서 견훤을 요격하였다(邀萱於公山桐藪)"고 하는 '요(邀)'[61]라고 하는 표현이 도중에서 기다리고 있다가 적을 맞아 치는 행위를 의미하는[62] 점에서 왕건이 공산 아래에서 견훤의 군대를 기다리고 있다가 공격하였을 가능성이 있다. 『삼국사기』에 '요(要)'[63]로 표현된 점 역시 '기다린다'의 뜻을 내포하므로 고려군이 매복하여 후백제군을 공격하였을 가능성을 높여준다. 아마도 전투가 시작되는 초반은 매복한 고려군이 후백제군을 급습하는 형국이었던 것 같다.

공산 지역이 후백제를 지지하는 입장에 있었던 것으로 파악하는 견해에서는 이 지역 인근의 지역민들과 동화사(桐華寺)의 수원승도(隨院僧徒)들이 고려군이 후백제의 정규군과 조우하기 이전에 인적 물적

---

60) 이도학, 앞의 책, 2000, 212쪽 재인용.

61) 『高麗史節要』에도 동일한 표현으로 기록되어 있다.

62) 이도학, 앞의 책, 2000, 212쪽.

63) 『三國史記』 권50, 열전 견훤, "要萱於公山下大戰 太祖將金樂崇謙死之 諸軍敗北 太祖僅以身免."

소모는 물론 시간적인 낭비를 초래케 하였다고 보았다.[64] 앞서 인용한 공산전투 이후 왕건이 견훤에게 보낸 국서의 내용에서 "동수에서 (고려의) 깃발을 바라보고는 무너져 흩어졌다."[65]고 하는 기록에 근거하여 고려군과 마주쳐 흩어진 병력을 후백제를 지지하던 동화사 일대의 지역민들과 수원승도로 파악한 것이다. 하지만 이때 고려군과 마주친 군사들을 동화사 일대의 지역민들과 수원승도로 볼 근거는 확인되지 않는다.[66] 오히려 이들은 전투 상황이 고려군에 불리해지는 형국으로 흐르고, 결국에는 후백제군이 포위하면서 매우 급박한 국면으로 빠져들었던 기록으로 보아서는 전투에 앞서 견훤이 보낸 정탐병과 소규모의 병력으로 구성한 유인기만부대가 아니었을까 여겨진다. 이런 점에서 본다면 견훤이 정탐병들을 적극적으로 운용하는 과정에서 고려군의 매복 사실을 입수하고, 이에 대한 대응으로 유인기만부대를 파견하여 고려군을 소규모의 병력으로 분산시키면서 각개 격파하는 전술을 구사하였던 것이 아니었나 추정된다. 견훤의 군사가 심히 급하게 왕을 포위하였다고 하는 표현은 월등히 많은 군사력을 바탕으로 포위한 것이라기보다는 고려군을 각개 격파한 후백제군이 포위망을 좁혀오면서 왕건이 위치한 중군을 에워싸던 형국을 연상케 한다. 뿐만 아니라, "모든 군사가 패배하였다(諸軍破北)"고 하는 표현 역시 '여러 부대가 각개 격파되었던' 것으로 해석된다는 점에서 단위 부대별로 고립되면서 궤멸되었던 것이 그 실상에 가깝다고 생각된다.

---

64) 류영철, 앞의 책, 2004, 113~115쪽 ; 崔貞煥, 앞의 논문, 2005, 118쪽.

65) 주 49)와 같음.

66) 이 기록에 대해 동화사에서 벌어진 첫 전투에서 후백제군이 패배를 당한 것으로, 이들의 역할에 대해 견훤의 후방에 있던 척후병으로 보는 견해가 있다(문안식, 앞의 책, 2008, 157쪽).

이와 같이 전투의 실상은 고려군이 초반에 매복전술을 발휘하여 후백제군을 제압하고자 하였으나, 오히려 후백제군의 '유인기만전술'과 '병력분산전술'에 말려들어 참담하게 패배하였던 것으로 이해된다.

고려군이 패배한 원인에 대해서는 경주를 함락시킨 후백제군의 사기가 높았던 점, 또한 그 과정에서 후백제군이 군량을 풍부하게 확보하였던 반면에 고려군은 확보한 군량이 열세하였던 점, 고려군은 5천의 정병이 개경으로부터 팔공산 지역까지 급히 달려오느라 군사들이 피로에 지쳤던 점, 공산 지역의 동향이 후백제를 지지하는 입장이었기 때문에 왕건이 전투수행에서 고초를 겪었던 점 등이 거론되고 있다.[67] 경주 함락이라는 급보를 접한 상황에서 가급적 최단시간 내에 이동하여 후백제군을 응징하고자 했던 고려의 입장에서 보자면 동원된 기병 5천이 피로에 지쳤을 것은 충분히 납득이 간다. 하지만 앞서 제시한 바와 같이, 공산 지역이 친신라적인 경향을 지니고 있던 지역이었기 때문에 고려군이 이 지역의 저항세력으로부터 고초를 겪었을 가능성은 많지 않았을 것이다. 군량 문제 역시 고려군이 열세하였다고 볼 근거는 없다. 고려군이 이동하던 경로상에 마련되어 있던 주요 거점으로부터 비축해놓았던 군량과 물자를 보급받으면서 남하하였을 가능성이 있기 때문이다. 따라서 이러한 요인보다는 실제 전투를 치르는 과정에서 적용되었음직한 전술의 차이에 의해 결정되었던 것으로 이해함이 합리적이지 않을까 싶다. 후백제군이 구사한 유인기만전술과 병력분산전술이 바로 그것이다. 다만 전술적인 측면

---

67) 류영철, 앞의 책, 2004, 117쪽.

에서 추가적으로 고려해볼 점은 고려군이 기병만으로 편성되었다는 사실이다. 일반적으로 산악과 같은 험지에서 기병의 전투력은 떨어지기 마련이다. 후백제군의 편성이 명확하게 확인되지 않기 때문에 양자간의 전술적 장단점을 거론하기 어렵지만, 고려군이 단일한 기병만으로 구성된 것에서 발생하는 전술적인 장단점에 주목해볼 필요가 있다. 황산벌 전투에서 백제의 결사대 5천이 미리 험지를 확보하여 보병으로 신라의 보기병 혼성부대를 맞아 매번 승리하였으나 결국 기병을 빼고 보병으로 전환한 신라군의 전술에 패배하였다고 하는 것은[68] 이와 관련하여 시사하는 바가 크다.

한편 공산전투에서는 신숭겸과 김락의 참전 과정에 대해서도 새롭게 해석해볼 부분이 있다. 기왕의 견해에서는, "공산동수 입구에 있는 미리사(美利寺) 앞에서 증원군으로 당도한 신숭겸과 김락의 대군이 합세하여 접전하였다."고 서술하거나,[69] 고려군이 첫 접전에서 패한 뒤 "살내(箭灘)를 경계로 후백제군과 대치하고 있을 때 신숭겸과 김락이 이끄는 증원군이 합세하였다."라고 해석하기도 한다.[70] 그러나 이들 두 장수가 이끄는 고려군이 합세하였다는 내용은 기록상 전하지 않는다. 『고려사』와 『고려사절요』의 기록을 보면 이들이 공산전투에서 사력을 다하여 싸웠다는 내용만이 확인될 뿐이다. 다만 이 시기 경상도 지역에서 고려군이 추진하던 군사활동으로 보아서는 김락이 지휘하던 부대가 별도로 합류하였을 가능성은 없지 않다. 공산전투가

---

68) 백제와 신라의 황산벌전투에 나타나는 전술적 특징은 서정석, 「의자왕의 전략과 황산벌전투의 실상」, 『軍史』 76, 국방부 군사편찬연구소, 2010, 15~23쪽 참조.
69) 文暻鉉, 앞의 책, 1987, 137쪽.
70) 류영철, 앞의 책, 2004, 116쪽 ; 문안식, 앞의 책, 2008, 157쪽.

발발하던 동년 927년 7월에 나오는 기록을 보면 원보 재충과 김락이 이끄는 부대가 대야성을 함락하고 추허조를 비롯한 후백제의 장군을 잡아온 사례가 있다.[71] 함락시킨 대야성에 고려군이 주둔하던 것은 당연하였을 것이고, 만약 주둔군의 지휘관으로 김락이 임무를 수행하고 있었다고 한다면 공산 지역으로부터 전투 상황을 접수한 뒤 출정을 하였을 가능성이 있는 것이다. 어쩌면 후백제와 조우하게 될 것을 예상한 왕건이 미리 선발대를 파견하여 당시 합천에 주둔하고 있던 김락의 군대를 북상토록 하여 전투 이전에 합세하였는지도 모른다. 당시의 전투 정황으로 보아 고려군의 대장이던 신숭겸은 출정시부터 왕건을 호위하면서 고려군을 지휘하였을 가능성이 높고, 김락은 합천에서 병력을 이끌고 합류하였던 것이 아니었나 추정된다.[72] 하지만 신숭겸과 김락을 비롯한 정예 기병을 동원한 싸움이었음에도 불구하고 고려군은 참담한 패배를 면치 못했다. 왕건만이 겨우 위기를 모면하였는데 이는 죽음으로써 분전한 신숭겸과 김락의 장렬한 희생 덕분이었다.

공산전투의 결과는 이후 고려와 후백제간의 전쟁 양상에 커다란 영향을 미쳤다. 먼저 전투에서 승리한 후백제는 경상도 지역에 대한 군사적 우세권을 장악하면서 고려가 추진하였던 전략적 목표를 좌절시키면서 군사활동을 압박해 나아갔다. 앞 장에서 언급한 것처럼 이 시기 고려의 전략적 목표는 보기병과 수군을 효과적으로 운용하여

---

71) 주 40)과 같음.
72) 임용한은 대야성을 함락했던 김락이 왕건의 진영에 있는 것으로 보아 대야성에서 출발한 병력이 합류했던 것으로 보았다(임용한, 앞의 책, 2001, 348쪽).

경상도 지역을 남북으로 연결하는 병참운송망을 구축함으로써 신라 방면으로 향하는 후백제의 군사활동을 봉쇄하고 이 지역에서의 군사적 우위를 기반으로 후삼국 통일전쟁의 주도권을 장악하는 것이었다. 하지만 이러한 목표는 지속적으로 실천하기 어려운 상황에 처하게 되었다. 후백제가 공산전투에서 승리한 여세를 몰아 고려가 남해안에 수군활동 거점으로 구축하던 강주 지방을 공략하였던 것이다. 초팔성 (草八城)의 성주 흥종(興宗)이 공산전투 직후인 928년 1월에 강주를 구원하기 위해 출정한 고려의 장수 김상(金相)과 직량(直良) 등을 격파한 사건은[73] 후백제가 이 지역을 신속히 장악함으로써 남해안 일대에서 고려의 수군활동을 차단하고자 하였음을 일깨워준다. 후백 제의 이러한 노력은 동년 5월에 강주를 습격하여 유문(有文)의 항복을 받아냄으로써[74] 달성되기에 이른다. 이로서 후백제는 남해안을 통하여 경북 내륙지역으로 북상하던 고려의 군사적 도전을 억제하고, 경상도 지역에서 군사적 우세권을 장악하면서 전쟁을 주도적으로 수행할 수 있게 되었다.

이에 비해 고려는 강주 지방을 상실당하면서 남해안을 통한 경북 내륙지역으로의 진출은 물론 전략적 목표로 설정한 경북 내륙지역과의 병참운송망 또한 연결하기 어려운 상황에 직면하게 되었다. 따라서 고려가 취할 수 있는 현실적인 대응은 경남 남해안 지방과 경북 중북부 지역에 집중된 후백제의 군사적 관심과 활동을 다른 지역으로 전환시키는 것이었다. 928년 7월에 왕건이 친히 충북 보은에 위치한 삼년산성(三年山城)을 공격하였던 것은[75] 그러한 의도를 반영한 군사

---

73) 『高麗史』 권1, 세가1 태조 11년 春 정월.
74) 『高麗史』 권1, 세가1 태조 11년 5월.

행동이었다. 하지만 고려군의 삼년산성에 대한 공격은 성공적이지 못했다. 이러한 상황 속에서 후백제는 경북 북부지역에 대한 공세적인 군사활동을 거듭 추진하였다. 그리하여 이듬해인 929년 7월에는 의성부(義城府 : 의성)를 지키던 고려의 장수 홍술(洪術)마저 전사시키는 전과를 거두었다.[76] 결국 이 같은 상황 속에서 고려로서는 신라로 통하는 길목에 위치한 안동 지방을 안정적으로 방어하는 것이 급선무였고, 이는 곧 인접한 풍기 지역에 대한 왕건의 순행으로 이어졌다.

왕건의 순행으로 집약되는 경북 북부지역에 대한 고려의 군사적 관심과 경상권역에 형성된 후백제의 군사적 우세 상황은 이 지역을 둘러싼 싸움이 후속될 것임을 예고하는 것이었다. 공산전투 이후 고려와 후백제의 운명을 좌우할 경북 안동 지방에서의 고창전투(古昌戰鬪)는 이러한 상황 속에서 점진적으로 마련되어 가고 있었다.

5. 맺음말

고려와 후백제의 공산전투에 대해서는 그동안 별다른 의문점 없이 927년 9월에 발발하였던 것으로 이해되어 왔다. 하지만 관련 기록을 검토한 결과 그 발발 시기는 새롭게 해석될 가능성이 높다고 생각된다. 공산전투의 발발 시기가 중요한 이유는 이 전투가 우연적으로 발발하였다기보다는 견훤의 경주 침공으로 시작되는 일련의 과정 속에서 계획적으로 치러진 전투였다고 보여지기 때문이다. 당시 고려

---

75) 『高麗史』 권1, 세가1 태조 11년 7월.
76) 『高麗史』 권1, 세가1 태조 12년 7월.

와 후백제는 경상도 지역에 산재한 전략 거점을 둘러싸고 첨예하게 대립적인 관계를 형성하고 있었다. 전략적 요충지를 둘러싼 이러한 양국간의 이해관계 속에서 극단적인 형태로 표출된 것이 후백제의 경주 침공이었고, 이 사건의 연장선상에서 후백제를 구원하려던 고려와 왕도로 회군하던 후백제와의 싸움은 예고된 것이었다. 그 전투의 시기는 기존의 견해와 달리 927년 10월 또는 11월에 발발하였던 것으로 추정된다.

공산전투가 발발하는 전략적인 배경에 대해서는 그동안의 연구에서 치밀한 접근이 이루어지지 못하였다. 대체로 견훤의 경주 침입에 주목하는 가운데 이 시기로 접어들면서 경상도 지역에서 후백제세력이 급속히 약화되었기 때문에 이를 만회하기 위한 일환으로 대규모의 군사행동이 경주 침입으로 나타났고, 뒤이어 공산전투로 진행되었던 것으로 보아왔다. 하지만 전쟁을 수행하던 당시의 상황에서 보다 본질적이며 전략적인 배경은 고려가 경상북도 내륙지방과 경상남도 남해안 지방을 해·육상으로 연결하는 병참운송망을 구축하면서 후백제를 포위하고 압박하는 전략을 추진하였던 것에서 비롯하였다. 고려가 이와 같은 방향으로 추진하던 전쟁전략은 후백제에게 커다란 위협으로 인식되었을 것이다. 그리고 그러한 위협은 경상도 지역에서 패권을 상실당할지도 모른다는 의기의식을 심화시켰을 것이다. 여기에 더하여 고려와 신라의 정치외교적인 관계가 동맹적인 수준으로 발전해 가고 있었던 현실은 후백제의 고립을 가속화시키는 가운데 후백제로 하여금 이에 대한 적극적인 해결 방안을 모색케 하는 계기가 되었을 것이다. 경상도 남해안 지방과 경북 내륙지방을 연결하여 구축되고 있던 고려의 병참운송망을 끊고 군사적으로도 포위되고 있던 형국을 타개할 수 있는 후백제의 비장의 전략은 신라의 심장부인 경주를 공략하는 것이었다. 공산전투는 바로 이러한 배경 하에서 비롯하였다.

고려군과 후백제군이 공산 지역에서 조우하였던 것은 당시 대야성 방면으로의 신라 진출이 좌절된 상황에서, 경상권역에서 공산 지역이 고려의 영향력을 비교적 적게 받고 있던 지역이었기 때문에 견훤이 이곳을 회군로로 선택하면서 마련되었던 것으로 추정된다. 기왕의 견해에서는 공산 동화사 일대에 군사력으로 전용 가능한 집단으로 지역민들과 수원승도들이 존재하고 있었고, 이들의 성향이 후백제를 지지하는 입장이었다는 점이 언급되었다. 하지만 이 지역은 오히려 수창군의 토착유력자로 활동한 이재라는 인물을 통해 유추해볼 수 있듯이 친신라적인 경향을 보이던 지역이었다. 신라에 친화적인 입장을 보이던 지역이었지만, 고려를 후원하는 지역이 아니었기 때문에 회군로로 선택되었던 것이고 그 과정에서 전투가 발발하였던 것이다. 전투는 관련 기록을 종합해볼 때 매복하고 있던 고려군이 후백제군을 선공하면서 시작되었던 것 같다. 하지만 이러한 사실을 간파하고 있던 후백제가 여러 유인기만부대를 보내어 고려군을 끌어들인 다음 소규모의 병력으로 분해하면서 각개 격파하는 방식으로 궤멸시켰던 것으로 추정된다. 요컨대 후백제군이 유인기만전술과 병력분산전술을 효과적으로 적용하여 승리하였던 셈이다.

공산전투의 결과는 이후 양국간의 전쟁 양상에 커다란 영향을 끼쳤다. 전투에서 승리한 후백제는 경상도 지역에 대한 군사적 우세권을 장악하면서 고려가 추진하였던 전략적 목표를 좌절시키면서 군사활동을 제약시켜 나아갔다. 후백제군이 고려가 수군활동을 수행하는 전략 거점으로 활용하였던 강주를 공격하여 확보한 것은 이를 말해준다. 이를 계기로 후백제는 남해안을 통하여 경북 내륙지역으로 북상하려는 고려의 도전을 억제하고, 경상도 지역에서 군사적 우세권을 장악하면서 전쟁을 주도적으로 수행할 수 있게 되었다. 이에 반해 강주지방을 상실당한 고려는 남해안 지방과 경북 내륙지역을 연결하는 병참운송망을 구축하기 어려운 상황에 처하게 되었다. 이에 따라 고려는 위기 상황을 타개하기 위한 대응책을 모색하였다. 왕건이 928년 7월에 친히 충북 보은에 위치한 삼년산성을 공격한 것은 경상도 남해안 지방과 중북부 내륙지역에 집중된 후백제의 군사적 관심을 일시적이나마 전환시키기 위한 것이었다. 하지만 이 같은 군사행동은 성공적이지 못했고, 후백제의 거듭된 공세적 군사활동 속에서 의성부를 지키던 고려의 장수 홍술마저 전사하게 되었다. 의성부가 함락되면서 경상도 지역에서 고려의 방어선은 안동 지역으로 후퇴하게 되었다. 비록 짧막한 기록이지만 왕건이 풍기 지역을 순행한 기록은 이를 단적으로 말해준다. 결국 이 지역을 중심으로 집중된 고려의 군사활동과 경상권역에 형성된 후백제의 군사적 우세 상황은 안동 지역을 둘러싼 또 하나의 싸움을 예고하는 것이었다. 고려와 후백제의 운명을 건 경북 안동 지역에서의 고창전투는 이러한 상황 속에서 서서히 마련되어 가고 있었다.

일리천전투와 왕건의 전략전술

1. 머리말

일리천전투(一利川戰鬪)는 고려(高麗)와 후백제(後百濟), 신라(新羅) 간의 전쟁을 종식시킨 후삼국시대(後三國時代) 최후의 전투였다. 936년(태조 19) 일선군(一善郡 : 경북 선산)에서 일리천을 사이에 두고 고려군과 후백제군이 벌인 이 전투는 거의 일방적이다 싶을 정도로 고려군의 완전한 승리로 끝났다. 고려가 완승한 이유는 무엇보다도 후백제를 압도하던 고려군의 규모에서 비롯한다. 당대의 사실을 담고 있는 『고려사(高麗史)』의 기록에는 참가한 고려군이 무려 87,500명이었고, 각 부대는 마군(馬軍)과 보군(步軍)을 중심으로 좌익(左翼)·우익(右翼)·중군(中軍)·원군(援軍)으로 질서 정연하게 편성되었던 것으로 전해진다.[1] 이 전투에 대해서는 후삼국을 아우른 통일전쟁의 마지막 전투였다는 점에서 많은 연구자들이 각별한 관심을 보여왔다. 따라서

---

1) 『高麗史』 권2, 세가2 태조 19년 秋 9월 ; 『高麗史節要』 권1, 태조신성대왕 병신 19년 秋 9월.

주목할 만한 성과도 여럿 제출되었다.

맨 먼저 나온 성과는 고려 전기의 군제사적(軍制史的) 관점에 주목한 연구였다. 성종(成宗)대 2군6위(二軍六衛) 45,000명으로 성립되는 고려 중앙군(中央軍)의 기원을 일리천전투에 나오는 여러 부대의 편성과 병력에 주목한 견해가 그것으로, 전투에 참가한 고려군의 병력 수치를 인정하는 입장을 보였다.[2] 이어서 군사학적 관점에서의 연구도 후속하였다. 이 연구에서는 고려군이 처음 집결했던 천안부(天安府)에서 곧바로 후백제를 공격하지 않고 일선군으로 우회기동한 사실에 주목하였다. 그 결과 고려군의 우회기동을 낙동강 물줄기를 이용하여 병력과 물자를 효과적으로 집결시키기 위한 것으로 이해하였다. 그리고 태조대의 집권화 정도와 군사 동원 능력, 개경(開京)에서 일리천까지의 거리, 병사의 행군 속도, 이전 시기까지의 전투에 참가한 고려군이 1만명을 넘지 않았던 사실 등을 주요 근거로 이 전투에 동원된 고려군의 병력을 최대 15,000명 수준으로 파악했다.[3] 이는 일리천전투에 보이는 87,500명의 병력을 인정하면서 그것이 고려 중앙군의 근간을 형성한 것으로 파악하는 기존 입장을 부정하는 것으로, 병력 수치의 신빙성 문제와 함께 고려군이 일선군으로 우회기동한 배경 등에 관심을 불러오게끔 하는 계기가 되었다.

이후의 연구에서는 전투에 참가한 병력 수치를 인정하는 분위기 속에서 고려군이 일리천으로 우회기동한 이유에 대해 논자들마다

---

2) 홍승기, 「高麗 초기 中央軍의 組織과 役割」『高麗軍制史』, 陸軍本部, 1983(「高麗 初期 中央軍의 조직과 역할－京軍의 성격」『高麗政治史硏究』, 一潮閣, 2001). 중군 소속의 제번경기와 원군을 제외한 마군 및 보군 63,000(또는 43,000)명을 태조대 중앙군으로 이해하였다.

3) 鄭景鉉, 「高麗 太祖의 一利川 戰役」『韓國史硏究』 68, 韓國史硏究會, 1988.

약간씩 견해를 달리하는 입장을 보였다. 후백제군의 신라 진출을 저지하면서 명주(溟州)의 왕순식(王順式) 및 승주(昇州)의 박영규(朴英規)와 합동작전을 위해 일선군을 전투 장소로 선택하였다거나,[4] 후백제가 자국의 피해를 최소화하고 방어에 유리한 위치를 점하기 위해 접경지대인 일선군으로 진출한 것으로 보기도 하였다.[5] 그런가하면 고려가 후백제의 방어체계를 직접 돌파하는 대신 의도적으로 전선을 제3의 지역에 형성시킨 것으로도 이해하였다.[6] 최근에는 일리천으로의 우회기동을 일종의 기만술(欺瞞術)로 보고, 고려군이 짧은 시간 동안에 일선군으로 이동한 이유를 육로와 해로를 통한 분산기동으로 설명하는 견해도 제기되었다.[7]

하지만 여러 성과에도 불구하고 고려군이 일리천으로 우회기동한 이유에 대해서는 여전히 의문스런 면이 있다. 신라의 마지막 왕인 경순왕(敬順王)이 1년 전에 이미 고려에 항복한 상태였기 때문에 후백제의 신라 진출에 대한 견제적 측면은 별반 의미가 없었다고 보여진다. 수세적인 입장에 있었던 후백제가 수도에서 멀리 떨어진 외곽에서 전투를 계획하기도 쉽지만은 않았을 것이다. 고려가 의도적으로 제3의 지역에 전선을 형성시켰다고는 보여지기도 하는데 왜 그래야만

---

4) 金甲童, 「高麗太祖와 後百濟 神劍의 전투」 『滄海朴秉國教授停年紀念史學論叢』, 1994.

5) 柳永哲, 『高麗와 後百濟의 爭覇過程 硏究』, 영남대학교 박사학위논문, 1997 ; 「一利川 戰鬪와 後百濟의 敗亡」 『大邱史學』 63, 大丘史學會, 2001 ; 『高麗의 後三國 統一過程 硏究』, 경인문화사, 2004.

6) 윤용혁, 「936년 고려의 통일전쟁과 개태사」 『韓國學報』 114, 一志社, 2004.

7) 김명진, 「高麗太祖의 一利川戰鬪와 諸蕃勁騎」 『한국중세사연구』 25, 한국중세사학회, 2008 ; 「경상지역 공략과 一利川戰鬪(VI장)」 『高麗 太祖 王建의 統一戰爭 硏究』, 경북대박사학위논문, 2009.

했을까에 대해서는 의문이다. 마찬가지로 일종의 기만술이라고 하는 견해에 공감하지만, 그것이 전략 전술적인 측면에서는 어떠한 의미를 내포하고 있는 것인지 좀 더 해명이 필요하다.

고려군이 동원한 병력의 수치에 대해서도 좀 더 합리적인 설명이 있어야 한다. 930년 고창군(古昌郡 : 경북 안동)에서 벌어진 병산전투(瓶山戰鬪)를 기점으로 전세가 역전되어 고려가 전쟁주도권을 장악한 상황에서[8] 왜 이전의 전투와는 비교도 되지 않을 만큼의 대병력을 동원했는가 하는 점이다. 결국 이러한 의문점에 대한 해답은 근본적으로 일리천전투를 계획하고 지휘했던 왕건(王建)의 전략과 전술이 무엇이었던가를 밝히는 과정을 통하여 자연스럽게 해결되리라 생각된다. 태봉(泰封) 치하에서부터 수많은 전투 경험을 거치면서 용병술(用兵術)에 정통하였을 왕건이 대규모의 정벌군을 편성하고 또한 일선군으로의 우회기동전술을 구사해야만 했던 필연적인 이유를 전략 전술적인 관점에서 정리하고자 한다.

논지 전개는 다음과 같다. 먼저 2장에서는 일리천전투시 대후백제 정벌군으로 편성한 고려군 87,500명의 병력 수치에 대한 합리적인 해석을 내릴 것이다. 이어서 3장에서는 정벌군이 그와 같이 대규모의 병력으로 편성될 수밖에 없었던 이유를 왕건이 수립한 전략을 중심으로 살펴볼 것이다. 끝으로 4장에서는 고려군이 천안부를 거쳐 후백제의 수도인 전주(全州)로 곧장 남진하지 않고 일선군으로 우회기동한 이유에 대해 병력 분산전술과 병참문제를 중심으로 설명할 것이다. 이러한 과정을 통하여 고려군의 편성과 병력 규모에 대해 보다 합리적

---

8) 柳永哲,「古昌戰鬪와 後三國의 정세변화」,『한국중세사연구』 7, 한국중세사학회, 1999(위의 책, 2004).

인 차원에서의 설명을 하고, 왕건이 수립하였음직한 전략의 구체적인 내용과 일선군 우회기동의 전술적 특징 등에 의미를 부여하고자 한다.

2. 대후백제 정벌군 편성과 규모

전쟁과 전투를 이해하는 데 있어 동원된 병력의 수치 문제는 아주 중요하다. 그 이유는 무엇보다도 병력의 많고 적음이 전쟁과 전투의 승패에 직접적인 영향을 미치기 때문이다. 병력이 많은 측이 승리할 수도 있고, 병력은 적지만 용맹성이나 리더십으로 병력의 열세를 극복할 수도 있다. 하지만 병력 수는 그 자체 결정적으로 중요한 의미가 있다. 만약 1,000명의 병력이 순조롭게 행군한 거리를 10,000명의 병력이 같은 시간에 행군했다면 이는 상당한 업적이겠지만, 50,000명 규모의 병력이 그런 일을 해내려고 한다면 탁월한 병법(兵法)이 있어야 가능하다. 동원하는 병력의 규모가 더욱 커진다면 그러한 일은 도저히 해낼 수 없을 것이다.[9] 936년 일리천전투에 보이는 고려의 대후백제 정벌군 수치는 이러한 점에서 매우 주목해볼 부분이다. 아래 기록을 보자.

① (936년) 여름 6월에 … 먼저 正胤 武와 장군 述希로 하여금 보병과 기병 1만을 거느리고 天安府로 나아가게 하였다 …

---

9) 한스 델뷔르크 지음·민경길 역, 『병법사』, 한국학술정보(주), 2009, 7쪽.

② 가을 9월에 왕이 三軍을 거느리고 천안부에 이르러 군사를 합하여 一善郡으로 나아가니 神劒이 군사로써 막았다. 갑오일에 一利川을 사이에 두고 진을 쳤다. 왕이 甄萱과 더불어 군사를 사열하였다.

③ 왕이 견훤을 비롯하여 大相 堅權·述希·皇甫金山과 元尹 康柔英 등으로 하여금 기병 1만을 거느리게 하고, 支天軍大將軍 元尹 能達·奇言·韓順明·昕岳과 正朝 英直·廣世 등은 보병 1만을 거느리게 하여 左翼으로 삼았다. 大相 金鐵·洪儒·朴守卿과 元甫 連珠, 元尹 萱良 등은 기병 1만을 거느리게 하고, 補天軍大將軍 元尹 三順·俊良과 正朝 英儒·吉康忠·昕繼 등은 보병 1만을 거느리게 하여 右翼을 삼았다. 溟州大匡 王順式과 大相 兢俊·王廉·王乂, 元甫 仁一 등은 기병 2만을 거느리게 하고, 大相 庾黔弼과 元尹 官茂·官憲 등은 黑水·達姑·鐵勒의 諸蕃勁騎 9천 5백을 거느리게 하고, 祐天軍大將軍 元尹 貞順과 正朝 哀珍 등은 보병 1천을 거느리게 하고, 天武軍大將軍 元尹 宗熙와 正朝 見萱 등은 보병 1천을 거느리게 하고, 杆天軍大將軍 金克宗과 元甫 助杆 등은 보병 1천을 거느리게 하여 中軍을 삼았다. 대장군 大相 公萱과 元尹 能弼, 장군 王舍允 등은 기병 3백과 여러 성의 군사 1만 4천 7백을 거느리게 하여 三軍을 지원하는 군사로 삼았다.

④ 북을 울리며 전진하니 홀연히 劒戟과도 같은 흰구름이 우리 군사의 상공에서 일어나 적진으로 향해 갔다. 백제의 左將軍 孝奉·德述·哀述·明吉 등이 병세가 대단히 성한 것을 보고 투구를 벗고 창을 던지며 견훤이 탄 말 앞에 와서 항복하였다. 이때 적병의 사기가 꺾여 감히 움직이지 못하였다. 왕이 효봉 등을 위로하고 신검의 소재를 물었다. 효봉 등이 말하기를, "중군에 있으니 좌우에서 협격하면 반드시 격파할 수 있다."고 하였다. 왕이 대장군 공훤에게 명하여

곧바로 중군을 향하여 삼군이 나란히 나아가 맹렬히 공격하게 하니 적병이 크게 패하였다. 장군 昕康·見達·殷述·今式·又奉 등 3천 2백인을 사로잡고 5천 7백여 급을 참하였다.[10]

위 기록은 일리천전투의 내용을 전하는 『고려사』의 기록이다. 내용 인즉 고려군 선발대의 천안부 파견, 본대인 3군과 선발대 1만 군사의 합병, 정벌군의 일선군으로의 이동, 고려군의 편성 규모와 지휘체계, 실제적인 전투의 상황 등을 담고 있다. 기록에 보이는 것처럼 일리천 전투에 참가한 고려군의 병력과 편성은 사료 ③에 상세히 열거되어 있다. 내용이 많아 복잡스럽지만, 주 내용은 고려군의 편성과 병종, 병력 구성과 지휘관 등을 열거하고 있다. 이를 알기 쉽게 표로 정리하 면 아래와 같다.

---

10) 『高麗史』 권2, 세가2 태조 19년, "夏六月 … 先遣正胤武將軍述希 領步騎一萬趣天 安府 … 秋九月 王率三軍至天安府 合兵進次一善郡 神劒以兵逆之 甲午隔一利川而 陣 王與甄萱觀兵 以萱及大相堅權述希皇甫金山元尹康柔英等 領馬軍一萬 支天軍 大將軍元尹能達奇言韓順明昕岳正朝英直廣世等 領步軍一萬爲左綱 大相金鐵洪儒 朴守卿元甫連珠元尹萱良等 領馬軍一萬 補天軍大將軍元尹三順俊良正朝英儒吉康 忠昕繼等 領步軍一萬爲右綱 溟州大匡王順式大相兢俊王廉王乂元甫仁一等 領馬軍 二萬 大相庚黔弼元尹官茂官憲等 領黑水達姑鐵勒諸蕃勁騎九千五百 祐天軍大將軍 元尹貞順正朝哀珍等 領軍一千 天武軍大將軍元尹宗熙正朝見萱等 領步軍一千 杆天軍大將軍金克宗元甫助杆等 領步軍一千爲中軍 大將軍大相公萱元尹能弼將軍 王含允等 領騎兵三百諸城軍一萬四千七百爲三軍援兵 鼓行而前 忽有白雲狀如劒戟 起我師上向賊陣行 百濟左將軍孝奉德述哀述明吉等四人 見兵勢大盛 免冑投戈降于 甄萱馬前 於是 賊兵喪氣不敢動 王勞孝奉等問神劒所在 孝奉等曰 在中軍左右夾擊 破之必矣 王命大將軍公萱直擣中軍 三軍齊進奮擊 賊兵大潰 虜將軍昕康見達殷述 今式又奉等三千二百 斬五千七百餘級."

<표 1> 고려군의 편성과 지휘체계11)

군 편성		병종	병력	지휘관(관품)	비고
3군	좌강	마군	1만	견훤, 견권·박술희·황보금산(대상), 강유영(원윤)	
		보군	1만	능달·기언·한순명·흔악(원윤), 영직·광세(정조)	지천군대장군
	우강	마군	1만	김철·홍유·박수경(대상), 연주(원보), 견량(원윤)	
		보군	1만	삼순·준량(원윤), 영유·길강충·흔계(정조)	보천군대장군
	중군	마군	2만	왕순식(명주대광), 긍준·왕렴·왕예(대상), 인일(원보)	
		경기병	9,500	유금필(대상), 관무·관헌(원윤)	제번경기
		보병	1,000	정순(원윤), 해진(정조)	우천군대장군
			1,000	종희(원윤), 見萱(정조)	천무군대장군
			1,000	김극종, 조간(원보)	간천군대장군
원병		기병	300	공훤(대상), 능필(원윤), 왕함윤(장군)	
		-	14,700		
계			87,500	지휘관(38), 마군(40,000), 보군(23,000) 경기병(9,500), 원병(15,000)	

일리천전투시에 고려가 편성한 후백제정벌군은 자그마치 87,500명의 대군이었다. 왕건을 총지휘관으로 무려 38명의 장수들이 총동원되어 3군 및 원병을 지휘하는 통수체계를 구축하였다. 3군은 좌강(左綱)과 우강(右綱), 중군으로 크게 3개의 군단으로 구분하여 마군과 보군 각 1만의 병력을 주력으로 삼되 마군의 비율을 높이는 방향으로 편성하였다. 특히 이 가운데 중군은 좌강 및 우강과 달리 마군의 비율을 현저히 높이는 방식으로 편성하였다. 여기에는 흑수말갈(黑水靺鞨)과 달고, 철륵(鐵勒) 등 군세고 날랜 기병으로 구성된12) 제번경기

---

11) <표 1>은 원사료를 근간으로 류영철, 앞의 책, 2004, 211~212쪽과 윤용혁, 앞의 논문, 2004, 5쪽 및 김명진, 앞의 논문, 2008, 213~214쪽을 참고하여 작성하였다.

(諸蕃勁騎) 9,500명도 별도로 편성되었다. 원병은 기병 300명과 고려의 영향력 하에 있던 여러 성의 군사 14,700명을 동원하여 15,000명으로 편성하였다. 부대의 지휘관은 크게 3군으로 구분하여 배속시키되, 병종별로 최소 2명 이상 3~5명의 지휘관을 복수로 편성하였다.[13] 보군 지휘관들은 마군 지휘관들과는 달리 지천군대장군(支天軍大將軍), 보천군대장군(補天軍大將軍)의 호칭과 같이 공통적으로 '○○○ 대장군'이라고 하는 이색적인 직함을 띠고 있다.[14]

이상과 같은 부대 편성은 그 자체 대규모의 병력을 아주 상세하게 편성하였던 점에서 매우 주목된다. 또한 병종을 마군과 보군으로 뚜렷하게 구분하여 편성하고, 마군의 비율을 현저히 높여 편성한 점도 주목된다. 정벌군 편성에 나타나는 병력 규모의 방대함과 병종별 편성의 상세함 등은 고려가 일리천전투를 치르기 위해 가급적 최대한의 병력을 동원하였고, 병종의 기능에 따라 조직적으로 편성하였던 사실을 반영한다고 생각된다. 이러한 특징들은 정벌군을 동원하고 조직하는 단계부터 일선군에서의 전투를 계획하고 치밀하게 전략전술을 수립하였음을 짐작케 한다. 하지만 초창기에 제시된 성과에서는 이 전투에 보이는 고려군의 병력 수치를 부정하였다.

---

12) 金甲童, 「고려의 후삼국 통일과 유금필」, 『軍史』 69, 국방부군사편찬연구소, 2008, 58쪽.

13) 기록상 복수의 편성이지만, 그 내부적으로는 지휘 및 통속 관계가 형성되었을 것이다.

14) 홍승기는 이들 대장군의 직함으로 불린 5개 보군 2만 3천명과 마군 3개 부대 4만명을 합친 6만 3천명을 일리천전투시 고려가 동원한 중앙군으로 이해하고, 고려군이 마군을 주력으로 형성된 것으로 보았다(홍승기, 앞의 책, 2001, 182~190쪽). 이에 비해 중군 소속의 마군 2만에 대해서는 중앙군이 아닌 왕순식이 이끌고 온 명주군으로 보기도 한다(李基白, 「高麗京軍考」 『李丙燾博士華甲紀念論叢』, 1956 ; 『高麗兵制史研究』, 一潮閣, 1968, 51쪽).

정경현은 병사의 행군 속도와 일리천전투에 참가한 후백제군이 1만 5천명을 넘지 않았다는 점을 근거로 고려군 87,500명의 수치를 지나치게 과장된 것으로 보고, 대략 1만 5천명 수준으로 파악하였다. "왕건이 가을 9월에 삼군을 거느리고 천안부에 이르러 군사를 합하여 일선군으로 나아가니 신검이 군사로써 막았다. … 갑오일에 일리천을 사이에 두고 진을 쳤다."는 기록(사료 ②)을 고려군이 9월 초하루부터 8일(갑오일)까지 행군하여 일선군에 집결한 것으로 보고, 개경으로부터 일리천까지의 거리 약 350㎞를 만 7일만에 행군한다는 것은 불가능하다고 주장하였다.[15] 이는 현대의 군사학적 관점에서 행군거리와 병사의 행군 속도 등을 산출하는 등 과학적으로 접근한 견해였다. 그러나 고려군의 행군 사실을 전하는 기록은 9월에 왕건이 3군을 거느리고 '천안부에 이르렀다'는 의미로도 해석될 수 있으므로[16] 굳이 개경을 출발한 시점을 9월 초하루라고 단정할 필요는 없다고 본다. 고려군이 9월 초에 천안부에 도착한 다음 갑오일까지 일선군으로 이동하였을 가능성도 있는 것이다. 후백제군 1만 5천명 또한 전투에서의 전사자 5,700명에 사로잡힌 군사 3,200명을 합산한(사료 ④) 8,900명에 근거한 추정치이기 때문에[17] 이를 근거삼아 고려군의 병력을 그와 동일한 1만 5천명으로 보기에도 무리가 있다.

한편 최근 김명진은 고려군의 출발 시점에 대해서는 9월 초로 이해한 정경현의 견해에 동의하면서 다만 원거리 행군에서 발생하는 문제점을 해로 및 수로를 통한 이동으로 설명하였다. 그에 따르면,

---

15) 정경현, 앞의 논문, 1988, 17~24쪽.
16) 류영철, 앞의 책, 2004, 212~213쪽.
17) 윤용혁, 앞의 논문, 2004, 6쪽.

고려군은 왕건이 주요 부대의 일부를 이끌고 이천을 거쳐 천안부에 이르고, 일반 보군과 장비 및 군수물자를 담당하는 무리는 해로를 이용하여 아산만을 통해 천안부에 도착하였으며, 또 다른 무리는 해로와 한강을 이용하여 가거나 이천에서 왕건과 갈리어 육로로 가거나 하여 충주에 이르렀다고 한다.[18] 하지만 류영철이 언급한 것처럼, 고려군이 9월 초에 천안부에 도착한 것으로도 해석될 수 있으므로 해로의 이용 가능성에 대해서는 좀 더 신중한 접근이 요망된다. 고려군이 9월 초에 천안부에 도착했다고 한다면 갑오일까지 일선 군으로의 육로 이동이 가능하기 때문이다. 또 고려가 선단과 수군을 동원했다고 한다면 정벌군을 편성한 기록에 어떠한 내용으로든 남겨져야 마땅할 것이다.[19] 하지만 이에 대한 직접적인 증거는 확인되지 않는다. 정황적으로도 고려군이 해로를 통하여 분산 이동하였을 가능성은 높지 않다. 일리천전투가 벌어지기 불과 1년 전인 935년(태조 18), 유금필(庾黔弼)을 위시한 고려 수군은 후백제에게 빼앗겼던 나주(羅州)를 탈환한다.[20] 고려가 일리천전투에 수군을 동원하는 계획을 세웠다고 한다면 보기병을 수송하기보다는 후백제의 배후를 위협하면서 병력 분산의 효과가 높은 나주 방면에 투입하였을 가능성이 높다.[21]

---

18) 김명진, 앞의 논문, 2009, 123~124쪽.
19) 예컨대 원병으로 동원한 병력에 대해서도 상세히 기록하고 있는 점에서 그러하다.
20) 『高麗史』 권92, 열전5 유금필. 929~935년까지 약 6년 동안 후백제에게 빼앗겼음이 확인된다.
21) 후삼국 시대 나주는 후백제의 배후를 위협하면서 통일을 지향하는 전략 거점으로 태봉 당대부터 매우 중시되었다. 수군활동과 연계하여 나주가 지닌 경제·군사전략적 가치는 신성재, 「태봉의 수군전략과 수군운용」 『역

이러한 점에서 보아 고려군은 9월 초까지 천안부로의 이동을 마치고 9월 8일까지 일선군에 집결을 완료하였을 것으로 추정된다.[22) 이는 선단과 수군을 이용하지 않고도 육로를 통해 일리천에 군사를 집결시킬 수 있었음을 의미한다. 따라서 행군거리에 비해 이동 병력이 많고, 행군 시간이 짧아 집결이 불가능하다는 것을 이유로 고려군 87,500명의 실체를 부정하는 것은 타당치 않다고 본다. 오히려 고려군의 규모에 대한 기록이 상당히 구체적이며, 지휘관까지 세부적으로 분류되어 총망라되고,[23) 전투 초반부터 후백제군이 고려의 군세에 압도되어 자진 항복해온 점은[24) 고려가 일리천전투에 대규모의 병력을 동원하였던 사실을 입증한다. 특히 이 전투가 후백제왕 견훤(甄萱)과 신라의 경순왕이 항복하여 군사적으로나 명분적으로도 전쟁의 주도권을 장악한 상황이었으므로 후백제의 멸망을 목표로 고려가 최대의 병력을 편성하여 전쟁을 종식시키고자 하였을 가능성이 있다. 고려가 동원한 병력 87,500명은 당대의 사실을 반영하는 수치라고 생각된다.

그렇다면 고려군은 어떻게 형성되고 조직되었던 것일까? 이 점은 사료 ①의 기록을 살피는 가운데 어느 정도 추론이 가능하다. 사료 ①은 왕건이 일리천전투를 치르기 3개월 전인 936년 6월에 정윤(正

사와 경계』 75, 부산경남사학회, 2010, 212~227쪽 참조.
22) 이러한 추정이 고려군의 출발 시점을 8월 말 정도로 단정하는 것은 아니다. 정경현이 제시한 것처럼 고려군이 9월 초에 출발하였다고 하더라도 9월 8일까지 일선군에 집결하였을 가능성은 있다고 본다. 빠른 기동력을 자랑하는 마군 중심의 군사 편성에 주목할 필요가 있을 것이다.
23) 류영철, 앞의 책, 2004, 213~216쪽.
24) 『高麗史』 권2, 세가2 태조2 병신 19년.

胤 : 태자)인 무(武)와 장군 박술희(朴述希)로 하여금 보기병 1만의 선발대를 거느리고 천안부로 나아가게 한 사실을 전한다. 왕건이 본격적인 전투를 치르기에 앞서 선발대를 보내어 적정을 파악하는 등 전투를 사전 준비하였음을 말해준다. 그런데 왕건이 천안부에 선발대로 보낸 고려군의 병력은 『고려사』의 기록25)과 달리 『삼국유사(三國遺事)』에는 보기병 10만의 병력이 보내진 것으로 나온다.26) 『신증동국여지승람(新增東國輿地勝覽)』 기록에는 선발대와 본대에 대한 언급없이 천안부에 고려군 10만이 주둔한 것으로 나온다. "옛날 우리 성조(聖祖)께서 견씨(堅氏 : 견훤)을 취할 적에 군사 10만을 주둔하여 보루를 쌓고 군사를 열병하여 위호(威虎)를 드날렸으니, 군영을 설치한 곳을 고정(鼓庭)이라 하고, 그 성을 왕자(王字)라 하였다."27)고 하는 내용이 그것이다. 견훤을 칠 때가 아니라 신검을 칠 때였다는 점에서 문제가 있지만,28) 위 기록은 일리천전투에 동원된 고려군 병력 87,500명의 실제와 함께 그 형성 과정을 이해하는 데 중요한 근거 자료가 된다.

필자는 고려군 10만이 천안부에 주둔하였다고 하는 위 기록에 주목한다. 기본적으로 이 수치는 선발대로 보낸 1만의 병력을 포함하는 병력일 것이다. 이에 대해서는 사료 ②를 통해 합리적인 해석이 가능

---

25) 『高麗史節要』와 『三國史記』의 기록에도 1만명의 병력이 선발대로 보내졌던 것으로 나온다.
26) 『三國遺事』 권2, 기이2 후백제 견훤, "六月 … 先遺太子武及將軍述希 領步騎十萬 趣天安府."
27) 『新增東國輿地勝覽』 권15, 천안군 역원 남원, "古昔 我聖祖之取甄氏也 駐軍十萬 築壘觀兵 以耀威虎 其屯營之所曰鼓庭 其城曰王字."
28) 김갑동, 앞의 논문, 1994, 265쪽.

하다. 사료 ②는 936년 9월에 왕건이 3군을 거느리고 천안부에 내려와 이전에 파견했던 선발대 병력 1만과 3군을 합친 다음 일선군으로 이동한 사실을 전한다. 이러한 사실은 고려군이 일선군에 집결하기 이전 천안부에 머무르는 동안 기존에 파견했던 선발대 병력과 본대가 합쳐지는 과정에서 병력이 늘어났던 사정을 설명해준다. 즉 "옛날 우리 성조께서 견훤을 칠 적에 군사 10만을 주둔하여 보루를 쌓고 군사를 열병하여 무위를 드날렸다."는 기록은 본대인 3군과 선발대가 합병되어 군영을 설치하고 군사훈련을 실시했던 사실들이 전래되는 과정에서 고려군 10만이 주둔한 것으로 기록된 것이 아닌가 여겨진다. 고려군이 출정시에 대규모의 병력을 모집하여 부대를 편성하였음을 말해준다 하겠다. 여기에는 934년(태조 17)에 발해국 세자 대광현(大光顯)을 따라 투항해온 민중과 군사,[29] 명주지방의 호족(豪族) 왕순식[30]을 비롯한 고려를 지지하던 호족 휘하의 군사들이 그 병력 자원으로 적극 활용되어졌을 것이다.

왕건은 개경에서 출정하기 이전에 정벌군을 3군과 원병으로 편성하여 전투를 치르는 지휘체계를 수립하였을 것이다. 이 점 역시 사료 ②의 기록 내용을 통해서 살필 수 있다. "가을 9월에 왕이 삼군(三軍)을 거느리고 천안부에 이르렀다."는 기록은 왕건이 송악에서 편성한 3군을 이끌고 내려온 사실을 뒷받침한다. 여기서 왕건이 원병을 이끌

---

29) 『高麗史』 권1, 세가1 태조 17년. 군사를 포함하여 수만 명의 무리가 항복해 왔다고 한다. 고려가 이들 중 상당수를 군사로 활용하였을 것으로 추정한다.
30) 왕순식이 지원한 군사는 3천이었다(『高麗史』 권92, 열전5 왕순식). 이들이 송악으로부터 출정시에 정벌군에 편성되었는지는 분명치 않다. 정경현은 왕순식이 넘어온 大峴을 경북 봉화 또는 용궁에 있던 고개로 보고 일선군에서 합류한 것으로 보았다(정경현, 앞의 논문, 1988, 12쪽).

고 왔다고 하는 기록은 전하지 않는다. 그 대신에 기병 3백과 여러 성에서 모아진 군사(諸城軍) 14,700명으로 3군을 지원하는 원병으로 삼았다고 한다. 아마도 이들 원병은 전투의 현장인 일선군과[31] 그 인근 지역의 여러 성으로부터 확보한 병력이었을 것으로 추정된다. 930년 고려가 고창군 병산전투에서 승리하자 영안(永安 : 영천), 하곡 (河曲 : 하양), 직명(直明 : 안동), 송생(松生 : 청송) 등 30여 성이 항복 해 오고, 신라의 동쪽 연해의 주군(州郡)과 부락을 비롯하여 명주(강 릉)로부터 흥례부(興禮府 : 안동)에 이르는 110여 성이 귀부해왔다고 하는 기록이 전한다.[32] 아마도 이 시기에 항복해온 현지의 여러 성들 로부터 병력을 동원하여 원병을 조직하였던 것으로 보여진다. 그렇다 고 한다면 왕건은 일선군 현지에서 합병한 원병 1만 5천명과 선발대로 보낸 군사 1만명을 제외한 약 6만여 명의 본대를 이끌고 천안부로 출정하였던 셈이 된다. 고려군 병력 10만이 천안부에 주둔한 것으로 나오는『신증동국여지승람』의 기록은 실제적으로는 본대와 선발대 를 합친 7만여 명의 병력이 주둔하였지만, 전승되는 과정에서 원병 병력을 포함하여 마치 10만의 병력이 주둔한 것인 양 표현되었던 것이 아닌가 여겨진다.

왕건은 천안부로 이동한 다음 선발대의 병력과 3군을 합병하면서 군대의 재편을 실시하였다. '군사를 합쳤다(合兵)'는 기록(사료 ②)은 단순히 병력을 합친 것을 의미하기도 하겠지만, 그 과정에서 지휘체계

---

31) 왕건이 선산에서 군사를 모집하자 향리로서 응모한 김선궁과 김훤술이 그에 해당할 것이다.『新增東國與地勝覽』권29, 경상도 선산도호부 인물 및『경상도지리지』해평현 참조.
32)『高麗史』권1, 세가1 태조 13년 ;『高麗史節要』권1, 태조신성대왕 13년.

를 점검하고 일부의 병력은 재편하는 작업도 진행하였을 것으로 추정된다. 병력을 재편한 다음 왕건은 일선군으로 군대를 이동시켰다. 그러나 일정 정도의 병력은 천안부에 남겨두었던 것으로 보여진다. 그 이유는 선발대의 지휘관으로 천안부에 보냈던 박술희가 일리천전투의 지휘관으로 등장하는 것에 비해 태자 무는 전혀 보이지 않기 때문이다. 아마도 태자 무는 일리천전투에는 참가치 않고 천안부에 그대로 남았던 것 같다.[33] 고려의 3군이 일선군으로 이동하는 동안 후백제군이 천안이나 방위력이 허소한 인근 지역으로 공격해올 가능성도 있고, 그 자체 후백제군을 분산시키는 전술적인 효과도 있었기 때문에 태자 무로 하여금 정벌군의 일부로 천안부 지역을 방위토록 하였을 것이다.[34]

　이상과 같이 왕건은 일리천전투에 앞서 3군과 원병을 근간으로 하는 대후백제 정벌군을 편성하였다. 그 규모는 87,500명의 대병력으로, 마군과 보군을 구분하여 총 38명의 장수로 하여금 지휘토록 하였다. 정벌군의 이동은 먼저 선발대 1만의 병력을 천안부에 파견하여 전투를 준비토록 하고, 왕건은 본대인 3군 6만여 명을 거느리고 육로로 이동하여 천안부에 집결하였다. 그런 다음 선발대와 합세하여 군사를 재편성한 다음 일선군으로 이동하였다. 이 과정에서 왕건은 천안부 지역의 방위와 후백제군의 분산을 유도하기 위해 태자 무를 남겨두었다. 일선군에 도착한 왕건은 현지의 원병 1만 5천과 합세하여 87,500명의 정벌군을 최종 편성한 다음 전투에 돌입하였다.

---

33) 김갑동, 앞의 논문, 1994, 275쪽 ; 김명진, 앞의 논문, 2009, 113쪽.
34) 천안부에 남겨진 고려군이 갖는 전술적 의미는 제4장에서 상론한다.

3. 일리천전투와 왕건의 전략

일리천전투에서 고려는 이전의 국지적인 전투와는 달리 대규모의 정벌군을 조직하였다. 정벌군을 어느 정도로 편성할 것인가 하는 문제, 그러니까 병력의 규모는 효과적인 행군은 물론 어떻게 싸울 것인가 하는 전쟁 계획과 전략전술에 직접적인 영향을 미친다. 따라서 대규모의 정벌군 편성에는 전투의 목표와 전략이 무엇보다도 중시되는 가운데 치밀한 원정 계획이 수립되기 마련이다. 일리천전투에서도 전투의 목표가 뚜렷이 설정되는 가운데 이를 구현하기 위한 전략이 수립되었을 것이다. 이러한 시각에서 일리천전투를 계획한 왕건의 전략에 주목해보자.

⑤ 여름 6월에 견훤이 청하여 말하기를, "이 늙은 신하가 멀리 滄波를 건너서 聖化에 투항한 것은 원컨대 전하의 위력에 의지하여 賊子를 토벌하기 위함 뿐이옵니다." 왕이 처음에는 때를 기다려 움직이고자 하였으나, (견훤의) 강고한 청을 불쌍히 여겨 마침내 이에 따랐다. 우선 正胤 무와 장군 (박)술희로 하여금 보병과 기병 1만을 거느리고 천안부에 나아가게 하였다.[35]

위 기록은 936년 6월 견훤이 왕건에게 자신의 아들 신검(神劍)을 토벌할 것을 주청한 사실을 전한다. 신검이 일으킨 정변으로 금산사

---

35) 『高麗史』 권2, 세가2 태조 19년, "夏六月 甄萱請曰 老臣遠涉滄波來投聖化 願仗威靈以誅賊子耳 王初欲待時而動 憐其固請乃從之 先遣正胤武將軍述希 領步騎一萬趣天安府."

(金山寺)에 유폐되어 있던 견훤이 고려로 항복해온 이듬해에 자신을 배반한 아들을 징벌할 것을 주청한 것이다. 왕건이 군사행동을 결심하게 된 배경에는 견훤의 주청이 작용하였을 가능성이 있다.[36] 그러나 한편으로는 왕건의 신검 토벌에 대한 정당성과 합리화를 위한『고려사』찬자의 의도적 기술도 포함되었을 것이다.[37]

견훤의 주청에 대해, 왕건은 아직은 때가 아니라는 것을 이유로 신중한 태도를 보였다. "왕이 처음에 때를 기다려 움직이고자 하였다 (欲待詩而動)."는 기사는 견훤의 청이 있기 이전부터 후백제와의 전투 문제를 놓고 고심하고 있었음을 일러준다. 하지만 얼마 뒤에 왕건은 견훤의 청을 수용하면서 후백제를 정벌하는 결정을 내린다. 왕건이 후백제를 정벌하는 쪽으로 결심한 배경에는 그럴만한 이유가 있었을 것이다. 기록상 견훤의 강고한 청을 불쌍하게 여겨 그 의견에 따른 것으로 나오지만, 국내외 정세와 고려군의 능력을 고려하는 등 치밀한 계산하에 나온 전략적 선택이었을 것이다.

왕건의 전략적 선택에서 주목해볼 부분은 최종적인 결정을 내리기까지 때를 기다려 움직이고자 하였다고 하는 대목이다. 왕건이 기다린 때가 무엇인지는 기록상 명확하지 않다. 다만 그 가능성을 고려해본다면, 우선 대내적으로 신라의 합병에 따른 안정적인 체제의 재정비가 미흡했을 가능성과 복속지역의 관리체계에 대한 정비가 미흡했을 가능성을 상정해볼 수 있다. 대외적으로는 935년 말에 이물과 숙천에 축성한 사실과[38] 관련하여 후백제에 대한 총공격에 앞서 북방의

---

36) 정경현, 앞의 논문, 1988, 3쪽 ; 류영철, 앞의 책, 2004, 198쪽. 왕건의 의도에 견훤이 부응한 결과로 보기도 한다(윤용혁, 앞의 논문, 2004, 9쪽).
37) 김갑동, 앞의 논문, 1994, 264쪽.

거란에 대한 방어선을 더욱 공고히 해두자는 고려가 있을 수 있겠다. 또한 견훤의 사위이자 승주(순천)의 세력가인 박영규가 귀부 의사를 표하면서 내응을 약속하였던 점과[39] 관련하여 후백제 내부의 새로운 변화를 기다리고 있었을 가능성이 있다.[40] 대내적으로 체제를 안정화 시키고, 북방에 대한 방위력을 강화하는 가운데 후백제의 내분과 같은 변화를 기다리면서 충분히 유리한 조건이 형성되었다고 판단한 뒤에 정벌전을 벌이고자 하였을 가능성이 있다.

하지만 왕건은 끝까지 때를 기다린 뒤 군사를 움직이기보다는 6월부터 정벌전을 준비하는 쪽을 선택했다. 왕건이 때가 무르익지 않아 망설인 것은 전투를 수행하는 데 있어 반드시 고려해야 하는 현실적인 이유가 존재했기 때문이었을 것이다. 아마도 그것은 선발대를 파견하던 6월부터 실제 전투가 벌어지던 9월까지의 시기가 군사를 동원하기에 적합하지 않은 농번기에 해당하였기 때문이 아니었을까 생각된다. 전쟁을 수행하고자 한다면 당장 군사의 모집과 물자의 수급이 불가피한데, 이는 백성들에게 크나큰 고충이 아닐 수 없다. 그렇기 때문에 고대 이래로 전쟁은 가급적 농번기를 피하는 것이 일반적인 인식이었다. 백성들로 하여금 "농사짓는 철을 놓치지 않게 한다면 곡식을 다 먹을 수 있다."[41]고 하거나, "농사(耕桑)를 권장함에 있어서는 그 (농사짓는) 시기를 빼앗지 않는다. 부(賦)역을 가볍게 하여 그 재산이 줄어들지 않게 하고 요역(徭役)을 드물게 하여 수고롭

---

38) 『高麗史節要』권1, 태조신성대왕 18년.
39) 『高麗史』권2, 세가2 태조 19년.
40) 류영철, 앞의 책, 2004, 198~199쪽.
41) 『孟子』梁惠王 上, 3장, "不違農時 穀不可勝食也."

지 않게 한다."[42]며 농사철에는 백성들의 부역 동원에 신중해야 함을 통치의 근간으로 내세웠던 점은 그것을 말해준다.

왕건 역시 농사철에 백성들의 부역 동원을 최소화해야 함을 충분히 인식하고 있었다. 즉위 직후에, "이전 임금이 송악을 버리고 철원으로 들어가 궁전들을 지으니 백성들은 토목공사에 시달리고 농사철을 빼앗겼다."[43]며 궁예 말년의 폭정을 비판하며 농사철의 중요성을 강조한 것은 그러한 인식의 일면을 잘 반영한다. 국가를 통치함에 있어 무분별하게 백성을 부역에 동원하던 문제점을 지적한 것이었다. 하지만 현실적으로 국가의 전 역량이 동원되던 전쟁의 시대에 그러한 원리는 지켜지기 어려운 면도 있었다. 왕건 스스로도 그것은 인정하고 있었다. 후삼국 전쟁이 막바지에 다다른 934년(태조 17) 예산진(禮山鎭)에 행차한 자리에서 왕건이 내린 조서를 보면, "도탄 속에서 신음하는 온 백성들에게 고된 노역을 시키는 것이 어찌 나의 본의이겠는가? 다만 만사를 초창하는 때라 부득이하여 그런 것이다. … 남자는 전부 군대(戎)에 나가고, 여자들까지도 부역(役)에 동원되어 고통을 참지 못한 수많은 백성들이 도망하여 산림(山林)에 숨거나, 관부(官府)에 호소하는 사례가 그 수를 헤아릴 수 없었다."[44]고 하며 백성들을 부역에 동원한 것이 본의가 아님을 역설한 점이 그것이다. 가급적 백성들에 대한 무분별한 동원은 경계하되 국가의 역량이 총동원되는 전쟁기의 절박한 현실을 인정하지 않을 수 없었던 것이다.

이와 관련하여 최근 일리천전투의 결행 시기가 일년 중에서 왜

---

42) 『黃石公三略卷上』 上略, "務耕桑 不奪其時 薄賦斂 不匱其財 罕徭役 不使其勞."
43) 『高麗史』 권1, 세가1 태조 원년 8월.
44) 『高麗史』 권2, 세가2 태조 17년 5월 을사.

9월인가에 대해 문제의식을 갖고 그 견해를 밝힌 성과가 제시되었다. 이 견해에서는 왕건이 즉위한 918~936년까지 고려와 후백제가 벌인 전투 총 26회를 대상으로 양국간의 싸움이 주로 농한기인 9월에서 1월 사이에 집중적으로 실시되었음을 논증하였다. 일부 농번기에도 전투가 벌어졌지만, 이는 특별한 사정이나 조건이 있을 때에만 전투가 벌어졌다고 하였다. 태자 무를 3개월 전에 천안부로 파견하고, 9월에 행동 개시를 위해 왕건이 도착한 것도 추수기와 관련이 깊은 것으로 이해하였다.[45] 하지만 이 견해에 대해서는 의문이 없지 않다. 무엇보다도 농한기와 농번기의 구분이 그것이다. 총 26회의 전투를 분석하면서 9월에서 다음 해 1월까지를 농한기로, 2월에서 8월까지를 농번기로 설정하였는데 과연 그렇게 볼 수 있느냐 하는 점이다. 왜냐하면 농한기로 설정한 9월과 그 이후 시기도 농번기로 해석될만한 기록이 여럿 있기 때문이다. 관련 기록을 보자.

먼저 견훤이 927년 9월에 대목군(大木郡)에서 전야에 쌓인 곡식을 모조리 불살라 버리고, 10월에는 벽진군(碧珍郡 : 경북 성주)을 침략하여 곡식을 베어갔으며, 11월에는 그곳에 있는 벼 곡식을 불살라버린 사례가 있다.[46] 928년 8월에는 고려가 양산(陽山)을 공격하자 후백제의 장군 관흔(官昕)이 군사를 동원하여 대목군의 벼를 베어간 기록도 있다.[47] 전쟁이 치열했으므로 전야의 곡식이 그대로 방치된 경우도 있었겠지만,[48] 벼 수확만큼은 이르면 8월부터 늦으면 10월까지도(태

---

45) 김명진, 「太祖王建의 天安府 設置와 그 運營」『한국중세사연구』 22, 한국중세사학회, 2007, 51~56쪽.
46) 『高麗史』 권1, 세가1 태조 10년 9·10·11월.
47) 『高麗史』 권1, 세가1 태조 11년 8월.
48) 예컨대 견훤이 927년 11월에 벽진군의 전야에 남아있던 벼 곡식을 불살라버

양력으로는 9월~11월) 이루어졌음을 살필 수 있겠다. 이는 한창 벼를 수확하는 시기에 해당하는 9월을 농민들이 농사를 마치고 휴식을 취하는 농한기로 볼 수 없음을 말해준다.[49] 따라서 왕건이 농번기를 피해 전투를 치렀다고 평가하기보다는 오히려 현실적으로 전쟁을 치르지 않을 수 없는 상황이었기 때문에 부득이하게 농번기를 선택하였다고 여겨진다.[50] "왕이 처음에 때를 기다려 움직이고자 하였다."고 하는 표현은 가급적 농번기 만큼은 피하여 전투를 치르고자 하였던 왕건의 의중을 반영한다 하겠다.

왕건이 왜 9월 8일(갑오일)을 전투의 시점으로 삼았는지는 분명치 않다. 다만 후백제의 상징적 인물인 견훤이 투항해 왔고, 신라의 경순왕마저 귀부해온 시점에서 명분적으로나 군사적으로 정벌하기에 유리한 상황이었기에 견훤의 주청이 갖는 정치적 효력 정도를 판단하는 가운데 특별히 군사적인 문제를 고려하였다고 보여진다. 정벌군을 편성하기 위해서는 군사의 징발이 있어야 하고, 모집된 병력을 대상으로 훈련을 실시하여 부대 편성을 완료해야 하고, 병참지원 계획을 수립해야 하는 등 전반적인 전략 수립을 마친 뒤에야 정벌군의 출정이 가능하므로 그 모든 조건을 완료 가능한 시점이

린 경우가 그것이다.

49) 일리천전투가 벌어진 9월 8일을 태양력으로 환산한다면 대략 10월 초·중순 정도였을 것이다. 10월이면 추수가 한창인 시기로 농민을 동원하여 군사활동을 벌이기에는 적합하지 않은 시기이다.

50) 농번기의 개념은 시대마다 조금 차이가 있다고 생각되는 데, 보통 보리·밀 등 여름 곡식의 수확과 이앙기가 중첩되는 6월 중순~7월 중순과 추수와 보리 재배가 겹치는 10월 초순~11월 초순을 말한다고 한다. 이로써 본다면 군사를 징발하여 선발대를 파견하던 6월부터 실제 전투가 벌어지던 9월까지, 즉 일리천전투의 전 기간이 농번기에 해당함을 알 수 있겠다.

대략 9월 초였다고 보여진다. 견훤의 요청을 수락한 시점인 6월부터 약 3개월간의 준비 기간을 가지고 9월 초에 본격적으로 정벌전을 벌일 계획을 세웠던 것으로 추정된다.

왕건은 후삼국통일이라는 전투의 목표를 뚜렷이 설정하고, 일리천 전투를 수행할 전략을 치밀하게 수립하였다.[51] 이 과정에서 왕건은 무엇보다도 농번기라는 특수한 상황을 고려하여 군사의 동원 기간을 최소화하는 데 주안을 두었던 듯하다. 따라서 여러 장수들과 함께 왕건이 수립한 전략에는 최단 시간내 후백제의 멸망을 목표로 하는 결전전략(決戰戰略)[52]과 속전속결전략(速戰速決戰略)이 포함되었음직하다. 왕건이 결전전략을 수립하였음은 무엇보다도 대규모의 병력을 동원하여 정벌군을 편성한 사실을 통해서 확인된다. 앞서 열거하였듯이 3군과 원병으로 동원된 총 87,500명의 병력은 이전의 전투에서 전혀 등장하지 않았던 대규모의 병력이다.

『고려사』의 기록을 보면 왕건이 935년(태조 18) 9월에 서경(西京)을 순행하고 이어서 황주(黃州)와 해주(海州)를 순시하고 돌아온 사실이 전한다.[53] 이 시기 왕건의 서경 일대에 대한 순행은 의미하는 바가 크다. 주지하듯이 서경은 고려시대 제2의 수도 역할을 했던 곳으로 태조대부터 북방의 방위를 담당하는 군사적 거점이었다. 황주와 해주 역시 신라시대부터 중요한 군사지역이었다. 이들 지역은 신라 선덕왕(宣德王) 3년부터 설치하였던 패강진(浿江鎭)의 관할 구역이었던 곳이

---

51) 윤용혁, 앞의 논문, 2004, 12쪽.
52) 이를 간단히 결전으로 지칭한 사례가 있다(정경현, 앞의 논문, 1998, 4·7쪽 ; 김갑동, 앞의 논문, 1994, 263·271쪽). 이 글에서는 그 의미를 '최후의 결정적인 전투'로 이해하고자 한다.
53) 『高麗史』 권2, 세가2 태조 18년 9월.

다.[54] 이런 점에서 보아 왕건의 순행은 영토 확인이나 민심 수습적 차원의 순행이기보다는 후백제와의 결전을 위해 소요되는 군사력 동원이 주된 목적이었던 것으로 이해된다.[55] 제2의 수도인 서경은 물론 기존에 확보한 지방과 자진 귀부(歸附)하여 고려의 영향력 하에 놓이게 된 지역에서 최대한의 병력을 확보하고자 하였던 것으로 짐작된다.

왕건의 속전속결전략은 정벌군을 편성하는 과정에서 나타나는 전술적 특징을 통해서도 확인이 가능하다. 고려군의 편성이 갖는 전술적 특징은 단적으로 마군의 병력을 월등히 높여 편성한 점이다.[56] 경기병과 원병을 제외한 전체 병력 중 마군이 2배 이상을 상회하는데, 이는 마군이 갖는 장점을 최대한 살리기 위한 편성으로 이해된다. 마군의 장점은 보군에 비해 기동력이 월등히 빠르다는 것이다. 천안부를 출발한 시점이 불확실하지만, 일선군 도착이 9월 8일까지 완료된 점은 마군이 지닌 빠른 기동력과 물자의 운송 능력을 전술적으로 적극 활용하였기 때문일 것이다. 좌강, 우강, 중군 등으로 정벌군을 조직하면서 마군과 보군을 혼합하지 않고 단일한 병종으로만 구분하여 편성한 점도 눈여겨볼 부분이다. 이 점 역시 단일 병종이 지닌 장점을 전술적으로 극대화하기 위한 목적이었을 것이다.

왕건이 마군을 주력으로 편성한 또 하나의 이유는 마군의 전투력이 보군에 비해 월등히 높았기 때문이었다. 가능한 짧은 시간 내에 결정적인 승리를 거두어야 했던 왕건의 입장에서는 전투력이 높은 마군을

---

54) 李基東, 『新羅骨品制社會와 花郎徒』, 一潮閣, 1984, 212~215쪽.
55) 김갑동, 앞의 논문, 1994, 264~265쪽.
56) 이에 대해서는 제2장의 〈표 1〉을 참고하기 바란다.

중심으로 병력을 편성하는 것이 전술적으로 훨씬 효과적이었을 것이다. 시대에 따라 조금 다르기는 하지만 일반적으로 기병과 보병의 전투력 차이는 기병 1명이 보병 5~7명을 상대한다고 한다.[57) 『육도(六韜)』의 기록에 따르면 "평지에서 전투를 치를 경우 기병 1기는 보병 8인에 필적할 수 있고, … 비록 산악 지형일지라도 보병 4인에 필적할 수 있다."[58)고 한다. 조선시대의 기록에는 기병과 보병간 전투력의 차이를 1 : 10 정도로 이전 시기보다 높이 평가한 점이 확인된다.[59) 기병이 지닌 뛰어난 전투력은 이미 한 세기 전인 839년(민애왕 원년) 청해진(淸海鎭)의 장보고군(張保皐軍)과 민애왕군(閔哀王軍)간에 벌인 왕위쟁탈전에서 입증된 바 있다. 신무왕(神武王)을 후원하던 장보고군 5천과 신라 민애왕군 10만이 대구 평원에서 접전하였는데, 장보고군 5천 중 기병 3천이 민애왕군의 진중(陣中)을 꿰뚫고 들어가 궤멸시켰다고 한다.[60) 워낙 극적인 전투이기에 양군의 병력 수치에 대해서는 논란이 있기는 하지만, 고도로 훈련된 기병의 전투 능력을 충분히 살펴볼 수 있겠다.[61)

기동력과 전투력이 높은 마군을 중점적으로 운용하는 전술은 속전속결전략에 잘 부합한다. 고려의 정벌군에 마군이 보군보다 월등히 많은 이유는 바로 그 때문이었다. 왕건은 속전속결전략을 실현시키는

---

57) 최형국, 「朝鮮時代 騎兵의 戰術的 운용과 馬上武藝의 변화」 『역사와 실학』 38, 역사실학회, 2009, 14쪽.

58) 『六韜』 권6, 견도 균병55, "易戰之法 一騎當步卒八人 八人當一騎 … 險戰之法 一騎當步卒四人 四人當一騎."

59) 『宣祖實錄』 권114, 선조 32년 6월 기해.

60) 『三國史記』 권44, 열전4 김양 ; 『三國史記』 권10, 민애왕 원년.

61) 청해진 군사 중 기병 3천의 활약상에 대해서는 徐榮敎, 「張保皐의 騎兵과 西南海岸의 牧場」 『震檀學報』 94, 震檀學會, 2002, 56~64쪽 참조.

데 적합하도록 기병을 중심으로 정벌군을 편성하였을 것이다. 『고려사』에는 왕건이 지휘통솔과 용병술에 밝았던 인물이었음을 짐작하게 하는 기록이 있다. 왕건이 나이 17세에 도선(道詵)으로부터 지휘통솔과 진법운용을 배웠던 것으로 추정되는 기록이 그것이다. "(도선이) … 군을 지휘하고 진(陣)을 치며, 유리한 지형과 천시를 보는 법(地利天時之法), 산천을 바라보아 감통보우(感通保佑)하는 이치를 가르쳐 주었다."[62]고 한다. 도선이 입적한 해가 왕건을 만난 시기와 동일하므로 기록이 의심되기도 하지만,[63] 적어도 당대의 고승이나 병략가로부터 군대의 운용술과 병법 등을 배웠던 것은 사실로 여겨진다. 왕건의 후삼국 통일에 최대의 공적을 세운 유금필이 "장략(將略)을 지녀 병사들의 마음을 얻었다."[64]고 하거나, 박수경(朴守卿)이 "성품이 용렬하며 권모와 지략이 많았다."[65]고 하고, 윤선(尹瑄)이 "침착하고 용맹하며 육도에 정통하였다."[66]고 하는 기록 역시 왕건의 휘하에 전략과 용병술에 탁월했던 장수들이 많았음을 반영한다. 아마도 왕건은 휘하의 전략적 식견을 가진 장수들과 함께 결전과 속전속결을 근간으로 하는 대후백제 정벌전략을 수립하였을 것이다.[67]

---

62) 『高麗史』, 高麗世系, "太祖年十七 道詵復至請見曰 … 因告以出自置陣地利天時之法 望秩山川感通保佑之理."
63) 崔柄憲, 「道詵의 生涯와 羅末麗初의 風水地理說」 『韓國史研究』 11, 韓國史研究會, 1975, 120~125쪽.
64) 『高麗史』 권92, 열전5 유금필, "黔弼有將略 得士心."
65) 『高麗史』 권92, 열전5 박수경, "性勇烈 多權智."
66) 『高麗史』 권92, 열전5 왕순식 附 윤선, "爲人沉勇 善韜."
67) 결전과 속전속결전략을 수립함에 있어 고대 이래의 육도와 손자병법 등 주요 병서들이 활용되었을 것으로 짐작된다, 윤선이 육도에 정통하였다고 하는 점, 975년 경종이 김부(경순왕)의 관작을 높이며 내린 조서에 김부가 "육도삼략에 밝았다."고 기록된 점(『高麗史』 권2, 세가2 경종 원년), 1106년

이상과 같이 왕건은 일리천전투를 준비하면서 치밀하게 전략을 수립하였다. 가급적 백성들의 농사철을 빼앗지 않는 시기를 고려했지만, 견훤의 요청과 함께 외교군사적인 측면에서 주도권을 장악하였다고 판단한 뒤에는 부득이 농번기에 전쟁을 수행하는 쪽을 선택하였다. 그러나 가급적 빠른 시일 이내에 전투를 종식시키고 후삼국통일을 도모한다는 목표 아래 대규모의 병력을 동원하여 신속히 섬멸하는 결전전략과 속전속결전략을 수립하였다. 이러한 전략 수립에 따라 일리천전투에는 87,500명이라고 하는 후삼국 전쟁사상 최대 규모의 병력이 동원되었던 것이다. 정벌군에 기동력과 전투력이 높은 마군이 중점적으로 편성되었던 이유도 이러한 전략 수립에 따른 결과였지 않았나 여겨진다.

4. 일선군 우회기동의 전술적 의미

송악으로부터 출정한 왕건은 천안부에 집결하여 군사를 재편한 다음 전투 장소인 일선군으로 우회기동을 실시하였다. 고려군이 우회기동을 실시한 이유에 대해서는 의문이 있다. 중간집결지[68]로 설정한 천안부에서 집결을 마친 다음 공주를 거쳐 후백제의 수도인 전주를

(예종 1) 군율 제정을 위해 도병마사가 상주한 항목 속에 손자병법의 저술가인 손무와 당태종 이정이 저술한 병서들이 거론되고 있음 점(『高麗史』 권85, 형법지 2 군율, 예종 1년 1월) 등에서 그러하다. 삼국 및 통일신라 시대부터 육도와 삼략, 손자병법 등을 비롯한 병서와 역사서들이 국왕과 문무관료들에게 두루 읽혔음을 반영한다.

(68) 윤용혁, 앞의 논문, 2004, 4쪽. 이에 대해 김갑동은 1차집결지로 표현하였다 (앞의 논문, 1994, 266쪽).

곧바로 공격하는 방법도 있었는데 왜 굳이 먼 거리를 우회하였는가 하는 점이다. 고려군이 일리천으로 우회기동한 이유에 대해서는 몇 가지 견해가 제기된 바 있다.

먼저 이케우치 히로시(池內宏)는 왕건이 천안을 거쳐 전주 방면으로 공격하는 것처럼 위장하였다가 홀연히 동쪽을 치는 전술을 구사한 것으로 이해하였다.[69] 최근 신검을 속이고 갑자기 허를 찌르는 왕건의 기만전술의 일환으로 평가한 견해가 있는데,[70] 이와 비슷한 입장에서의 견해라 할 수 있다. 정경현은 후백제를 기만하기 위한 전술이라기보다는 고려측 나름대로의 어떤 목적을 의도한 것으로 파악하였다. 그는 특별히 전투의 주 무대가 되었던 일리천이 낙동강에 연하여 위치하였던 점에 주목하였다. 그리하여 고려가 낙동강 줄기를 병참선으로 이용하여 구신라지역으로부터 대규모의 군사와 전쟁물자를 동원하기 위한 목적에서 일리천으로 우회기동하였다는 결론을 내렸다.[71] 김갑동은 왕건이 경순왕의 귀부로 인해 혼란해진 원신라 지역을 신검이 먼저 점령할 것을 염려하여 명주에서 내려온 왕순식과 승주에서 내응하기로 한 박영규와의 합동작전을 도모하기 위한 목적에서 우회기동한 것으로 보았다.[72]

류영철은 고려군의 공세에 맞서는 후백제가 자국의 피해를 최소화하고, 적군을 방어하기에 유리한 위치를 점하기 위해 자국의 중심부로부터 접경 지대로 진출하는 과정에서 일선군에 설진하고 있던 고려의

---

69) 池內宏, 「高麗太祖の經略」『滿鮮史硏究』 中世篇 2, 吉川弘文館, 1937, 63쪽.
70) 김명진, 앞의 논문, 2008, 206~216쪽.
71) 정경현, 앞의 논문, 1988, 14~17쪽.
72) 김갑동, 앞의 논문, 1994, 266~271쪽.

주력군과 대치하게 된 것으로 보았다.[73] 이는 고려가 전투 장소를 선택했다기보다는 후백제의 의도에 따라 결정되어진 것을 의미하는 것으로, 고려의 입장에 무게를 둔 기존 연구와는 다른 입장이다. 한편 윤용혁은 고려가 신라 해체 이후 경상도 방면에 대한 지배권 장악을 우려했던 후백제를 경상도 방면으로 끌어냄으로써 주 전선을 의도적으로 전환시킨 것으로 이해하였다. 또한 고려의 전면 공격에 대비하고 있었을 후백제군의 방어체계를 직접적으로 돌파하기보다는 전선을 제3의 지역에 고의적으로 형성시킴으로써 일방적인 승리를 거두었던 것으로 평가하였다.[74] 이상 여러 견해에서 필자는 고려가 후백제의 방어체계에 대한 직접적인 돌파보다는 제3의 영역에 전선을 구축하였다고 보는 견해와 병참의 중요성을 강조한 성과에 주목하고자 한다.

주지하듯이 왕건은 후백제와의 전투를 준비하는 과정에서 치밀한 전략을 수립하였다.[75] 결전전략을 근간으로 대규모의 병력을 동원하였고, 속전속결전략에 의거하여 마군 중심의 부대 편성을 도모하였다. 이 과정에서 왕건은 대규모의 병력과 마군이 전투하기 용이한 전투 장소를 모색하면서 특별히 중간 집결지로 천안부를 주목하였다고 보여진다. 왕건이 천안부를 정벌군의 중간집결지로 선택한 이유는 이곳이 갖는 군사적 중요성 때문이었을 것이다. 천안부는 도독부(都督府)로 승격되기 이전에는 동도솔(東兜率)과 서도솔(西兜率)로 나뉘어 있던 지역이었다. 그러다가 태조 13년(930) 고창군 병산전투에서 고려

---

73) 류영철, 앞의 책, 2004, 206~208쪽.
74) 윤용혁, 앞의 논문, 2004, 11~12쪽.
75) 윤용혁, 앞의 논문, 2004, 6쪽.

군이 승리하는 것을 기점으로 두 개의 지역이 하나로 합쳐져 천안도독부로 승격된 지역이었다. 이곳은 다섯 마리의 용이 구슬을 다투는 형세라 불려질 만큼[76] 삼국의 중심지이자 군사적으로 최대의 요충지였다.

천안부가 군사적으로 요충지였던 사실은 후백제의 북방 진출을 막아주는 관문이었던 동시에 고려가 남방으로 진출할 경우에 전초기지 역할을 담당할 수 있는 곳이었기 때문이었다.[77] 이 점은 천안부가 고려의 수도인 송악과 후백제의 전주를 연결하는 최단 직공로에 위치하였던 사정을 반영한다. 군사학적인 관점에서 보아 이러한 지역은 군사적 긴장감과 위협이 높은 지역이기 때문에 전시는 물론 평시에도 정예 상비 병력이 주둔하면서 방위를 담당하기 마련이다. 대규모의 정벌전을 계획하던 상황이었으므로 왕건은 마땅히 이곳에 대한 방위력을 강화하는 노력을 기울였을 것이다. 왕건이 태자 무와 박술희로 하여금 선발대를 이끌고 천안부에 나아가도록 조치한 것은 정벌전을 벌이기에 앞서 특별히 양국간의 직공로에 위치한 천안 지역의 방위력을 강화시키기 위한 목적으로 이해된다.[78]

이와 함께 후백제의 군사력을 분산시키기 위한 목적도 내포되었던 것으로 여겨진다. 접경지역에 위치한 군사적 요충지는 국가간 최대의 관심이 집중되는 지역이다. 천안부 일대가 그에 해당하는 지역으로,

---

76) 『高麗史』 권56, 지10 천안부.
77) 김갑동, 앞의 논문, 1994, 265쪽. 천안부의 성립과 성격은 金甲童, 「나말려초 天安府의 성립과 그 동향」 『韓國史硏究』 117, 韓國史硏究會, 2002 ; 김아네스, 「고려 초기의 都護府와 都督府」 『歷史學報』 173, 歷史學會, 2002 ; 김명진, 앞의 논문, 2007 참조.
78) 기본적으로 태조의 출병에 대비하여 군량미를 비축하거나 접경지대의 정보를 수집하는 역할도 수행하였을 것이다(정경현, 앞의 논문, 1988, 9쪽).

이 일대는 934년(태조 17) 운주(運州 : 홍성)전투를 계기로 웅진(熊
津 : 공주)을 비롯하여 그 이북의 30여 성이 이미 고려의 수중에 들어
간 지역이었다.[79] 바로 그러한 지역에 고려가 선발대 병력으로 1만을
파견하였다고 하니, 이는 후백제의 군사적 관심을 끌기에 충분했을
것이다. 아마도 이 사건은 후백제로 하여금 왕도방위에 대한 심각한
위기의식을 불러일으키는 가운데 천안부를 위시한 지역에 후백제군
이 증강 배치되는 상황을 유발시켰을 것으로 짐작된다. 직접적인
자료가 부재하여 어느 정도의 후백제군이 집중되었는가는 확인하기
어렵지만, 적어도 왕건이 1만의 병력을 보냈던 점에서 그와 유사한
수준의 병력이 주요 전선에 이동·배치되지 않았을까 추정된다. 이는
일리천전투에 앞서 고려군의 우회기동이 갖는 전술적 의미를 이해하
는 데 있어 유의해볼 대목이다. 사실 일리천전투의 기록을 통하여
확인이 가능한 후백제군은 사망자와 포로된 자를 합쳐 8,700명이다.
정경현은 이 수치에 의지하여 일리천전투에 후백제군이 대략 15,000
명 정도 참가한 것으로 보았다.[80] 이는 고려군 87,500명과 비교시
현격하게 적은 수치이다. 고려가 대대적인 정벌전을 준비하던 상황을
후백제 역시 예의 주시하고 있었다고 보여지는데, 실제 전장에 나온
후백제군은 고려군에 훨씬 미치지 못하고 있는 것이다.

　이러한 점에서 고려가 일선군으로 우회기동한 이유를 자국의 병력
은 최대한 집중시키고 상대방의 병력은 분산을 강요하는 전술을
구사한 것이 아닌가 추정해본다. 대병력을 동원하였지만 상대국의
병력 집중을 최소화해야 결정적인 승리를 거두기 용이하였으므로

---

79) 『高麗史』 권2, 세가2 태조 17년 9월 정사.
80) 정경현, 앞의 논문, 1988, 24쪽.

왕건은 후백제군이 천안부와 일선군 방면으로 분산 배치되기를 원하였을 것이다.[81] 태자 무를 위시하여 천안부를 방위하는 군사들로 하여금 그곳에 배치된 후백제군을 묶어두는 한편으로 일선군에는 최대한 많은 병력을 집중시켜 가능한 빠른 시간 내에 승리를 도모하는 전술을 구사하지 않았을까 생각된다. 견훤이 고려로 귀부하기 직전에 아들들과 나눈 대화를 보면, "병사는 북군(北軍 : 고려군을 말함)보다 배나 되는데도 오히려 이처럼 불리하니 하늘이 고려를 도우는 것 같다."[82]며 탄식하는 구절이 나온다. 이 기사가 후백제의 패망을 앞둔 시점에서 나누었던 대화임을 감안한다면 후백제 역시 일리천전투가 벌어지던 당시 동원 가능하였던 병력이 상당한 수준이었음을 짐작케 한다. 병력 분산을 강요하는 왕건의 군사력 운용 전술에 따라 후백제군은 천안부와 일선군 방면으로 병력이 분산되면서 집중적으로 대응치 못하였던 것으로 추정된다.

병력의 집중과 분산 전술과 함께 병참 문제도 일선군으로의 우회기동을 이해하는 데 주목해볼 부분이다. 전쟁과 군사작전에서 지속적인 병참의 확보와 보장은 가장 기본적인 고려사항이다. 이는 어떻게 싸울 것인가 하는 전략과 전술의 수립에 영향을 미친다. 특히 정벌전의 형태와 같은 대규모의 병력을 동원하는 경우에는 전략을 수립하는 단계부터 직접적인 고려의 대상이 된다. 속전속결전략을 수립하였던 왕건에게 있어서도 병참 문제의 해결은 중대한 고려사항의 하나였을 것이다.

---

81) 김명진, 앞의 논문, 2008, 207쪽에서는 왕건이 후백제군이 천안부 아래인 공주 이남에 집중되기를 원했던 것으로 보았다.
82) 『三國遺事』 권2, 기이2 후백제 견훤, "兵倍於北軍 尙爾不利 殆天假手爲高麗."

고려군의 병참 문제와 관련해서는 기존의 연구에서 어느 정도 해명된 바 있다. 고려군이 우회기동한 이유를 낙동강 물줄기를 이용하여 후백제보다 압도적으로 우세한 병력과 물자를 동원하기 위함이었다고 밝힌 연구가 그것이다.[83] 이 견해가 말해주고 있듯이 고려군은 중간집결지로 삼은 천안부와 전투 장소인 일선군 현지를 연결하는 병참조달체제를 구축하였다고 보여진다. 천안부에 집결한 태조군이 군량미를 쌓아두었다고 하는 유량리(留糧里) 마을의 존재와[84] 왕건이 선산에서 군사를 모집하자 향리로서 김선궁(金宣弓)과 김훤술(金萱述)이 응모하였다고 하는 기록,[85] 여러 성으로부터 동원된 원병 15,000명의 존재는 전투 외에도 병참을 조달하는 임무와 역할을 담당하였을 것으로 여겨진다. 간접적인 사례지만 신라 말기의 이총언(李悤言)과 같은 인물의 활동상은 그러한 면에서 시사하는 바가 크다.

李悤言은 사기에 그 세계가 전하지 않는다. 신라 말에 碧珍郡을 보호하고 있었다. 이때 도적의 무리가 충만하였으나, 총언이 성을 견고히 고수하자 민들이 의지하고 편안하였다. 태조가 사람을 보내 함께 힘써 화란을 평정할 것을 일깨우니, 총언이 글을 받들고 심히 기뻐하여 그의 아들 永을 보내어 군사를 이끌고 태조의 정토를 따르게 하였다. 이때 영은 18세였는데, 태조가 대광 思道貴의 딸로 처를 삼게 하였다. 총언을 本邑將軍에 임명하고 이웃 읍의 丁戶 229호를

83) 정경현, 앞의 논문, 1988, 14~17쪽.
84) 『韓國地名編覽』 4, 천안시(충남편) ; 『天安市誌』, 천안시지편찬위원회, 133쪽.
85) 주 31)과 같음.

더 주었다. 또 충주·원주·廣州·竹州·堤州 倉의 곡식 2,200석과 소금 1,785석을 주고 손수 편지를 써서 금석의 신의를 보였다. 그 글에 이르기를, "자손에 이르기까지 이 마음은 변치 않을 것이다."라고 하였다. 총언이 이에 감격하여 軍丁을 단결하고, 물자와 양곡을 저축하니 외로운 성으로써 신라와 백제가 반드시 쟁취하려는 곳에 끼어 있으면서도 엄연히 東南을 성원하였다.[86]

이총언은 벽진군의 대표적인 호족으로[87] 신라 말기에 왕건의 정토 사업을 도와주었던 인물이었다. 여기서 주목되는 점은 이총언이 왕건의 정토전에 협조하였다는 사실과 그가 수행하였음직한 역할이다. 잘 알고 있듯이, 벽진군은 오늘날의 성주 지방에 해당하는 곳으로[88] 낙동강의 물줄기가 통과한다. 뿐만 아니라 이 지방은 전투의 격전지였던 일선군의 일리천[89]과 가까운 거리에 위치한다. 아마도 왕건은 벽진군의 사례처럼 고려의 영향력하에 있으면서 일선군과 가까이 위치한 지방을 병참 지원의 거점으로 주목하였을 것이다. 특히 인력과 물자의 운송이 용이한 수로에 위치한 지방은 더욱 중시되었을 것이다.

---

86) 『高麗史』 권92, 열전5 왕순식 附 이총언, "李恩言史失世系 新羅季保碧珍郡 時群盜充斥 恩言堅城固守 民賴以安 太祖遣人諭 以共戮力定禍亂 恩言奉書甚喜 遣其子永 率兵從太祖征討 永時年十八 太祖以大匡思道貴女妻之 拜恩言本邑將軍 加賜傍邑丁戶二百二十九 又與忠原廣竹堤州倉穀二千二百石 塩一千七百八十五石 且致手札示以金石之信曰 至于子孫此心不改 恩言乃感激 團結軍丁儲峙資糧 以孤 城介於羅濟必爭之地 屹然爲東南聲援."
87) 류영철, 앞의 책, 2004, 267쪽.
88) 류영철, 앞의 책, 2004, 74쪽.
89) 선산군 해평면 낙산동 원촌마을에서 선산으로 건너가는 여지나루(餘次尼津) 를 말한다고 한다(류영철, 앞의 책, 2004, 208~209쪽 ; 윤용혁, 앞의 논문, 2004, 4쪽).

벽진군을 포함하여 낙동강 물줄기가 연결되는 주변 지역에서 활동하던 호족들의 협력을 받는 가운데 정벌군에게 소요될 군자를 조달하는 체계를 구축하였을 것으로 짐작된다.

왕건이 현지로부터 병참을 조달하는 체계를 구축하였을 가능성은 정토 사업에 참여한 대가로 이총언에게 하사한 물자를 통해서 확인된다.[90] 왕건이 이총언의 협조에 대한 대가로 충주와 원주, 광주(廣州 : 경기도 하남), 죽주(竹州 : 안성), 제주(堤州 : 충북 제천) 창고에 보관하고 있던 곡식 2,200석과 소금 1,785석을 하사한 것이 그것이다. 이러한 사실은 후삼국시대 전쟁과 병참간의 상관 관계를 이해하는 데 좋은 참고가 된다. 대부분의 지방이 한강과 남한강, 북한강 수로와 인접한 곳인 점에서 전쟁기에 수상 교통이 발달한 지방들이 병참을 지원하는 전략거점으로 적극 활용되었고, 결국 이러한 루트를 따라 병사와 군수물자의 이동이 이루어졌던 사정을 유출해볼 수 있다. 남겨진 기록이 없어 단언하긴 어렵지만, 천안부에 집결했던 고려의 정벌군은 그곳과 인접한 죽주와 충주, 제주 지방으로부터 공급되는 군수물자를 지원받으면서, 또한 그러한 지역들을 따라 형성된 병참지원루트를 거치면서 일선군으로 이동하였을 것으로 짐작된다. 벽진군에서 활동하던 이총언이 왕건으로부터 사여받았다고 하는 곡식과 소금 역시 이러한 지역을 연결하던 수상과 내륙의 교통망을 통하여 운송되어졌을 것이다.

이와 같이 왕건이 대규모의 병력을 이끌고 출정하였음에도 불구하

---

90) 이총언이 태조의 정토 사업에 참가한 것이 언제였는지는 분명하지 않다. 대략 930년에 발발한 고창전투를 전후한 시기가 아닐까 싶다(류영철, 앞의 책, 2004, 269쪽).

고 신속하게 일선군에 도착하여 결진할 수 있었던 배경에는 현지와 이동 경로를 연결하는 병참지원망의 개척이 크나큰 조력이 되었을 것이다.[91] 고려군이 천안부 방면으로 직공하지 않고 일선군으로 우회 기동한 또 하나의 이유에는 일선군을 비롯한 주변 현지로부터 지원받을 수 있는 병참조달체계를 활용함으로써 속전속결의 전투가 가능하였기 때문으로 추정된다.[92]

5. 맺음말

특정한 전투에 참가한 병력의 신빙성 문제에 대해서는 이따금씩 논란이 되곤 한다. 이 글에서 다룬 일리천전투에 동원된 고려군 87,500명의 병력도 그 사례에 해당한다. 초창기의 연구에서는 고려군이 이동한 개경으로부터 일리천간의 행군 거리와 비교하여 행군 기간과 속도, 도로 교통의 여건 불비 등을 근거로 고려군의 규모를 후백제군이 동원한 것으로 추정한 15,000명과 비슷한 수준으로 파악하였다.

---

91) 물론 이러한 병참지원망의 확보는 왕건이 집권하던 당대만의 노력으로 구축된 것은 아니었을 것이다. 고려에 앞서는 태봉 당대부터 충청 지역과 경기도 일대, 경북 북부지역, 강원도 일대를 대상으로 꾸준히 추진한 전략 거점 확보와 연계하여 이들 지역을 병참지원 거점으로 적극 활용하였던 경험이 누적된 결과였을 것이다.

92) 일선군을 전투 장소로 선택한 이유로 마군의 전투 공간을 주목해볼 필요가 있다. 고려군이 마군의 전투가 용이한 지역을 선택하였을 가능성도 있기 때문이다. 그런 점에서 전투의 실제 무대가 되었던 곳으로 추정한 어갱이들(구미시 지산동)과 덤갱이들(고아읍 괴평리 일대)이 폭이 5~6㎞에 60만평 정도의 넓은 평지였다고 하는 성과가 주목된다(문안식, 『후백제전쟁사연구』, 혜안, 2008, 202쪽).

그러나 고려가 동원한 정벌군 87,500명의 수치는 인정될 필요가 있다고 보여진다. 38명의 지휘관을 중심으로 정벌군을 상세히 편성한 점에서나, 고려군의 군세에 압도되어 후백제군이 투항해온 점, 고려군이 개경을 출발한 시점을 기존과 달리 새로이 해석한 점 등은 그와 같은 규모의 병력이 동원되었을 가능성을 높여준다. 특히 중간 집결지로 삼은 천안부에 태조를 위시한 10만의 고려군이 주둔한 사실을 전하는『신증동국여지승람』의 기록은 왕건이 선발대로 보낸 1만의 병력 외에 3군으로 구성한 대규모의 병력(약 6만여 명)을 개경으로부터 이끌고 내려왔음을 짐작케 한다. 선발대와 3군, 일선군 현지에서의 원병이 합세되면서 87,500명의 정벌군이 형성되었던 것으로 추정된다.

왕건이 동원한 정벌군의 규모는 단순하게 조직된 것이 아니었다. 병력을 편성하는 규모 자체가 군사의 이동은 물론 직접적인 전투행위를 벌이는 전략의 수립과 밀접하게 연관되었던 점에서 왕건의 치밀한 전략이 반영되어 조직된 것이었다. 기록상 왕건은 전투 시기를 9월 초보다 늦추고자 하였다. 하지만 견훤의 지속적인 요청과 함께 전쟁 정국에서 외교·군사적인 측면에서 주도권을 장악하였다고 판단한 뒤에는 부득이 농번기에 해당하는 9월 초에 치르는 쪽을 선택했다. 그러나 가급적 동원된 농민과 군사의 피해를 최소화하고자 했기에 역설적이지만 대규모의 병력을 동원하여 신속히 전투를 종결짓는 전략을 수립하였다. 결전과 속전속결은 그러한 과정에서 수립된 전략이었고, 이는 후삼국 전쟁사상 전례가 없던 최대 규모의 병력을 동원하는 결과로 나타났다. 특히 속전속결로 승리를 거두어야 했기 때문에 기동력과 전투력이 높은 마군 중심의 전술적 편성이 이루어지게 되었다. 마군과 보군이 단일 병종으로 편성되고, 마군의 비율이 높게 반영된 이유는 바로 그 때문이었다.

왕건이 수립한 결전전략과 속전속결전략은 고려군의 우회기동전술과도 직접적인 연관성을 갖는다. 대규모의 병력을 동원하여 결정적인 전투로 전쟁을 종식시켜야 했으므로 천안부에 선발대를 파견하여 후백제군의 병력 분산을 유도하면서 일선군에는 정벌군을 집중시키는 우회기동전술을 구사하였다. 이와 함께 속전속결전략을 실현하기 위해 천안부와 일선군 현지를 연결하는 병참지원체계를 구축하였다. 일선군과 인접한 벽진군의 호족 이총언이 왕건의 정토에 협조하였다고 하는 기록은 이를 이해하는 데 좋은 참고가 된다. 왕건이 대군을 이끌고 출정하였음에도 불구하고 단시간 내 일선군에 도착하여 결진할 수 있었던 배경에는 병력의 분산 및 집중 전술과 현지에서의 병참 지원능력의 확보가 커다란 조력이 되었던 것이다. 결전과 속전속결전략을 적용하여 왕건은 후백제군을 상대로 압도적인 승리를 거두면서 전쟁을 조기에 종식시키고, 후삼국을 통일하는 대업을 달성하게 되었다.

고려 태조대 명장 충절공 유금필

1. 머리말

전란의 시대에는 걸출한 역량을 지닌 장수들이 등장하곤 한다. 이른바 명장이라고 불리는 이러한 인물들은 궁예(弓裔)·왕건(王建)과 견훤(甄萱)이 자웅을 겨루던 후삼국전란기에도 등장하였다. 공산전투(公山戰鬪)에서 왕건의 목숨을 구한 신숭겸(申崇謙), 고려의 개국 일등공신인 홍유(洪儒)·복지겸(卜智謙)·배현경(裵玄慶) 등은[1] 그 대표적인 인물들일 것이다. 역사가 승자 중심의 기록임을 감안하면 이 같은 장수들은 고려 왕조에서 활약한 인물들이 많았을 것이다. 하지만 이들은 후백제와 신라에도 존재하였다. 이들이 지닌 전략적 식견과 지휘통솔력, 전술운용 능력에 따라 전투의 승패는 결정지어졌고, 전투의 승패는 전쟁 국면에 영향을 끼치면서 후삼국이 처한 정세 변화를 추동하였다. 이 같은 변화는 하나의 통일 왕조를 탄생케 하는

---

1) 『高麗史』 권92, 열전5 홍유.

결과로 이어졌다.

이 글에서는 태조 왕건의 휘하에서 활약한 충절공(忠節公) 유금필 (庾黔弼 : ?~941. 4)[2]의 군사활동에 대해 살펴보고자 한다. 필자가 유금필에 주목하는 이유는 고려의 후삼국 통일 과정에 기여한 그의 군사적 역할이 결코 가볍지 않다고 보기 때문이다. 유금필의 열전(列傳) 기록을 보면, 그는 참전한 전투마다 승리를 이끈 상승장군이요, 비범한 식견을 갖춘 전략가였음이 드러난다. 유금필이 개선할 때면 태조가 반드시 마중 나가 위로를 해주었고, 시종일관 다른 장수들이 누리지 못하는 총애와 대우를 해주었다고 하는 기록은[3] 그가 뛰어난 역량을 갖춘 무장이요, 고려의 후삼국 통일에 최대의 수훈을 세운 공신이었음을 말해준다.

유금필의 행적이 제법 전해지는 상황이지만, 근래까지 그에 대한 관심은 『고려사(高麗史)』 열전 기록을 그대로 옮겨 적은 위인전을 통해 소개되거나,[4] 신라 말 고려 초의 역사를 정리한 한국사 개설서와[5] 일부 학술서적들을[6] 통해 간헐적으로 언급되는 정도였다. 하지

---

2) '庾黔弼'에 대해서는 대부분의 서책에서 '유금필'로 읽고 표기한다. 근래 이도학이 '유검필'로 읽고 표기해야 한다는 견해를 제시하였으나, 이 글에서는 보편적으로 인정되고 있는 '유금필'로 서술한다. 이도학이 제시한 견해의 주요 논거는 『궁예 진훤 왕건과 열정의 시대』, 김영사, 2000, 176쪽 ; 『후백제 진훤대왕』, 주류성, 2015a, 498쪽 참조.

3) 『高麗史』 권92, 열전5 유금필, "及凱還太祖必迎勞 終始寵遇諸將莫及."

4) 洪良浩 著·李鍾學 譯, 『韓國名將傳』, 博英社, 1974 ; 國防部戰史編纂委員會, 『海東名將傳』, 1987.

5) 국사편찬위원회, 『한국사』 3·4·5, 1976·1981·1975.

6) 文暻鉉, 『高麗太祖의 後三國統一硏究』, 螢雪出版社, 1987 ; 金甲童, 『羅末麗初의 豪族과 社會變動 硏究』, 高麗大民族文化硏究所, 1990 ; 申虎澈, 『後百濟 甄萱政權 硏究』, 一潮閣, 1993 ; 鄭淸柱, 『新羅末高麗初 豪族硏究』, 一潮閣, 1996.

만 이후 전쟁사 분야의 연구가 활기를 띠게 됨에 따라 보다 풍부한
서술이 이루어지고 있는 상황이다.[7] 이러한 분위기에 편승하여 최근
2000년대에 들어와서는 유금필을 전론(專論)으로 다룬 학술논문들이
제출되기에 이르렀다. 고려의 후삼국 통일 과정과 유금필의 군사활동
을 유기적으로 검토한 논고를 비롯하여[8] 후삼국 통일전쟁의 최대
결전인 일리천전투(一利川戰鬪)에서의 활약상과 사후 성흥산성(聖興
山城) 내 유태사묘(庾太師廟)에 배향(配享)이 이루어지는 과정을 다룬
논문,[9] 유금필이 성흥산성에 소재한 성황사(城隍祠)의 주신(主神)으
로 모셔지게 되는 과정과 그 의미를 살핀 논문들은[10] 그 주요한
성과에 해당한다.

　이러한 성과들은 유금필이 후삼국 통일전쟁에서 수행한 군사활동
의 내용과 의미, 지방사회 내에서의 위상 등을 밝혀냄으로써 학술적
차원의 관심을 확대시키는 계기가 되었다. 하지만 아쉽게도 그가
벌인 군사활동에 대한 전문적인 성과는 충분하지 않고, 해소되지
않은 궁금증 역시 남아 있는 실정이다. 특히 그가 지휘한 부대가
전투에서 결정적인 역할을 수행하면서 승리를 이끌어낼 수 있었던
이유에 대해서는 군사운용적 차원에서의 합리적인 설명이 요구된다.

---

7) 류영철, 『高麗의 後三國 統一過程 硏究』, 景仁文化社, 2004 ; 문안식, 『후백제
　전쟁사 연구』, 혜안, 2008 ; 김갑동, 『고려의 후삼국 통일과 후백제』, 서경문
　화사, 2010 ; 김명진, 『고려 태조 왕건의 통일전쟁 연구』, 혜안, 2014 ; 이도
　학, 『후삼국시대 전쟁 연구』, 주류성, 2015b.
8) 金甲童, 「고려의 후삼국 통일과 유금필」 『軍史』 69, 국방부 군사편찬연구소,
　2008.
9) 김갑동, 「고려 태조 왕건과 유금필 장군」 『人文科學論文集』 46, 대전대학교
　인문과학연구소, 2009.
10) 김효경, 「부여 林川郡 城隍祠와 庾黔弼」 『역사민속학』 26, 한국역사민속학회,
　2008.

이는 유금필 부대의 편성에 대한 기초적인 이해를 바탕으로, 그가 지닌 전략적 식견과 전술 구사능력, 지휘통솔 문제, 장수로서의 자질 등에 관한 내용까지 두루 검토되는 가운데 밝혀질 것으로 기대한다. 선학들이 일궈낸 성과를 적극 반영하면서 충절공 유금필이 수행한 군사활동과 용병술, 장수로서의 면모를 밝혀보고자 한다.

2. 출신과 정계 진출, 주요 군사활동

고려시대 인물들의 일대기를 기록한 『고려사』 열전에 따르면 유금필은 평주인(平州人)으로 나온다.[11] 평주는 삼국이 항쟁하던 시기에 고구려가 관할하던 대곡군(大谷郡)이었다. 이 지역은 신라가 삼국을 통일한 뒤 경덕왕(景德王)대에 이르러 영풍군(永豐郡)으로 개명되었다. 이후 고려가 건국되면서부터 평주로 불리게 된 곳으로 지금의 황해도 평산군에 해당한다.[12]

유금필의 선대에 대한 기록은 부재하다. 그러나 기왕의 연구를 통해 밝혀진 것처럼, 그의 선대는 평주에서 상당한 세력 기반을 가지고 있었던 것으로 보여진다. 그의 딸이 태조 왕건과 혼인하여 동량원부인(東陽院夫人)이 되고,[13] 그 자신이 곡도(鵠島 : 백령도)에 유배된[14] 처지임에도 불구하고 현지민들을 규합하여 후백제의 해상 침탈

---

11) 『高麗史』 권92, 열전5 유금필, "庾黔弼平州人."
12) 金甲童, 앞의 논문, 2008, 34쪽.
13) 『高麗史』 권88, 열전1 후비1 동양원부인유씨.
14) 『高麗史節要』 권1, 태조신성대왕 태조 14년 3월.

에 대응하였다고 하는 기록은[15] 그의 선대가 평주와 인근 지역에서 누렸을 정치사회적 위상을 짐작케한다. 그가 패강진(浿江鎭)의 군진세력(軍鎭勢力)에서 호족(豪族)으로 성장하였다고 하는 견해는[16] 타당성이 높아 보인다.

선대와 관련한 기록이 부족한 상황에서, 그가 평주의 토착 가문 후손이었는지 혹은 타 지역으로부터 이거(移居)해온 가문의 후예였는지는 분명하지 않다. 다만 신라가 782년(선덕왕 3)에 패강진을 설치하면서 사민정책을 추진하고,[17] 왕건의 후삼국 통일에 중추적인 역할을 수행한 박수경(朴守卿)의 선대가 신라 말에 패강 지역으로 이주해왔다고 하는 기록에 주목해본다면,[18] 유금필의 선대 역시 패강진 설치를 계기로 평산 지역으로 이거해온 것이 아닌가 추정된다.[19] 후대에 편찬된 족보를 보면 평산유씨(平山庾氏)와 무송유씨(茂松庾氏)는 같은 본으로 인식되고 있다. 아마도 이 같은 현상은 유금필의 증손으로 중앙에서 현달한 유장신(庾長信) 계열과 달리 아첨죄를 지어 검교장작소감(檢校將作少監)에 머무른 유공의(庾恭義)[20]의 아들 유록숭(庾祿崇)이 벼슬을 하지 못하고 고향인 무송으로 낙향하여 그곳을 이봉(移封)

---

15) 『高麗史』 권92, 열전5 유금필.

16) 鄭淸柱, 앞의 책, 1996, 116쪽.

17) 『三國史記』 권40, 직관지 下 외관 패강진전 ;『三國史記』 권9, 선덕왕 3년 2월.

18) 『朝鮮金石總覽』 朴景仁墓誌 ;『韓國金石文追補』 朴景山墓誌. 박수경 가문의 성장은 鄭淸柱, 「신라말·고려초 호족의 형성과 변화에 대한 一考察」,『歷史學報』 118, 歷史學會, 1988(앞의 책, 1996, 45~46쪽) 참조.

19) 金甲童, 앞의 논문, 2008, 35~37쪽.

20) 『高麗史』 권7, 세가7 문종 9년 8월 ;『高麗史節要』 권4, 문종인효대왕1 문종 9년 8월.

받게 되면서 본관으로 정했기 때문이 아닌가 싶다.[21] 그렇다고 한다면 유금필의 선대가 살던 지역은 본래 고창군(高敞郡) 무장면(茂長面) 무송현(茂松縣)이었지만, 패강진이 설치되고 사민정책이 추진되면서 평산 지역으로 이주해간 셈이 된다.[22]

유금필이 중앙 정계에 진출하게 되는 계기는 궁예정권이 패강 지역(浿江地域)으로 세력을 확대해가던 분위기 속에서 마련되었던 것 같다. 궁예정권이 904년에 패강 지역으로 세력 확대를 꾀하자, 위기의식을 느낀 패강도(浿江道) 소속의 10여 주현(州縣)은 궁예에게 항복하였다.[23] 궁예는 접수한 지역들을 13개의 진(鎭)으로 분정하면서 지배력을 강화하였다.[24] 유금필은 이 과정에서 자연스럽게 궁예정권에 참여하게 되었던 것 같다.[25] 유금필이 궁예정권하에서 활동한 사례는 나타나지 않는다. 그는 왕건에 의해 궁예정권이 몰락하고 고려가 건국되던 918년부터 역사의 무대에 그 모습을 드러내기 시작한다.

유금필이 고려 왕조에서 수행한 군사활동은 가히 드라마틱하면서도 역동적이다. 그는 후백제와 벌인 전투에 거의 빠짐없이 참가하여 무훈을 세웠다. 참가한 전투마다 승리를 이끌어냈고, 불리한 처지에서도 전세를 역전시키는 투혼을 발휘하였다. 유금필이 일생 동안

---

21) 평산유씨와 무송유씨를 별개의 성으로 보는 견해도 있다. 李樹健,『韓國中世社會史研究』, 一潮閣, 1984, 160쪽 ; 鄭清柱, 앞의 책, 1996, 117쪽 참조.
22) 평산이 유금필의 본거지라기보다는 후대의 식읍으로 보기도 한다(文秀鎭,「高麗建國期의 羅州勢力」『成大史林』4, 成大史學會, 1987, 22쪽).
23)『三國史記』권12, 효공왕 8년.
24)『三國史記』권12, 효공왕 8년 ;『三國史記』권50, 열전10 궁예 천우 2년.
25) 金甲童, 앞의 논문, 2008, 37~38쪽.

수행한 군사활동을 특별히 시간적인 순서에 따라 정리하면 크게 5개의 시기로 구분해볼 수 있다.[26] 시기별로 유금필이 수행한 군사활동의 구체적인 내용을 소개하면 다음과 같다.

먼저 유금필이 활동한 제1기(918~924)는 고려가 건국되면서 그의 활동이 점차 가시화되던 시기였다. 그의 존재는 왕건이 집권하던 918년(태조 원년) 6월에 처음 등장한다. 유금필은 이 시기에 개국 1등공신인 홍유와 함께 마군장군(馬軍將軍)의 직함으로 병사 1,500명을 거느리고 진주(鎭州 : 충북 진천)에 주둔하면서 변란에 대비하는 임무를 수행하였다.[27] 당시 유금필은 왕건을 추대하는 논의에는 직접적으로 참가하지 않았으나, 정치적 입장과 보조는 같이 하였던 것 같다.[28] 이는 유금필이 궁예 말년에 왕건을 지지하는 세력이 되었음을 의미한다.[29]

유금필이 본격적으로 활약하던 시기는 920년 3월부터였다. 당시 고려의 북계 지역에 설치된 골암진(鶻岩鎭)[30]은 말갈족으로 지칭되던 북적(北狄)[31]들의 침입에 크게 시달리고 있었다. 태조는 이들을 평정하는 적임자로 유금필을 지목하였다. 왕명을 받은 유금필은 정부

---

26) 1기(918~924), 2기(925~930), 3기(931), 4기(932~934), 5기(935~936) 등이다.

27) 『高麗史』 권92, 열전5 왕순식.

28) 朴龍雲, 「高麗時代의 茂松庾氏家門 분석」『李丙燾博士九旬紀念 韓國史學論叢』, 1987, 286~287쪽.

29) 鄭淸柱, 앞의 책, 1996, 115쪽.

30) 李基白, 「高麗 太祖 時의 鎭」『歷史學報』 10, 歷史學會, 1958(『高麗兵制史研究』, 一潮閣, 1968, 235쪽)에서는 함경도 안변 신대리로 비정하였으나, 근거는 명확하지 않다.

31) 金光洙, 「高麗建國期의 浿西豪族과 對女眞關係」『史叢』 21·22, 高大史學會, 1977, 143쪽.

직속군으로 편성된 개정군(開定軍) 3,000명을 이끌고 출정하였다.[32] 골암진에 도착한 그는 동쪽 산에 커다란 성을 쌓고 추장들을 불러 모아 주연을 베푼 다음 이들이 취한 틈을 타 위협하여 복종토록 하였다. 유금필은 추장과 부락민 등 1,500명의 항복을 받고, 포로로 잡혀가 있던 고려인 3,000명을 방환해오는 큰 전과를 거두었다. 고려 는 유금필의 활약으로 북방 지역에 대한 안정을 도모하는 한편 남방의 후백제를 대상으로 하는 전쟁에 집중할 수 있게 되었다.

유금필이 활동하던 제2기(925~930)는 충남 지역과 경북 지역의 요충지를 둘러싸고 후백제와 치열한 전투를 벌이던 시기였다. 그는 이 기간 중에 연산진(燕山鎭)과 임존군(任存郡)을 공격하고, 조물성전 투와 고창전투에서 크게 활약하였다. 925년(태조 8) 10월, 정서대장군 (征西大將軍)에 임명된 유금필은 연산진을 공격하여 장군 길환(吉奐) 을 죽였다. 그리고 임존군에서는 3천여 명을 살획하는 전공을 세웠 다.[33] 연산진은 청주시 문의면으로 비정되는 곳이다.[34] 청주에서 대전으로 향하는 중간 길목에 위치한 곳으로 후백제의 최일선 요충지 에 해당한다.[35] 임존군은 충남 예산군 대흥면을 말한다.[36] 유금필은 이 지역들을 공략함으로써 충청 지역에까지 고려의 영향력을 확대시 킴은 물론 예산과 청주 일대를 연결하는 대후백제 방어망 구축에도 크게 기여하였다.

---

32) 朴天植,「高麗士族의 形成·發展과 階層構造」『國史館論叢』 26, 國史編纂委員會, 1991, 45쪽.
33) 『高麗史』 권1, 태조 8년 冬 10월 ;『高麗史』 권92, 열전5 유금필.
34) 『新增東國輿地勝覽』 권15, 문의현 건치연혁. 申虎澈, 앞의 책, 1993, 73쪽.
35) 문안식, 앞의 책, 2008, 129쪽.
36) 『新增東國輿地勝覽』 권20, 대흥현 건치연혁. 류영철, 앞의 책, 2004, 79쪽.

충청 지역에서의 전투가 일단락된 뒤, 고려군은 후백제군과 조물군에서 격돌하였다.[37] 전황은 견훤의 군사가 정예로워 승부를 결정짓지 못할 정도였다. 왕건은 후백제군의 병세가 약화되기를 기다려 싸우고자 하였다. 하지만 유금필이 임존군으로부터 군사들을 거느리고 와서 합침에 따라[38] 전세는 고려군에 유리한 방향으로 역전되었다. 고려군의 군세가 강화되자 부담을 느낀 견훤은 왕건에게 화친을 요청하였다.[39] 유금필 부대의 신속한 지원에 따라 왕건은 견훤과 화친 관계를 수립하고 잠시나마 안정기를 맞이하게 되었다.

한편 유금필은 930년(태조 13) 정월 안동 지방에서 발발한 고창전투에서 최대의 수훈을 세웠다.[40] 전투에 앞서 고려의 장수들은 전황이 불리해질 경우를 대비하여 탈출구를 마련해두자는 등 후백제군과의 대결에 부담을 느끼고 있었다. 유금필은 장수들이 싸우기도 전에 도망칠 생각을 하는 것에 반론을 제기하였다. 그는 당시의 전황상 신속히 공격하는 것이 최선의 방책임을 주장하였다. 그는 적의 방어 태세가 허술한 저수봉(猪首峯)[41] 방면에 대한 집중적인 공격을 감행하

---

37) 조물성전투를 말한다. 전투의 내용에 대해서는 『高麗史』 권1, 태조 8년 冬 10월 ; 『高麗史』 권92, 열전5 유금필 참조. 조물성의 위치에 대해서는 선산 금오산성설, 안동 부근설, 김천 조마면설, 안동과 상주 사이설, 의성 금성설 등 견해가 다양하다. 제 견해는 류영철, 앞의 책, 2004, 76쪽 ; 문안식, 앞의 책, 2008, 126쪽 ; 김갑동, 앞의 책, 2010, 35쪽 참조.

38) 류영철, 앞의 책, 2004, 83쪽.

39) 『三國史記』와 『三國遺事』에는 왕건측이 화친을 요청한 것으로 나온다. 화친을 요청한 주체에 대한 여러 견해는 류영철, 앞의 책, 2004, 84~85쪽 ; 이도학, 앞의 책, 2015, 209~210쪽 참조.

40) 이하 전투 내용은 『高麗史』 권1, 태조 13년 春 정월 ; 『高麗史』 권92, 열전5 유금필 참조.

41) 현재의 안동시 와룡면 서지동 서남쪽에 위치한 봉우리(이형우, 「古昌戰鬪考」 『上智實業專門大學論文集』 12, 1982, 11쪽) 혹은 안동여자중학교 뒤편쪽에

였다. 그의 공세적인 전투에 의해 고려군은 대승하였고, 경북 지역에서의 군사적 우세권을 확보할 수 있게 되었다. 왕건이 "오늘의 승첩은 경의 힘 덕분이다."며 그의 공적을 극찬한 것은 실로 유금필의 활약이 고창전투의 승리에 원동력이 되었음을 말해준다.

유금필이 활동한 제3기(931)는 그의 일생 중 최대의 정치적 시련기였다. 고창전투 이듬해인 931년(태조 14) 3월, 유금필은 죄인의 몸으로 백령도에 유배되었다.[42] 그가 유배된 이유에 대해서는 참소에 따른 것으로 기록되었을 뿐 구체적이지 않다. 아마도 이는 정치세력간의 견제와 마찰이 빚어낸 사건이 아니었나 싶다. 즉 패서 지역 출신인 그가 전투에서 무공을 세워 태조로부터 신임을 한 몸에 받고, 국가정책을 결정하는 자리에서 점차 비중 있는 위치를 점유해 가던 현실 속에서 타 지역을 기반으로 하는 정치세력들로부터 견제와 모함을 받지 않았나 추측된다. 그런데 흥미로운 사실은 그가 유배에 처해 있던 상황 속에서도 보인 고려 왕조에 대한 충정이다. 그는 비록 유배중인 처지였지만 후백제의 수군이 서해 중북부 해역으로 북상하면서 고려의 수군활동을 압박하던 상황을 주시하고 있었다. 그는 후백제의 해상 침탈로 고려의 수군이 위기에 봉착하자 지역민과 물자를 동원하여 군대를 편성하고 전함을 정비하는 등 서해 중북부 도서지방을 연결하는 해상방어망을 구축하였다.[43] 유금필이 유배

바라보이는 곳으로 비정된다(柳永哲,「古昌戰鬪와 후삼국의 정세변화」『한국중세사연구』7, 한국중세사학회, 1999, 39쪽).

42) 유금필이 곡도 유배기에 벌인 군사활동은 『高麗史』권92, 열전5 유금필 참조.

43) 후백제의 수군이 932년 9~10월에 예성강 수역과 대우도 해역을 공략해온 사건을 말한다(『高麗史』권2, 태조 15년 9월·冬 10월). 이 시기 고려와 후백제의 서해 중북부 해역을 둘러싼 해상권쟁탈전의 추이는 신성재,「후백제의

중이던 시기에 추진한 해상방어력 강화 노력으로 말미암아 고려는 후백제의 북상을 억제하고 해상 도전을 물리칠 수 있게 되었다.[44]

유금필의 제4기(932~934) 행적은 유배지로부터 풀려나면서 시작되었다. 932년(태조 15), 왕건은 유금필을 정남대장군(征南大將軍)에 임명하여 신라로 통하는 길목에 위치한 의성부(義城府 : 경북 의성)를 지키게 하였다.[45] 유금필은 이 시기에 비상한 군사활동 능력을 보였다. 그는 견훤의 장남 신검(神劍)이 사탄(槎灘)[46]을 경계 삼아 고려군의 경주 진출을 저지하자, 80명에 불과한 장사(壯士)들을 이끌고 출정하여 이들을 물리치고 경주에 입성하였다. 그는 회군하던 중 자도(子道)에서 신검의 군대와 다시금 조우하였다. 그는 이 전투에서도 적장 금달(今達)·환궁(奐弓) 등 7명의 장수들을 사로잡고 무수히 많은 적병들을 살상하는 전과를 거두었다. 왕건은 그의 공적이 옛날에도 드문 일이라고 하며 마음에 새겨두고 잊지 않겠다는 약속을 하였다.

유금필의 눈부신 활약은 단연 운주(運州 : 홍성)전투에서 발현되었다. 934년(태조 17) 9월, 왕건은 운주를 정벌하기 위해 유금필을 우장군(右將軍)에 임명하였다.[47] 고려군이 남진하자 견훤도 이에 대응하

수군활동과 전략전술」,『한국중세사연구』36, 한국중세사학회, 2013 ;『후삼국시대 수군활동사』, 혜안, 2016, 143~147쪽 참조.

44) 이도학, 앞의 책, 2015, 379쪽.
45) 이하 유금필이 정남대장군으로 활동한 내용은『高麗史』권92, 열전5 유금필 참조.
46) 정확한 위치는 미상이나, 경주로 들어서는 길목으로 추정된다(이도학, 앞의 책, 2015, 384쪽).
47) 운주전투에 관한 기록은『高麗史』권2, 태조 17년 9월 ;『高麗史』권92, 열전5 유금필 참조. 이와 관련한 기왕의 연구 동향은 김갑동,「고려초기 홍성지역의 동향과 지역세력」,『史學研究』74, 韓國史學會, 2004 ; 윤용혁,「나말여초 洪州의 등장과 運州城主 兢俊」,『한국중세사연구』22, 한국중세사학회, 2007

기 위해 갑사(甲士) 5천명을 이끌고 북상하였다. 양군이 조우하게
되자 견훤은 무지한 병사들만 살상될 우려가 있으니 화친하여 각자의
영토를 보전하자는 제안을 하였다. 왕건은 견훤이 제시한 화친안을
놓고 장수들과 의논하였다. 유금필은 이 자리에서 오늘의 상황은
싸우지 않을 수 없는 형세라는 점을 강조하면서 전투를 주장하였다.
그리고는 후백제군이 미처 진을 치지 못한 틈을 노려 경기(勁騎)
수천으로 하여금 돌격케하여 3천여 급을 참획하고 용맹스런 장수
상달(尙達)·최필(崔弼) 등을 사로잡는 쾌거를 거두었다. 운주가 고려
의 영향권으로 들어오자 웅진(熊津 : 공주)을 포함한 그 북쪽에 위치
한 30여 성 역시 항복하는 입장을 취하였다. 유금필의 정확한 전황
파악 능력과 결단력, 용맹스런 활약에 의해 고려는 홍성과 공주를
연결하는 방어선을 구축하고, 지배권의 범위를 충청 남부지역에까지
확장할 수 있게 되었다.

유금필이 활동한 제5기(935~936)는 그가 마지막으로 군사활동을
수행한 시기이다. 이 시기 그의 행적에서 눈에 띄는 내용은 특별히
수군을 지휘한 점이다. 후삼국 통일을 1년여 앞둔 935년(태조 18)
4월, 왕건은 여러 대신과 장수들을 모은 자리에서 후백제에게 빼앗긴
나주 지역을 탈환하는 적임자 천거를 명하였다.[48] 공훤(公萱)과 제궁
(悌弓) 등은 유금필을 천거하였다.[49] 왕건 역시 유금필을 의중에 두고

; 김명진, 「고려 태조 왕건의 운주전투와 긍준의 역할」『軍史』96, 국방부
군사편찬연구소, 2015 참조.

48) 이하 내용은 『高麗史節要』권1, 태조신성대왕 18년 ; 『高麗史』권92, 열전5
유금필 참조.

49) 이태진은 유금필이 추천된 이유에 대해, 공훤과 제궁이 패서지역 출신
호족의 세력 확대를 도모하기 위해 천거한 것으로 이해하였다(李泰鎭, 「金致
陽 亂의 性格」『韓國史硏究』17, 韓國史硏究會, 1977, 79~80쪽 참조).

있었다. 하지만 불과 얼마 전에 신라로 통하는 길을 뚫는 데 수고한 것을 생각하여 차마 명을 내리지 못하고 있었다. 유금필은 태조의 의중을 간파하고 국가의 대사에 신명을 바칠 것을 자처하였다. 그는 나주를 경략(經略)하는 도통대장군(都統大將軍)에 임명되어 이 지역을 탈환하는 수군작전을 성공적으로 완수한 다음 복귀하였다.

고려는 유금필의 성공적인 나주 탈환으로 서남해역 해상권을 다시금 확보하고 통일전쟁의 주도권을 장악할 수 있게 되었다.[50] 나아가 그것은 후삼국 전쟁을 조기에 종식시키는 정치외교적인 효과를 낳게 하였다. 나주에서의 수군활동이 종료된 935년 6월, 신검이 일으킨 정변으로 말미암아 금산사(金山寺)에 유폐되어 있던 견훤은 나주로 탈출한 다음 고려 정부로 입조(入朝)해올 뜻을 전하였다. 왕건은 견훤을 호송해오는 임무를 유금필에게 일임하였다. 유금필은 대광(大匡) 만세(萬歲)를 비롯한 수군과 전함을 거느리고 바닷길을 경유하여 견훤을 안전하게 호송해왔다.[51]

견훤이 입조하자 후삼국 정세는 고려가 주도하는 상황으로 변화되었다. 936년(태조 19) 9월, 왕건은 후백제를 결전 및 속전속결전략으로 제압하기 위해 87,500명으로 구성된 대규모의 후백제정벌군을 편성하였다.[52] 유금필은 태조를 따라 이 전투에 참가하였다. 그는 후삼국 전란기의 최대 결전인 일리천전투에 중군(中軍)을 이끄는 지휘관으로

50) 신성재, 「고려의 수군전략과 후삼국통일」, 『東方學志』 158, 延世大學校 國學研究院, 2012, 73쪽.
51) 『高麗史』 권2, 세가2 태조 18년 6월.
52) 『高麗史』 권2, 세가2 태조 19년 秋 9월. 결전과 속전속결전략에 입각한 일리천전투의 전개 과정에 대해서는 신성재, 「일리천전투와 고려태조 왕건의 전략전술」, 『韓國古代史研究』 61, 한국고대사학회, 2011 참조.

참전하여 후백제를 무너뜨리고 통일 왕조를 이룩하는 데 혁혁한
전공을 세웠다.[53]

3. '경기' 중심의 부대 편성과 용병술

유금필이 거느린 부대가 매 전투마다 승리할 수 있었던 비결을
알기 위해서는 그가 지휘한 부대의 편성과 전술적인 특징 등에 대한
이해가 필요하다. 이는 유금필 부대가 어떠한 형태로 구성되었는지
파악하는 작업이지만, 전투를 수행하는 관점에서 보자면 그의 부대가
전술적으로 어떠한 장점을 지닌 부대였는가를 밝혀내는 과정이기도
하다. 이는 궁극적으로 부대 편성에 기초한 군사 운용이라는 용병술의
특징을 이해하는 문제로 귀착된다.

우선, 유금필이 거느린 부대의 편성은 그 자신이 왕건을 섬기기
시작하던 건국 초기부터 마군장군으로 활동한 사실에 비추어 보아[54]
대체로 기병이 주축을 이루고 있었던 것으로 짐작된다. 그 구체적인
실상은 고려가 후백제를 정벌하기 위해 편성한 정벌군의 조직과
편성을 통해 살펴볼 수 있다. 일리천전투시 고려군의 실상을 전하는
936년(태조 19) 9월의 기록에는 그러한 사실이 잘 나타난다.

> 갑오일에 一利川을 사이에 두고 진을 쳤다. 왕이 견훤과 더불어 군사를
> 사열하였다. 왕이 견훤을 비롯하여 大相 堅權·述希·皇甫金山과 元尹

---

53) 위와 같음.
54) 『高麗史』 권92, 열전5 유금필, "事太祖 爲馬軍將軍 累轉大匡."

康柔英 등으로 馬軍 1만을 거느리게 하고, 支天軍大將軍 元尹 能達·奇言·
韓順明·昕岳과 正朝 英直·廣世 등은 步軍 1만을 거느리게 하여 左綱으로
삼았다. 大相 金鐵·洪儒·朴守卿과 元甫 連珠·元尹 萱良 등은 馬軍 1만을
거느리게 하고, 補天軍大將軍 元尹 三順·俊良·正朝 英儒·吉康忠·昕繼
등은 步軍 1만을 거느리게 하여 右綱을 삼았다. 溟州大匡 王順式과
大相 兢俊·王廉·王乂·元甫·仁一 등은 馬軍 2만을 거느리게 하고, 大相
庾黔弼과 元尹 官茂·官憲 등은 黑水·達姑·鐵勒의 諸蕃勁騎 9,500을 거느
리게 하고, 祐天軍大將軍 元尹 貞順과 正朝 哀珍 등은 步軍 1천을 거느리
게 하고, 天武軍大將軍 元尹 宗熙와 正朝 見萱 등은 步軍 1천을 거느리게
하고, 杆天軍大將軍 金克宗과 元甫 助杆 등은 步軍 1천을 거느리게
하여 中軍으로 삼았다. 大將軍 大相 公萱과 元尹 能弼 및 장군 王含允
등은 騎兵 300과 여러 성의 군사 14,700을 거느리게 하여 3군의 援兵으
로 삼았다.[55]

  고려가 후백제를 정벌하기 위해 편성한 정벌군은 무려 87,500명의
대병력이었다. 태조 왕건을 총지휘관으로 38명의 장수들이 동원되어
3군과 원병(援兵)을 지휘하는 통수체계를 조직하였다. 3군은 좌강(左

---

55) 『高麗史』 권2, 세가2 태조 19년 秋 9월, "甲午隔一利川而陣 王與甄萱觀兵 以萱及
  大相堅權述希皇甫金山元尹康柔英等領馬軍一萬 支天軍大將軍元尹能達奇言韓順
  明昕岳正朝英直廣世等領步軍一萬爲左綱 大相金鐵洪儒朴守卿元甫連珠元尹萱良
  等領馬軍一萬 補天軍大將軍元尹三順俊良正朝英儒吉康忠昕繼等領步軍一萬爲右
  綱 溟州大匡王順式大相兢俊王廉王乂元甫仁一等領馬軍二萬 大相庾黔弼元尹官茂
  官憲等領黑水達姑鐵勒諸蕃勁騎九千五百 祐天軍大將軍元尹貞順正朝哀珍等領步
  軍一千 天武軍大將軍元尹宗熙正朝見萱等領步軍一千 杆天軍大將軍金克宗元甫助
  杆等領步軍一千爲中軍 大將軍大相公萱元尹能弼將軍王含允等領騎兵三百諸城軍
  一萬四千七百爲三軍援兵."

綱)과 우강(右綱), 중군(中軍)으로 구분하여 마군과 보군을 주력으로 구성하되 중군 소속의 마군 비율을 현저히 높이는 방식으로 편성하였다.[56] 주력인 3군을 지원하는 부대로는 여러 성(城)으로부터 군사 14,700명을 징발하여 원병으로 편성하였다. 후백제정벌전에 참가한 고려군의 부대 편성과 조직, 규모를 알기 쉽게 정리하면 〈표 1〉과 같다.

〈표 1〉 고려군의 편성 조직과 지휘체계

군 편성		병종	병력	지휘관	비고
3 군	좌강	마군	10,000	甄萱, 견권, 박술희, 황보금산, 강유영	
		보군	10,000	능달, 기언, 한순명, 흔악, 영직, 광세	지천군대장군
	우강	마군	10,000	김철, 홍유, 박수경, 연주, 훤량	
		보군	10,000	삼순, 준량, 영유, 길강충, 흔계	보천군대장군
	중군	마군	20,000	왕순식, 긍준, 왕렴, 왕예, 인일	
		勁騎	9,500	유금필, 관무, 관헌	諸蕃(흑수, 달고, 철륵)
		보군	1,000	정순, 애진	우천군대장군
			1,000	종희, 見萱	천무군대장군
			1,000	김극종, 조간	간천군대장군
원병		기병	300	공훤, 능필, 왕함윤	
		-	14,700		諸城軍
계			87,500	38	

위 표에서 흥미롭게 인식되는 부분은 중군 소속의 지휘관으로 참전한 유금필이 거느린 흑수·달고·철륵으로 구성된 제번경기 9,500명의 존재이다. 이들은 고려의 군사들과는 달리 당시 북방 지역에 거주하던 번인(蕃人)들로 구성된 이민족 출신의 군사들이었다. 이들은 고려군이 마군(馬軍), 기병(騎兵)으로 호칭된 것과 같이 말을 타고

---

56) 신성재, 앞의 논문, 2011, 344쪽.

전투를 수행하는 군사를 의미하는 '기(騎)'로 표현된 점에서 기병임을 알 수 있다. 그런데 이들은 특별히 '굳세고 날랜 기병'임을 나타내는 '경기(勁騎)'로 표현되고 있다.[57] 이는 정벌군을 구성한 고려군이 마군, 기병으로 기록된 것과 달리 자신들만의 전술적 특징을 반영하는 듯한 경기로 특화하여 표현된 점에서 이 기병이 지닌 군사적 성격을 가늠케 한다. 종래의 기병들과 달리 특별히 빠른 속도와 강력한 전투력을 발휘하는 능력을 갖춘 기병들로 편성한 군사들이었기에 그와 같이 호칭되었던 것이 아닐까 싶다. 이들은 민첩한 기동력과 우수한 무장력, 강력한 돌파력, 다양한 상황에서의 융통성 있는 전술운용 능력을 갖춘 기병들로 전투원 개인은 물론 조직적인 면에서도 뛰어난 전투 역량을 발휘하던 존재들이었을 것으로 짐작된다.[58]

주지하듯이 경기의 뛰어난 전투력은 일찍이 9세기 중반에 발휘된 전례가 있다. 839년 정월, 흥덕왕(興德王) 사후 벌어진 왕위쟁탈전에 가담한 장보고(張保皐)는 굳세게 조련시킨 '경졸(勁卒) 5천'을 보내어 김흔(金昕)이 지휘하던 신라의 정부군 10만 대군과 대구(大丘)에서 대적하게 하였다.[59] 압도적인 병력의 차이였음에도 불구하고 신라

---

57) 김갑동, 앞의 논문, 2009, 40쪽 ; 김갑동, 앞의 책, 2010, 232쪽.
58) 유금필 부대를 구성한 '경기'의 실체에 보다 근접하기 위해서는 병사 개개인이 소지하였던 군마와 무장, 전투 장비, 그리고 이를 바탕으로 하는 조직적인 전술 구사능력 등이 종합적으로 밝혀져야 할 것이다. 그러나 경기의 부대 편성과 전술적 특징을 자세히 입증할만한 자료는 거의 부재한 실정이다. 다만 조심스럽기는 하지만, 북방 유목민들이 운용하던 경기병의 경우처럼 무장은 가볍지만 신속한 기동 타격능력을 갖춘 기병들과 속도는 낮지만 강한 돌파력을 발휘하던 기병들이 적절한 규모로 혼합 편성된 형태가 아니었을까 추정해본다.
59) 『三國史記』 권44, 열전4 김양. 장보고군과 싸운 신라 정부군 10만의 수치에 대해서는 긍정하는 견해와 불신하는 견해로 나뉜다. 이에 대해서는 서영교,

정부군은 장보고가 보낸 청해진의 군사 5천에게 대패하였다. 이 전투를 승리로 이끈 장보고군의 주력은 '마병(馬兵)'으로 불리던 기병 3천이었다. 이들은 상대방의 군중(軍中)을 빠른 속도와 과감한 돌파력으로 타격하면서 거침 없는 전투를 벌였다.[60] 대구전투에 등장하는 마병은 유금필 부대의 경기와는 그 표현이 다르다. 하지만 이들 마병은 굳센 전투 능력을 지닌 군사들을 지칭하는 경졸 5천을 구성하던 병력이었다. 경졸 5천에 포함된 마병의 존재는 유금필이 거느렸던 경기와 흡사한 존재가 아니었을까 짐작해본다.

　유금필은 자신의 휘하 병력을 경기 중심의 군사들로 편성한 다음 전투 상황에 적합한 전술을 구사하여 대응하였던 것으로 보여진다. 경기를 활용한 그의 뛰어난 용병술은 934년 충남 홍성지방에 발발한 운주전투에서 확인된다. 왕건은 운주전투를 치르기에 앞서 견훤이 중무장한 정예군으로 갑사 5천[61]을 이끌고 오자 부담을 느끼고 화친을 도모하고자 하였다. 그러나 유금필은 화친을 반대하고 과감한 선제 공격을 건의하였다. 그는 후백제군이 형성하고 있던 진형의 취약한 측면을 간파하고, 그곳에 경기를 집중적으로 투입하여 공격한다면 승리할 수 있다는 확신을 갖고 있었다. "견훤이 진을 치지 못하고 있는 틈을 타서 경기 수천으로 돌격하여 3천여 급을 참획하였다."고 하는 기록은 후백제군의 취약한 진형을 파악한 유금필이 기동타격

　「張保皐의 騎兵과 西南海岸 牧場」『震檀學報』 94, 震檀學會, 2002 ; 신성재,
　「청해진의 해상방위와 군사운용」『軍史』 78, 국방부 군사편찬연구소, 2011
　참조.
60) 마병의 활약상은 서영교, 앞의 논문, 2002, 55~64쪽 ; 신성재, 앞의 논문,
　　2011, 8~11쪽 참조.
61) 이도학, 앞의 책, 2015b, 392~394쪽.

능력이 뛰어난 경기를 활용한 용병술을 적극 구사하였음을 짐작케한다.

경기가 활약한 직접적인 기록은 아니지만, 930년 고창전투에서도이들이 활약하였을 가능성은 높다. 왕건은 이 전투에서도 운주전투의경우처럼 싸움이 불리해질 것을 우려하여 사잇길을 마련하자는 등제장들과 대응책을 논의하였다. 그러나 유금필은 이러한 대응책을비판하면서 시급히 공격할 것을 주장하였다. 그는 자신이 거느리던군사들을 저수봉 방면으로부터 돌격케 하여 후백제군을 대파하였다.저수봉 방면이 취약한 것을 간파하고 기동력이 뛰어난 경기를 투입하여 전투를 승리로 이끌어내었던 것이다.

한편 유금필 부대를 구성한 경기에 대해서는 제번경기가 참전한936년 일리천전투의 기록에 주목하여 여진 기병으로서 용병(傭兵)으로 보는가 하면,[62] 북방 유목 종족의 제번에서 일시적으로 빌린 용병부대,[63] 고려가 회유한 함경도 등지의 여진족,[64] 북방의 유이민으로고려가 군대에 편입시킨 용병[65]으로 파악하는 등 대체로 북방 이민족출신으로 구성된 군사들로 이해하고 있다. 일리천전투에 참가한 흑수·달고·철륵이 북방의 제번 출신이라는 점을 감안하면 이러한 이해에수긍이 간다. 하지만 일리천전투보다 이전 시기에 발발한 운주전투에서 활약한 경기와 고창전투 및 조물성전투에 참가한 군사들 역시북방의 이민족 중심으로 구성된 경기였을지는 의문이 든다. 관련

---

62) 金光洙, 앞의 논문, 1977, 146~147쪽.
63) 鄭景鉉,「高麗太祖의 一利川 戰役」『韓國史研究』68, 韓國史研究會, 1990, 23쪽.
64) 文暻鉉, 앞의 책, 1987, 282쪽.
65) 金昌謙,「高麗 太祖代 對流移民政策의 性格」『國史館論叢』35, 國史編纂委員會, 1991, 210쪽.

기록과 정황적 증거 등에 근거해볼 때, 유금필이 거느렸던 경기는 고려가 국초부터 운용하던 기병에 북방으로부터 항복해온 여러 이민족 출신의 기병들이 포함되었던 것이 아닌가 싶다. 유금필이 920년 초에 고려의 개정군 3천명을 이끌고 가서 골암진에 산거하던 북적(北狄)들을 평정하자, 그 뒤 많은 무리들이 항복해왔다고 하는 기록을[66] 보면 본래 유금필이 거느리고 있던 고려군에 북방 이민족들의 기병이 더해졌음을 짐작해볼 수 있다.

하지만 전쟁이 후반기로 접어들면서 병력 동원의 규모가 커지고, 지상전이 격화되어 가던 흐름 속에서 이들 이민족 출신의 기병들이 차지하는 비율은 점차 증가하였을 것으로 보여진다. 고려 건국 이후로 북방에 산거(散居)하던 이민족들의 투항 사례가 늘어나고,[67] 발해 멸망을 계기로 수만 명의 유이민들이 고려로 유입된 사례를[68] 보면 그럴 가능성은 높다고 할 수 있다. 이민족 출신의 군사들이 점증하여 다수를 형성해가던 상황 속에서 응당 이들 출신의 장수들에게 지휘권이 부여되기도 하였을 것이다. 하지만 그 범위는 소규모의 단위 부대를 지휘하는 제한적인 수준에 국한되었던 것으로 보여진다. 기록상 최고 지휘권은 유금필이 행사하였다. 단위 부대를 영솔(領率)하는 중견급 지휘관의 임무 역시 대체로 고려의 장수들이 행사하였던 것 같다. 유금필과 함께 일리천전투에 참가하여 제번경기를 지휘한 인물로 고려의 장수 관무(官茂)와 관헌(官憲) 등이 언급된 것은 이러한 사실을 일깨워준다.

---

66) 『高麗史』 권92, 열전5 유금필 ; 『高麗史』 권82, 지36 병2 진수 참조.
67) 『高麗史』 권1, 세가1 태조 4년 春 2월·夏 4월.
68) 『高麗史』 권2, 세가2 태조 17년 秋 7월.

이상과 같이 유금필의 부대는 경기로 불리는, 보통의 마군과 달리 전투 능력이 뛰어난 기병들이 주력을 형성하였다. 유금필은 이들 경기들이 지닌 민첩한 기동력과 뛰어난 무장력, 강력한 돌파력을 바탕으로 효과적인 용병술을 발휘하여 매 전투마다 승리하였다. 유금 필이 마군장군으로 활동을 시작하던 건국 초기에는 고려의 기병들이 주축을 형성하고 있었다. 그러나 920년 초 골암진을 평정한 뒤부터는 북방 번인들의 귀순이 늘어나면서 이민족 출신의 경기들도 많아지게 되었다. 그리하여 후삼국 통일전쟁이 절정에 달하던 930년대 후반기 에 이르러서는 그 수효가 상당한 규모로 늘어나게 되었던 것으로 짐작된다. 경기를 주력으로 하는 유금필의 부대 편성과 용병술에 근간하여 고려는 크고 작은 전투에서 승리하고 후삼국을 통일할 수 있게 되었던 것이다.

4. 장수로서의 자질과 군사적 역량

유금필의 생애를 전하는 열전에는 그가 태조 24년(941)에 죽었다는 사실과 함께 무장으로서 특출난 자질을 지녔음을 언급한 대목이 있다. 즉 "금필은 장략(將略)이 있어 사졸들의 마음을 얻었고, 매 출정 을 명 받으면 집에 들러 자지 않고 즉시 출발했다."[69]고 한다. 장수로서 지략이 풍부하고, 부하들에 대한 지휘통솔력이 뛰어났으며, 직분에 충실했던 유금필의 무장다운 면모를 짐작케 하는 기록이다. 태조

---

69) 『高麗史』 권92, 열전5 유금필, "黔弼有將略得士心 每出征受命卽行不宿於家."

왕건으로부터 총애와 대우를 받았던 장수 유금필, 그는 과연 장수로서 어떠한 자질과 역량을 지녔던 인물이었을까? 이 같은 의문에 대해서는 그가 지녔다고 하는 '장략'의 내용과 의미를 이해하는 가운데 대체적으로 유추해볼 수 있지 않을까 싶다. 이는 유금필이라고 하는 장수 개인이 지닌 군사적 역량에 대한 이해는 물론 그의 자질과 역량이 군사들의 전투 의지와 전투력에 어떠한 영향을 끼쳤는지에 대해서도 간접적인 추론을 가능케 한다. 또한 유금필 부대가 참가하는 전투마다 승리를 거둘 수 있었던 근원적인 이유에 대해서도 설명해준다.

일반적인 의미에서 장략이라고 하면 장수의 '지략(智略)' 혹은 '지모(智謀)' 정도로 이해된다. 그러나 유금필의 열전에서 언급된 장략은 장수가 지닌 '자질' 혹은 '역량'으로 전투를 지휘하는 지략이나 지모보다 포괄적인 의미로 해석된다. 유금필이 장략이 있어 사졸들의 마음을 얻었고, 장수로서 출정 임무를 사심없이 완수하였다고 하는 기사는 그가 장수로서 지녔던 다양한 자질을 짐작케 하는 데 부족함이 없다.

동양 최고의 병법서로 애독되어온 『손자병법(孫子兵法)』에서는 장수가 갖추어야 할 자질로 지(智)·신(信)·인(仁)·용(勇)·엄(嚴)을 핵심 덕목으로 꼽고 있다.[70] 『오자병법(吳子兵法)』에서도 장수의 자질을 언급하고 있다. 오자병법 논장(論將)에서는 위(威)·덕(德)·인(仁)·용(勇)을 강조한다.[71] 태공망(太公望)이 저술한 것으로 알려진 『육도(六韜)』에서는 용(勇)·지(智)·인(仁)·신(信)·충(忠)을 장수가 갖추어야 할 최고의 덕목으로 제시한다.[72] 비록 중국의 병서에서 강조된 덕목이

---

70) 『孫子兵法』 시계, "將者智信仁勇嚴也."
71) 『吳子兵法』 논장, "然其威德仁勇."
72) 『六韜』 용도 논장, "太公曰 所謂五材者 勇智仁信忠也."

지만 후삼국전란기에도 이러한 자질들은 장수들 사이에서 중시되어졌음직하다. 왕건이 17세 되던 해에 도선(道詵)으로부터 진을 치고 지리의 이로움과 천시(天時)를 보는 법을 배웠다고 하는 기록은[73] 당대의 장수들이 누대에 걸쳐 전해져오던 병서들을 입수하여 전략과 전술을 연마하고 자질을 배양하는 데 활용하였음을 짐작케 한다.

고려의 장수들 사이에서 널리 읽혀졌음직한 병서로는『육도』를 들 수 있다. 염주(塩州) 출신의 윤선(尹瑄)이라는 인물은 이를 적절히 설명해준다. 그는 사람 됨됨이가 침착하고 용감하였으며, 특히『육도』에 정통하였다고 한다.[74] 윤선은 원래 궁예가 통치하던 시기에 활동하던 인물이었다. 그러나 그는 궁예의 폭정이 심화되자 북방으로 달아나 골암성(鶻巖城)을 근거지로 삼고 활동하였다. 그는 주변의 흑수인들을 불러모아 세를 불리고 고려의 국경 지대를 괴롭히곤 하였다. 고려 정부는 북방에서 자주 소요 사태가 발생하던 사정을 주시하고 있었다. 왕건은 이 지역을 안정적으로 지배하기 위해 유금필을 파견하였다. 유금필의 기지에 의해 윤선은 고려에 귀순하였다. 이후 그는 유금필과 돈독한 관계를 형성하면서 그의 휘하 장수로 활동하게 되었다. 윤선이 유금필의 휘하에서 활동하게 됨에 따라 육도에 정통하던 그의 병법 지식은 자연스럽게 유금필의 군사지식에도 영향을 끼쳤을 것이다. 뛰어난 무장이었던 유금필은 이 과정에서『육도』에서 중시하던 장수의 자질에 주목하였음직하다. 특히 그는

---

73) 『高麗史』고려세계, "太祖年十七 道詵復至請見曰 足下應百六之運 生於天府名墟 三季蒼生待君弘濟 因告以出自置陣地利天時之法 望秩山川感通保佑之理."
74) 『高麗史』권92, 열전5 왕순식, "尹瑄塩州人 爲人沈勇善韜鈐." 이하 윤선과 유금 필의 인적관계 형성 과정은 열전 왕순식 참조.

『육도』에 나오는 용·지·인·신·충의 덕목을 실천하고 군사를 지휘통솔하는 원리로 활용하였을 것이다.[75] 결국 이러한 덕목들에 기초하여 발휘된 그의 리더십은 장졸들의 단결심과 전투력을 고양시키고 승전을 도모케 하는 데 근원적인 힘으로 작용하였을 것이다.

유금필이 『육도』에 제시된 장수로서 갖추어야 할 덕목을 실천하였음직한 사례는 다음과 같다. 먼저 '용'의 자질을 실천한 사례를 보자. 이는 930년 정월 고창전투에 임하는 유금필의 전투의지와 실제 전투행동을 통해 잘 드러난다.

> 12년에 견훤이 古昌郡을 포위하였다. 금필이 이를 구하기 위해 태조를 따라 가 禮安鎭에 이르렀다. 태조가 여러 장수들과 의논하여 말하기를, "싸움이 만약에 불리하면 장차 어찌할 것인가?" 대상 公萱과 洪儒가 말하기를, "만약 불리하면 竹嶺을 따라 돌아올 수 없으니 마땅히 미리 사잇길을 닦아둠이 좋을 것입니다." 금필이 말하기를, "신이 듣건대, 무기는 凶器요 싸움은 위급한 일이니 죽자는 마음이 있고 살고자 하는 계책이 없는 후에야 가히 決勝할 수 있습니다. 지금 적에 임하여 싸우지도 않고 먼저 패배할 것을 걱정하여 도망치고자 하는 것은 무슨 까닭입니까? 만약 구원이 미치지 않는다면 고창 3천여 무리를 고스란히 적에게 주는 것이니 어찌 절통하기 않겠습니까? 신은 진군하여 급히 공격하기를 바랍니다." 하니 태조가 이에 따랐다. 금필이 이에 猪首峯으로부터 분격하여 이를 대파하였다.

---

75) 유금필이 지녔음직한 장수로서의 자질은 『육도』에 나오는 5개의 덕목에 국한되는 것이 아니다. 당대까지 전승되어 오던 여러 병서에서 제시하는 덕목들 역시 주된 섭렵의 대상이었을 것이다. 그러나 본 장에서는 윤선의 열전 기록에 근거하여 『육도』의 덕목에 주목한다.

태조가 군에 들어가 금필에게 일러 말하기를, "오늘의 승첩은 경의 힘 덕분이다."라고 하였다.[76]

기록을 통해 보듯이, 유금필은 전쟁을 어떻게 이끌어 나가야 할 것인가에 대한 논의가 아니라 싸우지도 않고 퇴각하는 것부터 이야기를 하는 것에 대해 반발하고 있다.[77] 그는 무기는 흉기이고, 싸움은 위급한 일이기 때문에 죽자는 마음이 있고 살고자 하는 계책이 없는 후에야 결승할 수 있다는 점을 강조하였다. 또 적과 대적하여 싸우지도 않고 패배할 것을 걱정하여 도망치고자 하는 것은 전투의지를 약화시키는 것이므로 속히 공격할 것을 건의하였다. 이는 용기 있는 행동으로 임해야만 전투에서 승리를 도모할 수 있고, 어렵사리 획득한 고창 지역의 안위마저 보전할 수 있는 지름길임을 강조한 것이었다. 그는 예하 장졸들을 이끌고 저수봉으로부터 과감하게 돌진하는 용맹스런 행동을 실천함으로써 후백제군을 대파하는 데 앞장섰다. 장수로서 죽음을 두려워하지 않고 전투에 용기 있게 임하는 자세가 돋보이는 사례가 아닐 수 없다.

유금필은 '지'를 풍부하게 섭렵한 장수였다. 장수된 자가 전쟁을 수행하기 위해서는 정세와 적·아군의 능력을 고려하여 최적의 전략을 수립해야 함은 물론 시시각각 변화하는 전투 상황에 융통성 있게

---

76) 『高麗史』 권92, 열전5 유금필, "十二年甄萱圍古昌郡 黔弼從太祖往救之 行至禮安鎭 太祖與諸將議曰 戰若不利將如何 大相公萱洪儒曰 若不利不可從竹嶺還 宜預修閒道 黔弼曰 臣聞兵凶器戰危事 有死之心無生之計 然後可以決勝 今臨敵不戰 先慮折北何也 若不及救 以古昌三千餘衆 拱手與敵豈不痛哉 臣願進軍急擊 太祖從之 黔弼乃自猪首峯 奮擊大破之 太祖入其郡 謂黔弼曰 今日之捷卿之力也."

77) 이도학, 앞의 책, 2015, 320쪽.

적용할 수 있는 전술운용 능력을 구비해야 한다. 유금필은 전쟁을
기획하고 전투를 수행함에 있어 전략적 식견이 풍부하고 군사들을
운용하는 용병술에서 뛰어난 능력을 발휘하던 장수였다. 그 구체적인
사례는 당시 북방에 위치하던 골암진을 평정하던 기록 속에서 잘
나타난다.

태조는 北界 鶻岩鎭이 누차 北狄의 침입을 받자 제장들을 모아 의논하
기를, "지금 南兇이 멸하지 않았는데 북적이 가히 우려되니 나는
오매불망 근심하고 있다. 금필을 파견하여 진수하고자 하는데 어떠한
가?" 하니 모두 "좋다"고 대답했다. 이에 명하니, 금필이 그 날로
開定軍 3천을 거느리고 출발하여 골암에 도착한 뒤 동쪽 산에 큰
성을 쌓고 거처하였다. 그는 北蕃 추장 300여 인을 불러 성대하게
주연을 베풀고 음식을 대접하였다. 그들이 취한 때를 타 추장들을
위협하니 모두 복종하였다. 마침내 사자를 여러 부락에 파견하여
말하기를, "이미 너의 추장을 얻었으니 너희들도 와서 복종하라."
하였다. 이에 여러 부락에서 서로 이끌고 來附하는 자가 1,500인이었
다. 또 포로 3,000여 인을 돌려보냈다. 이로 말미암아 북방이 편안하므
로 태조가 특별히 褒獎을 더하였다.[78]

왕건은 후백제를 아직 평정하지 못한 시점에서 수시로 북적들로부

---

78) 『高麗史』 권92, 열전5 유금필, "太祖以北界鶻岩鎭 數爲北狄所侵 會諸將議曰
今南兇未滅 北狄可憂 朕寤寐憂懼 欲遣黔弼鎭之如何 僉曰可乃命之 黔弼卽日率開
定軍三千 以行至鶻岩 於東山築大城以居 招集北蕃酋長三百餘人 盛設酒食饗之 乘
其醉脅以威酋長皆服 遂遣使諸部曰 旣得爾酋長 爾等亦宜來服 於是諸部相率 來附
者千五百人 又歸被虜三千餘人 由是北方晏然 太祖特加褒獎."

터 침입을 받고 있던 북계의 골암진을 우려하였다. 이에 유금필을 파견하여 진수토록 하였다. 골암진에 도착한 유금필은 동쪽에 위치한 산에 커다란 성을 쌓고 기거하면서 이들의 활동을 관찰하였다. 북적들의 분포와 동향 등을 파악한 그는 부락의 대표자인 추장들을 초청하여 주식(酒食)으로 대접한 다음 이들이 미처 대응하지 못하는 틈을 이용하여 복종케 하였다. 그런 다음 이들의 휘하에 있던 무리들 또한 자진하여 항복하도록 회유하였다. 유금필의 기지와 지략으로 고려는 번인(蕃人)들의 도전을 제압하고 북방 지역의 안정을 도모할 수 있게 되었다. 이는 유금필이 상황 파악 및 권모술수에 능하고 출중한 지략을 지녔던 장수였음을 일깨워준다.

유금필의 뛰어난 지략은 925년 후백제와의 조물성전투에서도 발현되었다. 당시 전투는 후백제의 군사들이 심히 정예로워서 승부를 결정짓지 못하던 상황이었다. 마침 왕건은 견훤이 화친을 요청해오자 그를 병영으로 불러 논의하고자 하였다. 그러나 유금필은 사람의 마음은 알기 어려운 것이므로 가벼이 적과 더불어 가까이 할 수 없다는 견해를 개진하며 태조를 만류하였다. 결국 견훤과의 화친 논의는 무산되었다.[79] 당시의 전황과 전쟁의 추이, 적장의 의도를 헤아려 대응하는 지략가다운 유금필의 풍모를 살펴볼 수 있다.[80]

유금필은 '인'의 자질을 갖춘 장수였다. 장졸들은 물론 정벌한 지역민들을 인애로 대함으로써 인심을 얻은 인물이었다. 후백제로부터

---

79) 『高麗史』 권92, 열전5 유금필, "太祖與甄萱戰於曹物郡 萱兵銳甚未決勝負 太祖欲與相持以老其師 黔弼引兵來會兵勢大振 萱懼乞和太祖許之 欲召萱至營論事 黔弼諫曰 人心難知 豈可輕與敵相狎 太祖乃止仍謂曰 卿破燕山任存功旣不細 待國家安定 當策卿功."
80) 『高麗史』 권92, 열전5 유금필, "黔弼諫曰 人心難知 豈可輕與敵相狎 太祖乃止."

나주 지방을 탈환하기 위해 수군활동을 논의하는 과정에서 태조와 여러 신하들이 나눈 대화에는 그러한 면모가 잘 드러난다.

18년에 태조가 여러 장수들에게 이르기를, "羅州 경계 40여 군은 우리의 藩籬가 되어 오래도록 풍화에 복종해왔다. 일찍이 大相 堅書·權直·仁壹 등을 보내어 위무하게 하였는데, 근자에 이르러 백제의 劫掠을 당하여 6년 동안이나 海路가 통하지 않으니 누가 나를 위해 이를 안무하겠는가?" 洪儒와 朴述熙 등이 말하기를, "신이 비록 용맹하지는 못하나 원컨대 한 장수의 도움을 받고자 합니다." 태조가 말하기를, "무릇 장수로 삼는 자는 인심을 얻는 것을 귀하게 여겨야 한다." 公萱과 大匡 悌弓 등이 아뢰기를, "금필이 마땅합니다." 태조가 말하기를, "나 역시 이미 그를 생각하고 있다. 다만 근자에 신라의 길이 막혔을 때 금필이 가서 그것을 통하게 하였는데, 나는 그 수고를 생각하니 감히 다시 명하지 못하고 있다." 하였다. 금필이 말하기를, "신의 나이가 이미 늙었으나 이는 국가의 대사인데 감히 힘을 다하지 않겠습니까?" 태조가 기뻐서 눈물을 흘리며 말하기를, "경이 만일 명을 받는다면 어찌 이보다 기쁜 일이 있겠는가?"라고 하였다. 마침내 都統大將軍으로 삼아 예성강까지 가서 송별하였다.[81]

81) 『高麗史』 권92, 열전5 유금필, "十八年 太祖謂諸將曰 羅州界四十餘郡 爲我藩籬 久服風化 嘗遣大相堅書權直仁壹等 往撫之 近爲百濟劫掠 六年之間 海路不通 誰爲 我撫之 洪儒朴述熙等曰 臣雖無勇 願補一將 太祖曰 凡爲將貴得人心 公萱大匡悌弓 等奏曰 黔弼可 太祖曰 予亦已思之 但近者新羅路梗 黔弼往通之 朕念其勞 未敢再命 黔弼曰 臣年齒已衰 然此國家大事 敢不竭力 太祖喜垂涕曰 卿若承命 何喜如之 遂以 爲都統大將軍 送至禮成江."

935년(태조 18), 왕건은 후백제에게 빼앗겼던 나주를 탈환하기 위해 군사적 방책을 논의하였다. 그리고 이를 감당하기에 적합한 장수를 천거토록 하였다. 왕건이 막중한 임무를 수행하는 장수로서 갖추어야 할 자질로 주목한 덕목은 '인'이었다. 부하들과 현지민들로부터 인심을 얻을 수 있는 장수가 적합하다는 것이었다. 왕건이 "무릇 장수로 삼는 자는 인심을 얻는 것을 귀하게 여겨야 한다."고 언급한 것은 이를 말해준다. 왕건이 제시한 기준에 따라 공훤과 제궁은 유금필을 적임자로 추천하였다. 유금필이 적임자라는 사실은 왕건 역시 공감하고 있었다. 이러한 사실은 유금필이 왕건을 비롯한 신료들 사이에서 군사들과 인민의 마음을 헤아릴 줄 아는 장수로 널리 인정되고 있었음을 알려준다. 유금필이 지닌 후덕한 인심과 타인들이 처한 상황에 공감하는 능력은 후백제로부터 오랫동안 겁략(劫掠)을 받아왔던 나주 지역민들의 민심을 고려 정부로 향하게 하는 한편, 위무활동을 성공적으로 전개하는 데 큰 효과를 발휘하였을 것으로 짐작된다.

한편 유금필은 '신'의 자질을 갖춘 장수였다. 예하 장졸들과의 관계에 있어 믿음과 신뢰, 의리가 깊었던 인물이었다. 정남대장군에 임명된 932년에 후백제의 신라 경주 침략을 막기 위해 장사 80명으로 선발된 군사를 이끌고 출정한 기사 속에서 이를 확인할 수 있다.

금필이 壯士 80명을 선발하여 그곳에 이르렀다. 槎灘에 도착하여 사졸들에게 말하기를, "만약 여기에서 적과 만나면 나는 반드시 살아 돌아오지 못할 것이다. 다만 너희들이 함께 희생당할 것이 염려되니 각자 살 계획을 마련함이 좋겠다." 하였다. 사졸들이 말하기를, "우리들이 죽으면 죽었지 어찌 장군만을 홀로 살아 돌아오지 못하게 하겠습니까?"라고 하였다. 그리하여 서로 한마음으로 적을 공격할 것을 맹세하였다. 사탄을 건너 백제의 統軍 神劒 등과 조우하였다. 금필이 싸우고자 하였으나, 백제군이 금필의 부대가 대오가 정예한 것을 보고 싸우지 않고 흩어져 도망하였다.[82]

이 기사에 주목되는 부분은 사탄에 도착한 뒤 유금필과 선발된 장사 80명이 나눈 대화의 내용이다. 유금필은 적과 조우시 자신이 희생되는 것에 대해서는 초연한 태도를 보였으나, 사졸들이 희생당하는 것에 대해서는 우려를 표명하면서 이들에게 각자 살 길을 도모할 것을 제안하였다. 하지만 그를 따랐던 사졸들은 이를 거부하였다. 자신들이 같이 죽으면 죽었지 장군만을 홀로 희생당하게 할 수 없다는 이유였다. 사졸들의 충정어린 결사 의지에 감동을 받은 유금필은 서로 마음을 하나로 하여 적과 싸울 것을 맹세하고 진군하였다. 그리고는 마침내 후백제 신검군의 도전을 물리치고 경주에 입성하는 데 성공하였다. 유금필 열전에 열거된 기록 중에서 영웅적이며 미화된 색채가 강한 기록이지만, 이 기사의 내용을 통해 유금필과 장졸들 간에 형성되었던 믿음과 신뢰의 깊이를 헤아려볼 수 있다. 믿음과 신뢰에 기초하여 부대를 운영하고, 사졸들과 생사고락을 함께 하며 전장을 누비던 유금필의 장수다운 면모를 보여주는 기록이 아닐 수 없다.

유금필은 고려 왕조와 왕건을 위해 '충'을 실천한 장수였다. 그가

---

82) 『高麗史』 권92, 열전5 유금필, "黔弼選壯士八十人赴之 至槎灘謂士卒曰 若遇賊於 此 吾必不得生還 但慮汝等同罹鋒刃其 各善自爲計 士卒曰 吾輩盡死則已 豈可使將 軍獨不生還乎 因相與誓同心擊賊 旣涉灘遇百濟統軍神劒等 黔弼欲與戰 百濟軍見 黔弼部伍精銳 不戰自潰而走 黔弼至新羅."

죽은 뒤에 내려진 충절(忠節)이라는 시호는 이를 직접적으로 반영한
다. 후삼국 통일전쟁 기간 동안 수행된 여러 군사활동을 통해 보더라
도 그가 충절을 다 바친 장수였음은 뚜렷이 입증된다. 특히 931년
곡도 유배기에 벌인 군사활동은 충절의 표상으로 삼기에 적절한
사례이다.

14년에 참소를 당하여 鵠島에 유배되었다. 이듬해에 견훤이 海軍將
尙哀 등으로 大牛島를 공략하게 하였다. 태조가 대광 萬歲 등을 보내어
구하게 하였으나 불리하였다. 태조가 이에 근심하니 금필이 글을
올려 말하기를, "신이 비록 죄를 입어 귀양살이를 하고 있지만 백제가
우리의 바다 고을들을 침범한다는 소식을 듣고 本島와 包乙島의 丁壯들
을 선발하여 군대에 충원하고 또한 전함을 수리하여 방어케 하였으니
원컨대 주상께서는 근심하지 마십시오." 하였다. 태조가 글을 보고
울며 말하기를, "참소를 믿고 어진 사람을 내쫓은 것은 나의 어리석음
이다." 사자를 보내어 소환하고 위로하며 말하기를, "경은 실로 무고함
에도 귀양을 살게 되었건만 일찍이 원망하거나 분하지 않고 오직
나라를 보위할 생각을 했으니 내가 심히 부끄럽고 후회스럽다. 자손
에 이르기까지 상을 연장하여 경의 충절에 보답하고자 한다." 하였
다.[83]

---

83) 『高麗史』 권92, 열전5 유금필, "十四年 被讒竄于鵠島 明年甄萱海軍將尙哀等
攻掠大牛島 太祖遣大匡萬歲等往救不利 太祖憂之 黔弼上書曰 臣雖負罪在貶聞 百
濟侵我海鄉 臣已選本島及包乙島丁壯 以充軍隊 又修戰艦以禦之 願上勿憂 太祖見
書泣曰 信讒逐賢是予不明也 遣使召還慰之曰 卿實無辜見謫 曾不怨憤 惟思輔國
予甚愧悔庶 將賞延于世 報卿忠節."

유금필은 태조 14년(931)에 중앙의 정치세력들로부터 참소를 당하여 곡도에 유배되었다. 유금필이 유배에 처해 있던 시기는 후백제의 수군들이 대우도(大牛島)[84]를 포함한 서해 중북부 해역을 공략하면서 고려를 압박하던 시기였다. 유금필은 비록 유배중인 상황이었지만 고려에 대한 충절을 저버리지 않았다. 국가의 안위를 염려하여 자신이 유배 중이던 곡도와 인접한 포을도(包乙島 : 대청도)의 정장(丁壯)들을 선발하여 군대에 충원하였고, 파손된 전함을 수리하여 해상을 방어할 수 있는 체제를 구축하였다. 유금필이 이와 같은 조치를 담은 상소문을 올리자, 왕건은 무고한 귀양살이에도 불구하고 원망하지 않고 오직 국가를 보위할 생각에 전념하였다고 위로하며 자신의 잘못을 뉘우치고 그를 다시금 기용하였다.

유금필의 충절은 이듬해 신라의 경주 구원작전을 성공적으로 마치고 복귀하던 중 자도(子道)에서 만난 신검군(神劍軍)을 격파한 사례를 통해서도 잘 드러난다. 왕건은 유금필이 이룩한 공적을 두고 "경의 공은 옛날에도 또한 드문 일이니 마음에 새겨두고 잊지 않겠다."고 하였다. 그러나 유금필은 이를 사례하며, "어려움에 처하여 사사로움을 잊고, 위급함을 보고 목숨을 다하는 것은 신하의 직분일 따름입니다."라며 장수로서 마땅히 해야 할 사명이자 본분임을 강조하였다.[85]

---

84) 대우도에 대해서는 그동안 『新增東國輿地勝覽』 권53, 평안도 용천군 산천의 기록에 근거하여 평안북도 용천군에 위치한 섬으로 이해하여 왔다. 그러나 필자는 국토지리정보원, 『한국지명유래집(충청편)』, 2015, 481~482쪽에 소개된 충남 서산시 지곡면 도성리에 위치한 대우도로 판단한다. 이에 대한 기왕의 견해와 비판적 검토는 신성재, 「고려와 후백제의 해양쟁패전」, 『한국중세사연구』 47, 한국중세사학회, 2016, 277~279쪽에 자세하다.

85) 『高麗史』 권92, 열전5 유금필, "黔弼留七日 而還遇神劍等於子道 與戰大克 擒其將 今達奐弓等七人 殺獲甚多 捷至太祖驚喜曰 非我將軍孰能如是 及還太祖下殿迎之

신하된 자로서 국왕에게 절개를 바치고, 사사로움보다는 국가의 안위를 위해 '충'을 실천한 장수의 면모를 엿볼 수 있다.

이와 같이 유금필은 후삼국전란기에 전해지고 있던 병법서를 통해 장수로서 갖추어야 자질을 습득하였다. 그가 학습하였음직한 대표적인 병서는 『육도』였다. 그는 『육도』에서 장수의 자질로 강조하던 용·지·인·신·충의 덕목을 중시하고 실천하였다. 그가 수행한 수많은 군사활동 속에는 이러한 덕목들을 실천한 사례들이 실증적으로 나타난다. 유금필이 장수로서 지녔던 자질은 그 자신만을 대상으로 하는 개인적인 영역에 그치는 것이 아니었다. 부대를 통솔하는 최고 지휘관의 위치에 있었기 때문에 그가 갖춘 장수로서의 자질과 리더십은 휘하의 중견급 장수들은 물론 말단의 병사들에게 이르기까지 직간접적으로 큰 영향력을 끼쳤을 것이다. 유금필이 『육도』의 덕목을 통해 습득한 장수로서의 자질을 실천하였던 것처럼 그의 휘하에 있던 장졸들 역시 용·지·인·신·충의 덕목을 연마하고 실천하였을 것이다. 유금필의 이러한 노력은 구성원들의 사생관과 국가관을 확고히 함은 물론 결집력과 사기, 전투력을 드높여주는 가운데 고려가 후삼국을 통일할 수 있는 원동력으로 작용하게 되었다.

5. 맺음말

유금필은 평주 출신으로 패강진의 군진세력에서 호족으로 성장한

執其手曰 如卿之功古亦罕 有銘在朕心 勿謂忘之 黔弼謝曰 臨難忘私 見危授命 臣職耳 聖上何至如斯 太祖益重之."

가문의 후예였다. 그의 선대는 본래 고창군 무장면 무송현에 토착하던 가문이었다. 그러나 8세기 말에 패강진이 설치되면서 평산 지역으로 이주하였고, 이 지역을 기반으로 번성하였다. 유금필은 궁예가 패서 지역으로 세력을 확장해오자 자연스럽게 그 정권에 들어가 활동하게 되었다. 유금필이 궁예정권하에서 활동한 내용은 전하지 않는다. 그의 본격적인 활동은 왕건이 고려를 건국하던 918년 이후부터 나타난다.

유금필은 고려가 건국된 이후 수많은 전투에 참가하여 승리를 거두었다. 그가 벌인 군사활동은 고려가 건국되는 918년부터 후삼국이 통일되는 936년까지 크게 5개의 시기로 구분해볼 수 있다. 그는 이 기간 동안에 조물성전투, 고창전투, 운주전투, 일리천전투 등 후삼국 전쟁의 정세 변화에 결정적인 영향을 끼친 지상전에서 크게 활약하였다. 뿐만 아니라, 그는 수군이 주도한 나주 지역 탈환 작전과 후백제 왕 견훤의 호송 작전에도 참가하여 수훈을 세웠다.

유금필이 참가한 전투에서 승리할 거둘 수 있었던 배경에는 자신의 부대를 굳센 기병력을 자랑하는 '경기' 중심의 군사들로 편성하여 조직적으로 운용하였기 때문이었다. 이들 경기는 민첩한 기동력과 우수한 무장력, 강력한 돌파력, 다양한 상황에서의 융통성 있는 전술 구사능력을 두루 갖춘 기병들이었다. 이들은 개별 전투원의 역량은 물론 조직적인 전투에서도 뛰어난 기량을 발휘하였다.

유금필 부대의 경기들은 고려가 건국되던 초창기에는 고려의 기병들이 다수를 구성하였다. 그러나 전쟁 후반기로 접어들면서부터 전투 양상이 격화되고, 북방 이민족들의 유입이 늘어남에 따라 점차 이들이 다수를 구성하는 형태로 변화되었다. 유금필은 이들로 구성된 부대의 최고 지휘관으로서 임무를 수행하였다. 중견급 지휘관의 임무 역시 대체로 고려의 장수들이 수행하였다. 그러나 말단의 단위 부대를 영솔하는 지휘관의 임무는 이민족 출신의 인물들이 담당하기도 하였다.

경기의 우수한 전투력과 함께, 유금필이 지닌 장수로서의 뛰어난 자질도 승리의 원동력으로 작용하였다. 『고려사』 열전에는 그가 장략을 지닌 인물로 사졸들로부터 인심을 얻었다는 기록이 전한다. 그가 장수로서의 자질을 함양하기 위해 중점적으로 학습한 병서는 『육도』였다. 그는 『육도』에서 제시한 용·지·인·신·충의 덕목을 중시하고 실천하였다. 그가 지휘한 주요 군사활동에는 이러한 덕목을 실천한 사실들이 생생하게 전한다. 그는 자신의 부대를 영솔하는 최고 지휘관의 위치에 있었기 때문에 장수로서 그가 습득한 자질은 예하 장졸들에게 전수되면서 큰 영향을 끼쳤다. 장졸들 역시 그가 중시한 용·지·인·신·충의 덕목을 적극적으로 실천하였다. 결국 유금필과 그 구성원들의 이러한 노력은 고려가 후삼국을 통일하는 원동력으로 작용하게 되었다.

제 2 부 수군활동과 해양쟁패전

왕건의 서남해 도서지방 경략과 해양사적 의미

1. 머리말

고려를 건국한 왕건(王建)은 궁예(弓裔)가 후고려를 건국하던 시절부터 그 휘하 장수로 들어가 두각을 보이면서 수많은 전투에서 큰 활약을 하였다. 그는 후백제와 접경지대를 형성하고 있던 충청 지역을 비롯하여 신라로 진출하는 경상 지역의 요충지에서 견훤(甄萱)과 싸워 여러 차례 승리를 거두었다. 그가 거둔 승리는 궁예정권의 영역과 세력 확장에 실질적인 기반이 되었고, 장기적으로는 고려 왕조의 후삼국 통일에도 든든한 밑거름이 되었다.

왕건은 내륙지역에서의 군사활동 못지않게 후백제와 대치하던 서남해상에서도 괄목할 만한 군사활동을 전개하였다. 특히 전략거점으로 확보한 나주(羅州)로 통하는 항로상에 위치한 도서지방에서 후백제의 도전을 물리치고 해상교통로(海上交通路)를 안정적으로 보호하였던 것은 지상전에서 거둔 성과 못지않게 훗날 후삼국 통일을 가능케 한 결정적인 기반이 되었다.[1] 서남해상에서 이룩한 왕건의 군사전략적인 성과에 주목하는 입장에서 보아 그가 수군활동을 벌인 무대이자 해상권(海上權) 장악의 공간이었던 서남해상에 산재하고 있던 도서지방에 대한 연구적 관심은 마땅하면서도 자연스러워 보인다.

궁예정권이 등장하던 시기부터 고려에 의해 후삼국이 통합되는 시점까지 왕건이 서남해상에서 벌인 군사활동과 관련해서는 나주지역을 비롯한 당 해역을 둘러싼 후백제와의 해상권쟁탈전의 발발과 전개 과정을 중심으로 왕건의 세력 성장과 해상세력 확보, 왕건의 서남해 경략(經略) 과정과 지방사회의 동향, 궁예정권·고려·후백제의 수군전략과 수군활동, 나주 지역의 해양전략적 가치와 그 위상, 궁예정권 및 고려의 수군 제도와 운영적 특징 등을 중심으로 다양하면서도 심도 있는 연구들이 선행되었다.[2]

---

1) 훗날 나주로 도망해온 견훤이 해로를 경유하여 망명해옴으로써 후삼국 전쟁을 종식시킬 수 있었다고 하는 사실은 서남해 해상권 장악과 해상교통로 보호가 고려의 후삼국 통일에 결정적인 기반이 되었다고 볼 수 있다.
2) 주요 성과를 소개하면 다음과 같다. 金南奎,「高麗의 水軍制度」『高麗軍制史』, 陸軍本部, 1983 ; 鄭淸柱,「王建의 成長과 勢力 形成」『全南史學』7, 全南史學會, 1993 ; 姜鳳龍,「後百濟 甄萱과 海洋勢力－王建과의 海洋爭覇를 중심으로」『歷史敎育論集』83, 歷史敎育硏究會, 2002 ; 姜鳳龍,「羅末麗初 王建의 西南海地方 掌握과 그 背景」『島嶼文化』21, 木浦大島嶼文化硏究所, 2003 ; 문안식·이대석,「왕건의 서남해 지역 경략과 토착세력의 동향」『한국고대의 지방사회』, 혜안, 2004 ; 이창섭,「高麗 前期 水軍의 運營」『史叢』60, 高大史學會, 2005 ; 김명진,「태조왕건의 나주 공략과 압해도 능창 제압」『島嶼文化』32, 목포대학교 도서문화연구원, 2008 ; 신성재,「후삼국시대 나주지역의 해양전략적 가치」『島嶼文化』38, 목포대학교 도서문화연구원, 2011a ; 신성재,「고려의 수군전략과 후삼국통일」『東方學志』158, 延世大學校 國學硏究院, 2012 ; 육군본부 군사연구소,「수군의 설치와 운용」『한국군사사 ③』, 경인문화사, 2012 ; 김대중,「王建의 後三國統一과 羅州의 戰略的 位相」『고려의 후삼국통합과정과 나주』, 景仁文化社, 2013 ; 신성재,「후백제의 수군활동과 전략전술」『한국중세사연구』36, 한국중세사학회, 2013 ; 신성재,「후삼국시대

이에 따라 왕건이 서남해상에서 벌인 수군활동의 배경과 전개 과정, 나주 지역을 중심으로 하는 지지세력의 확보와 해상세력의 결집 양상, 후삼국 통일전쟁에서 나주 지역이 차지하고 있던 경제군사적 위상과 가치, 궁예정권 및 고려와 후백제의 수군전략과 수군운용의 전술적 차이, 서남해안 지방의 정치·사회적 동향과 토착세력들의 입장 등 전반적인 측면에서의 이해가 가능하게 되었다. 그럼에도 불구하고 당시 나주 지역으로 통항하는 해상교통로상에 산재하였던 도서지방이 지닌 전략적인 자산과 그 가치의 중요성, 서남해 도서지방에 대한 왕건의 경략이 궁예정권 및 고려가 추진하고 있던 후삼국 통일전쟁과 어떠한 상관성을 가지고 있었던 것인지 등에 관해서는 해양사적인 안목에서의 적극적인 서술이 요망된다.

이 글에서는 기왕 연구의 부분적인 미흡과 문제의식에 기초하여 왕건이 견훤과 해상권 쟁탈전을 치열하게 벌였던 서남해상을 무대로 당시 그곳에 산재하였던 주요 도서지방에 대해 '왕건의 서남해 도서지방 경략과 해양사적 의미'로 주제 삼아 검토해보고자 한다. 왕건이 수행한 서남해 도서지방에 대한 경략이 도서지방이 처해 있던 어떠한 상황과 맞물려 추진될 수 있었던 것인지 살펴보고, 도서지방이 통일전쟁을 벌이던 상황에서 어떠한 전략적인 자산과 가치를 지니고 있었던 것인지 알아보고자 한다. 나아가 왕건의 도서지방에 대한 경략이 실제 전쟁을 수행하던 군사 및 경제적인 문제와 관련해서는 해양사적

수군의 운영체제와 해전」『역사와 경계』88, 부산경남사학회, 2013 ; 정청주, 「신라말·고려초 海上勢力의 대두와 그 역사적 의미 – 왕건의 海上勢力 장악을 중심으로」『歷史學硏究』59, 호남사학회, 2015 ; 신성재, 「고려와 후백제의 해양쟁패전」『한국중세사연구』47, 한국중세사학회, 2016 ; 신성재, 『후삼국시대 수군활동사』, 혜안, 2016.

으로 어떠한 의미를 갖고 있었던 것인지, 또한 경략 이후에 끼친 영향은 무엇이었는지에 대해서도 기왕에 제시된 여러 성과들과 관련 자료의 새로운 해석에 의지하면서 정리해보고자 한다.

이상과 같은 연구의 목적과 의도는 신라 말·고려 초기 서남해 도서지방에서 활동하던 해상세력들의 정치사회적 동향과 존재 양태, 서남해 도서지방의 전략적 자산과 그 가치 등을 순차적으로 검토하는 가운데 구체적인 결론에 도달할 것으로 기대한다.

2. 서남해 도서지방 해상세력의 동향과 존재 양태

궁예정권과 고려, 후백제가 등장하여 후삼국 구도가 정립되어 가던 신라 말·고려 초기는 진골귀족 중심의 지배체제가 흐트러지고 새로운 왕조 건설을 표방하면서 등장한 호족(豪族)이 주도하던 시대였다. 이들은 신라의 통치체제가 이완되어 가던 9세기 후반대에 등장하여 자신들이 활동하던 지역과 지역민들의 안위를 보장하는 자위조직(自衛組織)을 갖추고 지방사회를 실질적으로 이끌어간 주인공들이었다.[3]

---

3) 신라 말 고려 초기에 등장한 호족의 활동과 역사적 의미를 검토한 성과는 대단히 많다. 시대별 연구사의 흐름 파악에 유용한 성과는 다음과 같다. 朴漢卨,「豪族과 王權」『한국사연구입문』, 지식산업사, 1987 ; 李純根,「羅末麗初 '豪族' 용어에 대한 연구사적 검토」『聖心女大論文集』19, 성심여자대학, 1987 ; 李純根,「羅末麗初 地方勢力의 構成形態에 관한 一研究」『韓國史研究』 67, 韓國史研究會, 1989 ; 金甲童,『羅末麗初 豪族과 社會變動 研究』, 高麗大民族文化研究所, 1990 ; 나말려초연구반,「나말려초 호족의 연구동향」『역사와 현실』5, 한국역사연구회, 1991 ; 김갑동,「호족의 대두와 집권화 과정」

신라 말 고려 초기에 등장한 호족의 출신과 구성은 매우 다양하였다. 중앙의 권력 투쟁에서 패배하여 연고지가 있던 지역으로 낙향한 귀족 출신 중에서 성장한 경우가 있는가 하면, 장보고(張保皐)가 지배하던 청해진(淸海鎭)과 신라 서북방 개척의 전진기지였던 패강진(浿江鎭)의 사례처럼 해상과 육상의 군사적 거점을 배경으로 등장한 세력도 존재하였다. 이른바 군진세력(軍鎭勢力) 출신으로 알려진 호족들이 그들이다. 그런가 하면 민들의 생활 영역이었던 촌락사회에서 촌정(村政)을 담당하면서 세력가로 변신한 촌주(村主) 출신의 호족들도 존재하였다.4)

호족의 등장과 활동은 분립된 후삼국의 형세와 전쟁의 향방에 중요한 변수로 작용하였다. 호족세력들이 해당 지역사회의 정치사회적인 입장과 이익을 대변하고 있던 상황이었으므로 궁예정권과 고려, 후백제는 마땅히 이들의 동향에 주목할 수밖에 없었다. 충청도와 경상도 내륙의 전략적 요충지에 웅거하고 있는 세력들은 물론이고 서남해상의 다도해 지방에 산거하면서 인근 해역에 영향력을 행사하고 있던 해상세력들은 단연 이목을 끌만한 대상이었다. 왕건이 서남해 도서지방을 주목한 것도 그 때문이었고, 실제 서남해안 지방을 대상으로 수군활동을 벌인 것도 그 때문이었다. 왕건이 수군활동을 벌이던 당시 서남해 도서지방에 산거하던 해상세력의 동향과 분위기에 대해

『한국역사입문 ②』, 풀빛, 1995 ; 윤경진, 「고려초기의 정치체제와 호족연합정권」『한국 전근대사의 주요 쟁점』, 역사비평사, 2002 ; 申虎澈, 「호족의 종합적 이해」『後三國時代 豪族硏究』, 개신, 2002.
4) 정청주는 당시에 활동한 호족을 낙향귀족 출신의 호족, 군진세력 출신의 호족, 해상세력 출신의 호족, 촌주 출신의 호족 등으로 분류하였다(鄭淸柱, 『新羅末高麗初 豪族硏究』, 一潮閣, 1996, 7~36쪽).

서는 『고려사』 기록에 남아 있는 몇 가지 사례를 통해 가늠해볼 수 있다. 당대의 기록에 등장하는 진도(珍島), 고이도(皐夷島), 압해도 (壓海島)는 서해 남단에 위치하던 대표적인 도서지방이었다.

> 양 개평 3년(909) 기사에 … 또 太祖에게 명하여 貞州에서 전함을 수리하게 하고 閼粲 宗希와 金言 등을 부장으로 삼아 병사 2천 5백명을 거느리고 가서 光州 珍島郡을 치게 하여 함락시켰다. 이어 皐夷島로 나아가니 城 안에 있던 사람들이 군용이 엄정한 것을 보고 싸우지 않고 항복하였다.[5]

위는 왕건이 909년에 휘하의 수군을 거느리고 서해 남부에 위치한 진도와 고이도를 공략한 사실을 전하는 기록이다. 왕건은 진도와 고이도를 공략하기 이전인 903년에 수군을 거느리고 나주에 진출하여 이 지역을 공취한 다음 군사적 거점을 마련한 상태였다.[6] 그리고 이를 발판으로 서남해안에 산재한 도서지방으로 그 영향력을 확대하기 위해 진도군에 대한 정벌을 실시한 것이었다.

왕건이 공략한 진도는 원래 백제의 인진도군(因珍島郡)으로 바다 가운데에 위치한 섬이었다. 진도는 그 뒤 신라 경덕왕대에 이르러 진도현으로 개명된 적이 있고, 무안군의 관할하에 있었다. 이후 고려 왕조에 들어와서 나주의 소속으로 변경되었고, 고려는 이 섬을 관할하는 지방관으로 현령을 두어 다스리게 하였다.[7]

---

5) 『高麗史』 권1, 세가1 태조 양 개평 3년, "己巳 … 又使太祖修戰艦于貞州 以閼粲宗希金言等副之 領兵二千五百往擊光州珍島郡拔之 進次皐夷島 城中人望見軍容嚴整不戰而降."
6) 『高麗史』 권1, 세가1 태조 천복 3년 계해.

진도는 신라 말·고려 초 전란기에 서남해에서 다소 비중 있는 위상을 점유하고 있었던 것으로 보여진다. 왕건이 나주에 진출한 이후 진도를 공략의 첫 번째 대상으로 설정한 점에서나, 이 섬을 정벌하기 위해 출정한 원정군의 규모가 2,500명이었다고 하는 사실은[8] 서남해에서의 수군작전을 수행함에 있어 전략적으로 꼭 확보해야 하는 도서였음을 말해준다. 그런데 주목되는 사실은 진도를 공취하는 과정에서 드러나는 해상세력가와 지역민들의 대응 양상이다. 이들은 수군을 동원한 왕건의 침투에 맞서 강하게 반발하며 저항을 하고 있다. 진도 지역에 나타나는 이 같은 대응은 이 섬을 지배하고 있던 해상세력과 지역민들이 특정 정권과 결탁하지 않고 독자적인 행보를 걷는 과정에서 왕건의 군사적 공격을 받게 되었고, 이를 계기로 궁예정권에 항복하면서 지배를 받게 되었음을 보여준다.

지금의 고금도(古今島)로 비정되는 고이도[9] 또한 진도와 마찬가지로 독자적인 노선을 걷고 있던 도서지방이었던 것 같다. 다만 진도와

---

7) 『高麗史』 권57, 지11 전라도 진도현.

8) 후삼국 전쟁기에 왕건이 거느린 수군의 규모는 적게는 2천명에서 많게는 3천명으로 원정군이 구성되었다. 이는 육상전에서 거느렸던 보기병이 3천명을 상회하지 않았던 점과 비교해볼 때 제법 큰 규모의 수군을 운용하였음을 짐작해볼 수 있다.

9) 申虎澈, 『後百濟 甄萱政權硏究』, 一潮閣, 1993, 67~68쪽 ; 한정훈, 『고려시대 교통운수사 연구』, 혜안, 2013, 53쪽 ; 정청주, 앞의 논문, 2015, 43쪽. 오늘날의 진도 서북방에 인접한 河衣島(日野開三郞, 「羅末三國の鼎立と對大陸海上交通貿易(一)」 『朝鮮學報』 16, 朝鮮學會, 1960, 54쪽), 압해도의 북쪽에 위치한 古耳島로 보기도 한다(文秀鎭, 「高麗建國期의 羅州勢力」 『成大史林』 4, 成大史學會, 1987, 16쪽 ; 姜鳳龍, 「押海島의 번영과 쇠퇴 - 고대·고려시기의 압해도」 『島嶼文化』 18, 木浦大島嶼文化硏究所, 2000, 42쪽). 최근에는 영산강 하구에 위치한 고하도로 비정하는 견해가 제시되기도 하였다(정진술, 「왕건의 나주 공략과 고하도」 『해양담론』 창간호, 목포해양대학교 해양문화연구정책센터, 2014, 161~166쪽).

비교해 차이점이 있다면 현실적인 위협과 힘의 우열관계에 유연하게 대처하면서 지역사회의 안위를 도모하고 있다는 점이다. "왕건이 수군을 거느리고 고이도로 나아가니 성 안의 사람들이 (고려군의) 군용이 엄정한 것을 보고 싸우지 않고 항복하였다."고 하는 기록은 강력한 외부세력의 침투에 타협하면서 지방사회의 존립을 보장받고자 하던 이 시대 호족들의 보편적인 모습을 보여준다. 왕건이 나주를 거점으로 서남해안 지방에 대해 해상권을 확대해 가던 900년 초기에 도서지방 해상세력가들의 정치적인 입장과 태도는 대체로 이러한 모습이었다. 강력한 외부세력의 위협이 가시화되기 전까지는 독자적인 노선을 걷는 입장이었겠지만, 해상세력의 존립과 지역사회의 운명이 걸린 현실의 위협 앞에서는 영향력을 행사해오던 정권에 귀속되거나 이를 지지하는 태도를 취하였을 것이다.

이 시대에는 특정 정권에 포섭되기를 거부하고 저항하면서 독자적인 노선을 고수하던 해상세력도 존재하였다. 능창(能昌)이 바로 그런 인물이다.[10] 능창은 압해도(신안군 압해면 압해도)에서 자립한 이 시대의 대표적인 해상세력이었다. 그는 수상에서의 전투에 능숙하다 하여 수달이라고 불리던 인물이었다. 그는 자신이 장악하고 있던 압해도와 인접한 갈초도(葛草島)[11]에서 활동하고 있던 소규모 세력들과 결탁하여 왕건을 해치고, 궁예정권이 추진하던 서남해 도서지방에 대한 경략 사업을 무력화시키고자 하였다. 당시 능창의 위세는 압해도에서 영향력을 크게 끼칠 만큼 강성한 수준이었다.[12] 수군활동에

---

10) 압해도에서 능창의 활동과 왕건의 수군활동은 『高麗史』 권1, 세가1 태조 양 개평 3년 참조.
11) 압해도 부근의 섬으로 짐작된다(申虎澈, 앞의 책, 1993, 67쪽).

조예가 깊었던 왕건조차도 능창 세력의 위세를 우려하여 사전에 치밀한 계략을 수립하여 정예 병력으로 하여금 사로잡았다고 하는 기록은 능창이 압해도에서 차지하고 있던 군사적 위상을 짐작케 한다. 왕건은 사로잡은 능창을 궁예에게로 보냈다. 그러나 궁예는 능창을 회유하거나 포섭하는 데 실패하였던 것 같다. 능창 역시 궁예 정권에 귀속되거나 우호적인 입장을 취하지 않았던 것 같다. 궁예가 능창에 대해 "해적이 모두 너를 영웅으로 추대하지만, 지금은 나의 포로가 되었으니 어찌 나의 계책이 신묘치 않은가? 하고 여러 사람에게 보인 뒤 참하였다."[13]고 하는 기록은 능창이 궁예정권에 포섭되기를 거부하고 독자적인 노선을 표방하였음을 의미한다.

능창의 존재에 대해서는 그동안의 연구를 통해 정치적으로 다양한 입장의 해석이 있어 왔다. 우선적으로 제시된 견해는 능창을 후백제 견훤의 부하로 파악하는 입장이다.[14] 다음으로 압해도를 근거지로 활동한 독자적인 해상세력[15] 혹은 좀 더 구체적인 입장에서 도서 해상세력[16]으로 해석하는 견해도 있다. 또 견훤의 휘하세력으로 보면서도 독립적으로 활동한 해적으로 파악한 견해도 있다.[17] 근래에는 이 같은 견해에서 한걸음 더 나아가 원래 능창은 해적이었지만 당시

---

12) 신성재, 앞의 논문, 2010, 221쪽(앞의 책, 2016, 36쪽).
13) 『高麗史』 권1, 세가1 태조 양 개평 3년, "海賊皆推汝爲雄 今爲俘虜 豈非我神筭乎 乃示衆斬之."
14) 申虎澈, 앞의 책, 1993, 31~32쪽.
15) 鄭淸柱, 앞의 책, 1996, 154쪽 ; 姜鳳龍, 앞의 논문, 2000, 42~44쪽 ; 姜鳳龍, 앞의 논문, 2002, 124~125쪽.
16) 姜鳳龍, 앞의 논문, 2003, 348~349쪽.
17) 권덕영, 「장보고와 동아시아 해역의 해적」 『재당 신라인사회 연구』, 일조각, 2005, 299~300쪽.

정치 상황의 변화에 따라 공리적인 이데올로기를 내세우면서 호족으로 변신한 해상호족으로 파악하기도 한다.[18] 능창의 존재적 성격이 어떠하든간에 중요한 사실은 그가 압해도를 위시한 주변 도서지방의 여러 세력들을 결집하여 왕건의 서남해 진출에 위해를 가할 수 있을 정도로 강력한 세력이었다는 점과 궁예정권의 회유 노력에도 불구하고 독자노선을 지향하였다고 하는 점이다. 이는 능창의 경우처럼 당시 서남해 도서지방에서는 독자적인 위상을 표방하는, 제법 강성한 역량을 지닌 해상세력가들이 적지 않게 활동하고 있었음을 말해준다. 결국 이러한 해상세력들과 결속 관계를 맺고 또한 이를 지속적으로 유지하고자 하였던 것은 서남해 도서지방 경략의 중요한 배경이 되었을 것이다.

독자성을 표방하던 해상세력의 존재와 달리 도서지방의 해양지리적 위치와 특성, 정치적인 입장 등에 따라 특정 정권에 협력하면서 이들의 지배하에 공존을 도모해가던 세력가도 존재하였다. 서해 중북부 해역에 위치한 백령도와 포을도(包乙島 : 대청도)[19]에서 활동하던 해상세력은 궁예정권과 고려를 지지하던 주요한 인적 기반이었다.

14년에 참소를 당하여 鵠島에 유배되었다. 이듬해에 견훤이 海軍將 尙哀 등으로 大牛島를 공략하게 하였다. 태조가 大匡 萬歲 등을 보내어 구하게 하였으나 불리하였다. 태조가 이에 근심하니 금필이 글을 올려 말하기를, "신이 비록 죄를 입어 귀양살이를 하고 있지만 백제가

---

18) 權悳永, 「新羅下代 西·南海域의 海賊과 豪族」『韓國古代史硏究』 41, 한국고대사 학회, 2006, 316~329쪽.

19) 신성재, 앞의 논문, 2012, 54쪽(앞의 책, 2016, 91쪽).

우리의 바다 고을들을 침범한다는 소식을 듣고 本島와 包乙島의 丁壯들을 선발하여 군대에 충원하고 또 전함을 수리하여 방어하게끔 하였으니 원컨대 주상께서는 근심하지 마십시오." 하였다. 태조가 글을 보고 울며 말하기를, "참소를 믿고 어진 사람을 내쫓은 것은 나의 어리석음이다." 사자를 보내어 소환하고 위로하며 말하기를, "경은 실로 무고함에도 귀양을 살게 되었건만 일찍이 원망하거나 분하지 않고 오직 나라를 보위할 생각을 했으니 내가 심히 부끄럽고 후회스럽다. 자손에 이르기까지 상을 연장하여 경의 충절에 보답하고자 한다." 하였다.[20]

위 기록은 태조 14년(931) 3월에[21] 주변 정치세력의 모함으로 곡도(鵠島 : 백령도)[22]에 귀양을 가 있던 고려의 명장 유금필(庾黔弼)이 서해 중북부 해역으로 해상 침탈을 가해오던 후백제에 대응하여 현지에 거주하고 있던 도서민들을 동원하여 해상방어태세를 구축하였다는 사실을 태조 왕건에게 상소한 내용을 전한다.

이 기록을 통해 알 수 있듯이, 930년대 백령도와 포을도는 고려의 영향력하에 있었다. 유금필이 백령도에 유배된 것 자체는 물론이고 그가 죄인의 신분임에도 불구하고 현지의 도서민들을 규합하여 전함을 건조하고 군대에 충원할 수 있었던 것은 이 섬들이 고려의 지배하에

---

20) 『高麗史』 권92, 열전5 유금필, "十四年 被讒竄于鵠島 明年甄萱海軍將尙哀等 攻掠大牛島 太祖遣大匡萬歲等往救不利 太祖憂之 黔弼上書曰 臣雖負罪在貶聞 百濟侵我海郷 臣已選本島及包乙島丁壯 以充軍隊 又修戰艦 以禦之 願上勿憂 太祖見 書泣曰 信讒逐賢 是予不明也 遣使召還慰之曰 卿實無辜見謫 曾不怨憤 惟思輔國 予甚愧悔庶 將賞延于世 報卿忠節."

21) 『高麗史節要』 권1, 태조신성대왕 태조 14년 3월.

22) 鄭淸柱, 앞의 책, 1996, 116쪽.

있었기에 가능한 일이었다. 물론 이 두 도서지방이 어느 시점에 고려의 영향력하에 들어오게 된 것인지는 명확하지 않다. 다만 892년 진성여왕대의 상황을 전하는 거타지(居陀知) 설화를 보면 새로운 해상세력으로 등장하는 거타지가 백령도에 진출하는 과정에서 현지 토착세력의 도움을 받아 이 도서에 대한 지배권을 장악해가는 과정이 설화적으로 묘사되어 있다.[23] 이 새로운 해상세력은 기왕의 연구에서 고려와 연대하던 세력이거나 고려 왕조 자체로 추정되고 있다.[24] 이에 주목해보자면 백령도와 인접한 포을도는 890년대 후반 즈음부터 태봉의 영향력을 받게 되고, 고려가 건국되면서 보다 공고한 지배를 받게 된 것이 아닌가 추정된다. 이러한 사실은 특정 정권의 영향력하에 있거나 인접한 해역에 위치하고 있던 도서지방은 비교적 이른 시기부터 해당 정권에 귀속되어 존립을 도모해가는 가운데 지지하는 입장을 표명하였음을 짐작케 한다.[25]

이와 같이 신라 말·고려 초기 서남해 도서지방에는 다양한 세력 규모를 갖춘 해상세력가들이 등장하여 활동하였다. 이들은 인접한 세력들과 상호 연대를 통하여 세를 불리면서 지방사회를 대표하는 세력가로 성장하였다. 이들의 존재 양태와 정치적 입장은 동일하지

---

23) 전기웅, 「삼국유사 소재 '眞聖女大王居陀知條' 설화의 검토」『한국민족문화』 38, 釜山大學校 韓國民族文化硏究所, 2010 ; 정연식, 「거타지 설화의 새로운 해석」『東方學志』 160, 延世大學校 國學硏究院, 2012 참조.
24) 신성재, 「나말여초 백령도와 유금필의 수군활동」『이순신연구논총』 26, 순천향대학교 이순신연구소, 2016, 227~229쪽.
25) 궁예정권과 고려의 지배하에 있던 도서 이외에 후백제의 영향력하에 있던 도서지방도 존재하였을 것이다. 견훤이 왕건에게 절영도산 명마를 보낸 사례가 있는데(『高麗史』 권1, 세가1 태조 7년 8월), 후백제의 영향력이 부산 앞 바다의 절영도에까지 미치고 있었기에 방물로 보낼 수 있었을 것이다.

않았다. 궁예정권과 고려, 후백제가 등장하여 영향력을 행사해오던 상황 속에서 독자적인 정치 노선을 걸으면서 저항하는 세력이 있는가 하면, 강성한 현실의 군사적 위협 앞에 굴복하면서 특정 정권을 지지하는 세력으로 변모하기도 하였다. 해양지리적으로 특정 정권과 인접한 해역에 위치하였거나 애초부터 이러한 정권의 영향력하에 놓이기 쉬웠던 해상세력들은 현실의 지배를 수용하면서 실리를 추구하는 입장을 취하기도 하였다. 서남해 도서지방에서 활동하고 있던 이들 해상세력들을 얼마나 우호적인 입장에서 장기 지속적으로 포섭하여 정권을 지지하는 기반으로 삼는가 하는 문제는 당 해역에 대한 해상권 확보는 물론 후삼국 전쟁의 주도권을 장악할 수 있는 중대한 사안이었다. 왕건이 나주를 공취하여 전략적 거점으로 확보한 뒤 후속하여 서남해 도서지방을 대상으로 수군활동을 벌이면서 해상에서의 영향력 확대를 도모하였던 것은 도서지방을 기반으로 활동하고 있던 해상세력과 지역민들의 정치적 향배가 통일 왕조 달성에 중요한 인적·물적 자산이 될 것임을 인식하였기 때문이었다.

3. 서남해 도서지방의 전략적 자산과 가치

왕건의 서남해 도서지방 경략은 도서와 인근 해역을 무대로 활동하던 해상세력들의 정치적 동향과 지역사회의 분위기 등이 고려되는 가운데 추진된 것이었다. 그리고 그 목적에는 전쟁기라고 하는 시대적 조건 속에서 후백제와 접경을 맞대고 있던 지역의 안정적인 방위력을 유지함은 물론 지배 영역의 확장을 도모해가는 방안이 포함된 것이었다. 전략적인 차원에서 이러한 목적은 왕건이 이미 나주에 처음 진출을 시도하던 903년 단계부터 모색되고 기획되었던 것 같다. 나주를 공취하던 당시 양주(良州) 지방에서 위기에 처해 있던 김인훈(金忍訓)을 구원하고 돌아온 왕건에게 궁예가 변경에 대한 일을 묻자 왕건이 변경지대를 안정시키고 경역(境域)을 개척하는 이른바 '안변척경책(安邊拓境策)'을 건의하였던 사실은 이를 뒷받침한다.[26]

왕건이 궁예에게 건의한 방책에는 그 자신 스스로 나주를 공취하기까지의 과정에서 경험한 해상 항로와 교통 조건, 지방사회의 현지사정 등을 고려하여 수군을 효과적으로 운용하는 방안이 중점적으로 반영되었을 가능성이 높다.[27] 특히 오늘날의 양산에 해당하는[28] 양주지방에서 도움을 요청한 김인훈을 구원하기 위해 남해상에까지 항해하여 수군활동을 벌였던 것을 감안하면 수군의 원정작전 능력과 전술적인 운용 가치를 포함하는 방안이 마련되어졌던 것으로 보여진다.[29] 그리고 그 구체적인 방안에는 서해와 남해상을 항해하면서 경험한 주요 도서지방이 지닌 전략적인 자산과 그 가치를 확보하여 활용하는 내용이 반영되었던 것으로 짐작된다. 이러한 관점에서의 이해는 왕건이 914년(乾化 4)에 다시금 나주 지방으로 내려가 후백제

---

26) 『高麗史』 권1, 세가1 태조 천복 3년 계해, "三月 率舟師自西海抵光州界 攻錦城郡 拔之 擊取十餘郡縣 仍改錦城爲羅州 分軍戍之而還 是歲 良州帥金忍訓告急 裔令太祖往救 及還裔問邊事 太祖陳安邊拓境之策 左右皆屬目."

27) 신성재, 앞의 논문, 2010, 216~217쪽(앞의 책, 2016, 31쪽).

28) 文暻鉉, 「王建太祖의 民族再統一의 硏究」『慶北史學』1, 慶北大學校史學會, 1979, 76쪽.

29) 주 27)과 같음. 김인훈 구원에 대해서는 해로가 아닌 남한강을 경유하거나(河炫綱, 『韓國中世史硏究』, 一潮閣, 1988, 27쪽) 육로를 통한 것으로 보는 견해도 있으나(金甲童, 「高麗建國期의 淸州勢力과 王建」『韓國史硏究』48, 韓國史硏究會, 1985, 41쪽), 필자는 남해상을 항해하여 구원한 것으로 이해한다.

와 재지해상세력들의 준동을 제압하고 귀환한 뒤에 주즙(舟楫)의 이로움과 응변의 마땅한 방책을 궁예에게 보고한 사실을 통해서도 입증된다.30) 이때 왕건이 보고한 방책은 해상운송이 자유로운 선박의 이점을 활용하여 서남해안 지방에서 발생하는 경제적 이익을 적극적으로 확보하고, 유사시에는 기동력과 전술적 융통성이 우수한 수군을 동원하여 적절히 대응하자는 것이었다. 요컨대 수군활동을 효과적으로 전개하여 진도와 고이도, 압해도를 비롯한 서남해 도서지방으로부터 산출되고 있던 전략적 자산을 적극 확보하여 활용하자는 것이었다.

그렇다면 당대 서남해 도서지방이 지녔던 전략적 자산과 가치는 무엇이었을까? 우선적으로 눈여겨볼 점은 당시 왕건이 점령한 여러 도서지방이 서남해상에 대한 해상권 확보에 교두보 역할을 하였다는 점이다. 궁예정권의 수군기지였던 정주(貞州 : 풍덕)로부터31) 항해해 온 왕건의 수군이 군사작전을 벌이기에 앞서 공취하였던 도서지방을 함선이 주둔 및 대기하는 공간으로 사용함은 물론 현지민들로부터의 경제적인 조력 또한 이끌어낼 수도 있었을 것이다. 남방 지방에 기근이 들자 왕건이 배고픔에 시달리던 위수(衛戍) 병졸들을 정성을 다하여 구원하여 그 덕으로 모두 살아날 수 있었다고 하는 914년 즈음의 기록은32) 원정작전을 위해 정주로부터 수송해온 군량을 활용한 것도 있었겠지만 서남해 도서지방으로부터 조달한 것도 포함되었을 것이

---

30) 『高麗史』권1, 세가1 태조 건화 4년 갑술, "就貞州浦口 理戰艦七十餘艘 載兵士二千人 往至羅州 百濟與海上草竊知太祖復至 皆懾伏莫敢動 太祖還告舟楫之利應變之宜."

31) 鄭淸柱, 앞의 책, 1996, 113쪽.

32) 『高麗史』권1, 세가1 태조 건화 4년 갑술, "領軍三千餘人 載糧餉往羅州 是歲南方饑饉 草竊蜂起 戍卒皆食半菽 太祖盡心救恤 賴以全活."

다. 이때 조달된 군량 중 일부는 군사들 외에 지역민들에게도 공급되어졌을 것이다. 결국 왕건은 서남해 도서지방을 교두보로 삼아 수군활동을 안정적으로 전개함은 물론 후백제의 배후를 견제하기 위해 확보한 전략거점 나주를 순조롭게 왕래하면서 지배력을 강화하였을 것이다.

다음으로 주목되는 점은 왕건이 이들 도서지방을 후백제 수군의 해상 공격을 방어하거나 해상권을 확대하는 전략거점으로도 활용하였던 것이 아닌가 싶다. 특히 유속이 빠르고 협수로가 형성되어 통항이 어려웠던 진도는 그와 같은 거점으로 활용되어졌을 가능성이 높다.

> 경상과 전라의 貢賦는 모두 육상으로 수송하지 못하고 반드시 水運으로 운반해야 하는데, 지금 역적들이 거점으로 삼고 있는 珍島는 水程의 咽喉와 같은 요충인 까닭에 왕래하는 선박들을 통과시킬 수 없으니, 군량과 소의 사료, 종자를 징수하여도 운반할 길이 없다.[33]

위는 삼별초(三別抄)가 원종 12년(1271)에 반란을 일으켜 진도를 장악하자 개경으로 통하던 공부(貢賦)의 운송길이 막혔던 사정을 전하는 기록이다. 기록을 통해 유추해볼 수 있듯이, 진도를 통항하는 해상교통로는 1270년 당시 조세와 군량, 종자, 우마의 사료 등이 운송되던 핵심 항로였다. 그러나 이 교통로는 삼별초의 군대가 진도를

---

33) 『高麗史』 권27, 세가27 원종 12년 3월, "慶尙全羅貢賦 皆未得陸輸 必以水運 今逆賊據於珍島 玆乃水程之咽喉 使往來船楫不得過行 其軍糧牛料種子 雖欲徵歛 致之無路."

장악하자 물자의 이송이 불가능하게 되었다. 진도가 지닌 해상 교통적 측면에서의 이점은 왕건이 수군활동을 벌이던 시기에도 별다른 차이가 없었을 것이다. 왕건은 진도 해역이 지닌 전략 전술적인 이점을 현지민들과의 유대관계 속에서 적극적으로 활용하였음직하다. 여수와 순천을 위시한 인근 남해안 지방에 친후백제적인 성향을 띤 호족들이 활동하였다고 하는 견해에[34] 주의하자면 왕건이 공취한 진도는 남해상에 근거지를 두고 활동하였을 친후백제적 해상세력들과 후백제 수군들의 도전에 효과적으로 대응하는 방어 거점으로 활용되어졌을 가능성이 있다.

반면에 진도는 고려의 수군이 남해안 방면으로 진출하면서 해상권을 확대하는 전략적인 거점으로도 활용되어졌음직하다. 정청주의 견해에 따르면, 918년 고려 건국 후 왕건의 해상활동은 남해안의 강주(康州 : 진주)지방으로 확대되는 추세였다고 한다.[35] 920년 1월에 강주의 장군 윤웅(尹雄)이 고려로 귀부(歸附)를 해온 사례가 전하는데,[36] 그 경로는 해상 방면으로부터 나주를 경유하는 해로였다고 한다. 또한 동년 10월에 고려의 군사들이 대량성(大良城 : 대야성, 합천)과 구사군(仇史郡 : 창원), 진례군(進禮郡 : 김해시 진례면)까지 출병하여 그곳에 주둔하고 있던 견훤의 군사들을 퇴각시켰는데,[37]

---

34) 鄭淸柱,「新羅末·高麗初 順天地域의 豪族」『全南史學』18, 全南史學會, 2002 ; 姜鳳龍, 앞의 논문, 2002 ; 邊東明,「金惣의 城隍神 推仰과 麗水·順天」『歷史學研究』22, 호남사학회, 2004 ; 李道學,「新羅末 甄萱의 勢力 形成과 交易」『新羅文化』28, 동국대 신라문화연구소, 2006 참조.
35) 정청주, 앞의 논문, 2015, 46쪽.
36) 『高麗史』권1, 세가1 태조 3년 정월.
37) 『高麗史』권1, 세가1 태조 3년 10월.

이때의 이동 경로 역시 해로였다고 한다. 고려군이 이동한 경로를 해로로 설정하는 것에 의문이 없지 않지만, 훗날 고려의 수군이 남해안 지방을 둘러싸고 전개되던 전쟁의 추이를 감안하면서 남해안 방면으로 진출하였던 것은 명백하다. 왕건이 927년(태조 10) 4월에 파견한 고려의 수군장수 영창(英昌)과 능식(能式) 등이 수군을 거느리고 강주를 공략하였다고 하는 기록은[38] 비록 뒷 시기의 사실이지만 고려의 수군이 남해안 방면에까지 해상권을 확대하였음을 입증한다. 아마도 이 시기에 남해안 일대를 대상으로 원정작전을 벌였던 고려의 수군은 나주를 출발하여 진도를 거쳐 고이도에 잠시 머무른 다음 동진(東進)하여 강주 공략을 감행하였을지도 모른다. 혹은 나주를 출발한 뒤 남해안으로 진입하기에 앞서 진도 수역의 조수 시간대를 고려하여 이 섬을 중간 기착지로 활용하였을 가능성도 없지 않다. 여러 가능성 속에서 유의해볼 점은 왕건이 진도를 비롯한 서남해안 지방으로부터 장악한 여러 섬들을 해상권을 확대하기 위한 전략적인 거점으로 적극 활용하였으리라는 점이다.

왕건은 서남해 도서지방을 전쟁을 수행함에 있어 소요되는 자산을 공급해주는 거점으로도 적극 활용하였다. 즉 전쟁지속능력을 보장해주는 전략물자의 확보 공간으로 활용하였다는 점이다. 이러한 사실은 서남해 도서지방에서 인력을 확보하여 병력 자원 혹은 군사활동을 뒷받침하는 자원으로 활용하였던 사례를 통해 확인된다. 유금필이 930년 초에 백령도와 포을도에서 벌인 군사활동은 그러한 사례에 잘 부합한다.[39] 당시 유금필은 죄인의 몸으로 백령도에 유배되어

---

38) 『高麗史』 권1, 세가1 태조 10년 夏 4월, "夏四月壬戌 遣海軍將軍英昌能式等 率舟師往擊康州 下轉伊山老浦平西山突山等四鄕 虜人物而還."

있던 처지였다. 그러나 그는 후백제의 수군이 서해 중북부 해역으로 북상하면서 대우도(大牛島)[40]를 공략하던 상황을 접수한 뒤 백령도와 포을도의 정장들을 선발하여 군대에 충원하고, 이들로 하여금 전함을 수리하도록 하여 방어하게끔 하는 조치를 취하였다. 백령도가 890년 후반 즈음에 궁예정권의 영향력하에 들어갔던 사실을 상기해볼 때[41] 도서민들을 대상으로 하는 군대 편입과 노동력 징발은 가능한 일이었을 것이다. 그러나 이러한 인력 자산의 확보와 활용이 정권의 영향력하에 있던 도서지방에만 국한된 것은 아니었던 것 같다. 수군을 동원하여 새로운 해안지방을 원정하는 경우에도 확보되어졌다고 보여진다. 왕건이 927년에 파견한 영창을 비롯한 고려의 수군이 남해안의 강주 지역과 주변 도서지방을 공략한 사례를 보면 4개의 도서를 함락시키고 사람과 물자를 포획해오고 있음이 확인된다.[42] 이때 붙잡혀온 사람들은 부족해진 군사들에 충당되거나 전쟁 물자를 생산하는 노역이나 부역 등에 활용되어졌을 것이고, 포획된 물자들 중 곡식은 전투에 소요되는 군량으로 쓰여졌음직하다. 왕건이 군사적으로 공취하였던 진도와 자발적으로 항복해왔던 고이도에서도 인력과 군량의

---

39) 주 20)과 같음.
40) 대우도의 위치에 대해서는 경기도 남양 해상에 위치한 대부도, 압록강 하구 용천군에 위치한 섬으로 파악하기도 하였으나 필자는 현재의 충남 서산시 지곡면 도성리 앞 바다에 위치한 대우도로 파악한다. 이에 대한 비판적 검토는 신성재, 앞의 논문, 2016, 276~279쪽 참조.
41) 이에 대해서는 제2장에서 진성여왕대 거타지 설화를 해석하면서 백령도가 대략 890년 후반기로 접어들면서 궁예정권의 영향력에 들어간 것으로 추론하였다.
42) 『高麗史』 권1, 세가1 태조 10년 4월. 고려 수군의 공략 대상이 된 轉伊山·老浦·平西山·突山 등 4개의 도서지방에 대한 위치는 姜鳳龍, 앞의 논문, 2002, 130쪽 ; 문안식, 『후백제 전쟁사 연구』, 혜안, 2008, 147쪽 참조.

공수급이 이루어졌을 것으로 짐작된다.

인력 및 군량과 함께 장기전을 수행하는 데 요구되는 전략물자 또한 여러 도서지방과 해안지방으로부터 확보되어졌을 것이다. 당시 왕건이 주목한 전략물자는 군용으로 사용하는 말과 소금이었다. 실전에서 기병들에 의해 운용되는 군마는 전투시에 매우 중요한 전략물자였다. 기병은 속도전과 돌파력에 강하고 보병들보다 뛰어난 전투력을 발휘하기 때문에[43] 전쟁을 효과적으로 수행하기 위해서는 안정적인 공수급이 이루어져야 한다. 그런데 흥미로운 사실은 군마로 사용되는 상당량의 마필이 서남해 도서지방에서 사육되고 있었다는 점이다. 도서지방이 목마장으로 활용되었던 이유는 기후적 조건이 겨울철에도 춥지 않고, 목초를 쉽게 얻을 수 있는 양호한 목축 환경을 갖추고 있었기 때문이었다.[44] 특히 전라도 지역은 겨울철에도 춥지 않아 목마가 풀을 얻을 수 있었기 때문에 목마장(牧馬場)으로 적합하였다.[45] 신라 통일기 이래 조선시대에 이르기까지 상당수의 목장이 한반도 서남해 도서지방에서 운영되었던 것은 결코 우연이 아닌 것이다.[46]

서남해 도서지방이 목마장으로 적극 운영되었던 실질적인 사례는 932년(태조 15) 예성강 수역으로 침투한 후백제의 수군이 고려의 전함들을 불살라버리고 저산도(猪山島)에서 방목하고 있던 말 300필

---

43) 평지의 경우 기병 1기는 보병 8인에 필적하고, 산악 지형의 경우에는 보병 4인에 필적할 정도였다고 한다(『六韜』 권6, 견도 균병55).

44) 『世宗實錄』 권33, 세종 8년 8월 8일 기사.

45) 김경옥, 『朝鮮後期 島嶼硏究』, 혜안, 2004, 68쪽.

46) 高慶錫, 「장보고 세력의 경제적 기반과 신라 서남해 지역」 『韓國古代史硏究』 39, 한국고대사학회, 2005, 219쪽.

을 약탈해갔다고 하는 기록을 통해 입증된다.[47] 또 견훤이 924년에 사절단을 왕건에게 파견하면서 절영도(絶影島)에서 기른 말을 헌납한 경우를 통해서도 짐작해볼 수 있다.[48] 9세기 중반의 기록이지만 당나라에서 불법을 수학하고 귀국길에 올랐던 일본 승려 원인(圓仁)이 신라의 남계에 위치한 안도(雁島)를 왕실의 말을 기르던 섬으로 기록한 점이나[49] 신라시대부터 재상가들이 해중(海中)에 우마를 길렀다고 하는 기록[50] 역시 이를 뒷받침한다. 조선 태종 13년(1413)에 제주도에서 사육하던 말을 진도로 옮겨 사육하자는 논의를 통해 이듬해에 암수 목마 1,800필을 옮겨 진도 목장을 운영하였던 사례가 있는데,[51] 이전 왕조대부터 진도가 목장으로 활용되어졌거나 방목하기에 적합한 도서로 인정되었기에 가능하였을 것이다. 고려와 후백제가 벌인 최후 결전인 일리천전투의 기록을 보면 왕건이 후백제를 정벌하기 위해 무려 49,500명의 기병을 동원한 것이 확인된다.[52] 물론 이 기병 속에 포함된 9,500명은 북방의 이민족들로 구성된 제번경기병(諸蕃勁騎兵)들이었다. 그러나 이를 감안하더라도 일시에 40,000명의 기병이 동원되었음은 대단한 규모가 아닐 수 없다.[53] 왕건이 통일전쟁에

---

47) 『三國史記』 권50, 열전 견훤.

48) 주 25) 참조.

49) 『入唐求法巡禮行記』 권4, 회창 7년 9월 8일.

50) 『新唐書』 권220, 신라.

51) 『太宗實錄』 권27, 태종 14년 1월 6일 신사.

52) 『高麗史』 권2, 세가2 태조 19년 秋 9월 ; 『高麗史節要』 권1, 태조신성대왕 태조 19년 秋 9월. 정벌군의 총 병력은 87,500명이었고, 이 중에서 기병이 49,500명이었다.

53) 왕건이 동원한 정벌군의 병종 구성 및 부대 편성은 류영철, 『高麗의 後三國 統一過程 研究』, 景仁文化社, 2004, 211~212쪽 ; 신성재, 「일리천전투와 고려 태조 왕건의 전략전술」 『韓國古代史研究』 61, 한국고대사학회, 2011b, 343~

소요되는 군마들을 지방의 호족들로부터 체계적으로 확보하였음은 물론 국가적 차원에서도 서남해 도서지방과 같은 방목 공간을 대상으로 안정적인 공수급망을 지속적으로 구축하였음을 짐작케 한다.

군마 못지않게 소금 또한 중요하게 취급되던 물자였다. 평상시 인간의 삶을 영위하기 위해서는 물론이거니와 전시에도 중요한 전략 물자로 취급되었다. 소금은 장에 기생하는 기생충과 그로 인해 발생하는 질병을 구제하는 약으로 여겨졌고, 출혈로 실신한 사람을 치료하거나 수술 후 생기는 상처의 치료제로도 널리 사용되었다.[54] 이런 까닭에 일찍부터 소금의 생산과 유통 과정에 국가가 깊숙이 개입하는 경우가 많았고, 삼국시대에도 각 지역이나 성에 소금창고(鹽庫)가 존재하였다. 후삼국 전쟁기에도 소금을 보관하는 창고는 존재하고 있었고, 비축해둔 소금은 군사활동에 적극 활용되었다. 왕건의 후삼국 통일에 기여한 이총언(李愈言)의 세계를 적은 기록은 이를 잘 말해준다. 기록에 따르면, 이총언은 신라 말기에 벽진군(碧珍郡 : 경북 성주)[55]을 수호하고 있던 호족이었다. 이총언의 인물됨을 눈여겨본 왕건은 그에게 사자를 보내어 합심하여 난세를 평정할 것을 설득하였다. 왕건의 의중을 파악한 이총언은 정토 사업에 동참하게 되었다. 왕건은 이총언이 협조한 것에 대한 대가로 그를 본읍장군(本邑將軍)에 임명하고 충주·원주·광주(廣州 : 경기도 하남)·죽주(竹州 : 경기도 안성)·제주(堤州 : 충북 제천)의 창고에 보관하고 있던 곡식 2,200석과 소금 1,785석을 하사하였다.[56]

345쪽 참조.
54) 새뮤얼 애드셰드 지음·박영준 옮김,『소금과 문명』, 지호, 2001, 54~55쪽.
55) 류영철, 앞의 책, 2004, 75쪽.

왕건이 이총언에게 하사한 소금 1,785석은 장기전으로 격화되던 전쟁에 대비하여 비축해야 할 전략 자산으로 중시되었음을 상징적으로 보여준다. 또한 이는 왕건이 수군활동을 통해 서남해 도서지방과 인근 해안지방을 공략하는 시기부터 꾸준히 확보하고 이를 내륙에 위치한 전략거점으로 운송하는 항로를 개척하였음을 반증한다.[57] 앞서 열거한 충주·원주·광주·죽주·제천 지방에 설치된 창고가 한강 및 남한강 수로와 연결되는 요충지에 위치하고 있음은[58] 해안지방과 도서지방에서 생산되던 소금이 해로와 내륙 수로를 따라 이송되어 보관되어졌음을 적절히 설명해준다. 전매제가 시행되던 고려 후기의 사례이지만 소금을 생산하는 염분(鹽盆)의 70% 이상이 하삼도(下三道)에 해당하는 양광·전라·경상도에 집중적으로 설치된 사실은[59] 후삼국이 상쟁하던 시기에도 서남해 도서지방에서 다량의 소금이 생산 및 유통되고 있었을 가능성을 보여준다.

고려 의종(毅宗 : 1147~1170)대에 활동한 윤승해(尹承解)의 묘지명을 보면, 공이 진도 지방에 현령으로 부임했을 당시 진도민들이 어염의 이익을 믿고 농사에 힘쓰지 않고 있다는 기록이 전한다.[60] 권문세족들의 토지 겸병과 침탈에 따라 민들이 토지로부터 이탈하여 제염업으로 전업하던 사정을 전하는 기록이지만,[61] 이를 통해 진도 지방이

---

56) 『高麗史』 권92, 열전5 왕순식 附 이총언.
57) 신성재, 앞의 논문, 2012, 63~64쪽(앞의 책, 2016, 101~103쪽).
58) 신성재, 앞의 논문, 2011b, 367쪽.
59) 高慶錫, 앞의 논문, 2005, 219~220쪽. 충선왕대에 설치된 염분은 양광도 126, 경상도 174, 전라도 126, 평양도 98, 강릉도 43, 서해도 49개소였다(『高麗史』 권79, 지33 식화2 염법 충선왕 원년 2월).
60) 『東國李相國集』 권35, 碑銘·墓誌 登仕郞 檢校尙書戶部侍郞 行尙書都官員外郞 賜紫金魚袋 尹公墓誌銘.

이전 시기부터 전통적으로 소금 생산에 큰 역할을 하였음을 짐작해볼 수 있다. 이러한 사실은 후삼국 전쟁기에도 서남해 도서지방에서 소금이 제조되고 있었음을 반영하는 것으로, 생산된 소금은 해로와 수로를 통해 전략적 요충지로 운송되어지면서 왕건의 통일전쟁에 전략적인 자산으로 활용되어졌을 것이다.

4. 왕건의 도서지방 경략과 해양사적 의미

주지하듯이 왕건의 서남해 도서지방 경략은 궁예가 통치하던 시기부터 후삼국 전쟁을 주도적으로 수행하기 위한 전략적인 목표하에 추진된 것이었다. 신라를 중심에 두고 견훤과 전쟁 주도권 장악을 다투던 왕건은 903년 3월에 후백제의 배후에 위치한 나주를 기습적으로 공취하였다. 이후 왕건은 나주를 후백제의 배후를 견제하는 전략거점이자 수군활동을 수행하는 근거지로 삼았고, 이를 발판으로 서남해 도서지방을 경략하는 본격적인 행보에 나섰다. 왕건은 909년부터 914년에 이르기까지 경략활동을 전개하여 나주 지역의 지배력을 강화하는 한편 서남해 주요 도서지방을 확보하였다. 이때 확보한 진도와 압해도, 고이도 등 주요 도서지방은 고려 왕조 등장 이후 해상권을 확대시키는 데 있어 중요한 거점으로 이용되어졌고, 궁극적으로는 고려의 후삼국 통일에 핵심적인 전략거점으로 활용되었다. 나아가 도서지방을 경략하는 과정 속에서 축적된 수군운용 경험과 해상권

---

61) 權寧國, 「14세기 權鹽制의 成立과 運用」『韓國史論』 13, 서울大國史學科, 1985, 17쪽.

장악, 해상교통 보장을 위한 노력 등은 해양사적인 측면에서 당대는 물론 통일 이후의 시기에도 커다란 영향을 끼쳤던 것으로 짐작된다.

왕건의 서남해 도서지방 경략은 무엇보다도 해양사적인 차원에서 고려의 후삼국 통일을 해양으로부터 가져오게끔 하는 효과를 낳게 하였다. 이는 서남해 도서지방에 대한 지속적인 해상권 장악 노력과 그에 따른 안정적인 해상교통 보장이 정치적인 성과로 이어진 사실을 통해 입증된다. 왕건은 903년 나주 지역을 공취한 이래 서남해 도서지방에 대한 해상권을 지속적으로 유지하기 위한 노력을 기울였다.[62] 비록 후백제가 대략 930년대에 접어들어 나주 지역을 6년 동안이나 점령하는 바람에 일시적으로 해상권을 상실하기도 하였지만[63] 유금필의 활약에 힘입어 935년에는 당 해역에 대한 해상권을 다시금 회복하고 송악과 나주를 연결하는 해상교통을 재개할 수 있게 되었다. 나주를 출발하여 서남해 도서지방을 거쳐 고려의 왕도(王都)인 송악(松嶽)에까지 연결되는 해상교통로를 안정적으로 보호하기 위한 왕건의 수군활동은 견훤의 정치적 망명에 결정적인 계기가 되었다. 금산사에 갇혀 있던 "견훤이 막내아들 능예(能乂), 딸 애복(哀福), 애첩 고비(姑比) 등을 데리고 나주로 도망해와 입조를 청해오자 장군 유금필과 대광 만세(萬歲), 원보 향예(香乂)·오담(吳淡)·능선(能宣)·충질(忠質) 등을 보내어 군선 40여척으로 해로를 경유하여 맞아오게 하였다."고 하는 935년(태조 18) 6월의 기록은[64] 이 같은 사실을 단적으로 보여준

---

62) 신성재, 앞의 논문, 2010, 212~222 ; 신성재, 앞의 논문, 2012, 48~73쪽(앞의 책, 2016, 25~38쪽 및 84~112쪽) 참조.

63) 『高麗史』 권92, 열전5 유금필. 후백제에게 나주 지역을 점령당한 6년의 구체적인 시기에 대해서는 신성재, 앞의 논문, 2012, 69~71쪽(앞의 책, 2016, 107~109쪽) 참조.

다. 왕건이 서남해 도서지방과 그것을 연결하는 해역을 대상으로
지속적으로 추진해온 해상권 장악 노력과 해상교통을 보장하기 위한
수군활동이 결과적으로 바닷길을 경유하는 후백제왕 견훤의 망명을
가능케 하는 가운데 후삼국을 통일하는 전쟁에 있어 정치적인 명분을
거머쥐게 하였던 셈이다.

　왕건의 서남해 도서지방 경략은 후삼국 통일의 경제군사적 기반으
로 크게 활용되었다는 점에서도 해양사적인 의미를 갖는다. 인간의
삶에 있어 평화의 시기에도 경제적 비용은 늘상 발생한다. 그런데
전시체제하에서는 평상시에 비해 월등히 많은 자산의 소요가 발생한
다. 인력은 물론이고 물자의 수요 또한 그 규모가 월등히 크다. 이
같은 양상은 전쟁 초기보다 대결구도가 격화되어 가는 후반부로
갈수록 더욱 심해지기 마련이다. 왕건이 통일을 2년여 앞둔 934년(태
조 17)에 예산진(禮山鎭)에 행차하여 내린 조서에는 그러한 분위기가
잘 묻어난다. 남자는 모두 군대에 나갈 정도로 병력 소모가 크게
발생하고 있었고, 여자들 역시 부역에 동원되어 고통을 참지 못한
백성들이 도망하는 사례가 허다한 실정이었다.[65] 전란기를 살았던
민들의 참혹한 실상을 반영하는 사례지만, 당시에는 인력과 물자의
공급이 그야말로 절실하게 요구되던 상황이었다. 왕건은 이러한 인적
·물적 자산을 서남해 도서지방으로부터 적극적으로 확보하였다.

64) 『高麗史』 권2, 세가2 태조 18년, "夏六月 甄萱與季男能乂女哀福嬖妾姑比等 奔羅
　　州請入朝 遣將軍庾黔弼大匡萬歲元甫香乂吳淡能宣忠質等 領軍船四十餘艘 由海路
　　迎之."

65) 『高麗史』 권2, 세가2 태조 17년 夏 5월 을사, "幸禮山鎭 詔曰…由是 男盡從戎
　　婦猶在役 不忍勞苦 或逃匿山林 或號訴官府者 不知幾許."

14년(1388) 8월에 憲司가 상소하기를, "여러 섬에서 나오는 어염의 이익과 목축의 번성, 해산물의 풍요로움은 국가에서 없어서는 안될 것입니다. 우리 神聖이 아직 신라와 백제를 평정하지 못하였을 때에 먼저 수군을 다스려 친히 樓船을 타고 錦城에 내려가 그곳을 점령하니 여러 섬의 이익이 모두 국가의 자원으로 속하게 되었고, 그 재력으로 마침내 三韓을 하나로 통일하였습니다."[66]

위는 1388년(우왕 14) 8월에 왜구의 침탈로 고려의 연해안 지방이 황폐화되어가자 헌사(憲司)가 이를 해결하기 위해 여러 방책을 건의하였는데, 그것에 포함된 일부의 내용을 전하는 기록이다. 『고려사절요』에는 헌사가 아닌 당시 전제 개혁을 주창하던 조준(趙浚)이 위와 동일한 내용의 상소문을 올린 것으로 나온다.[67]

헌사의 관리들이 올린 상소문을 통해 알 수 있듯이 전근대 시기 도서지방은 국가를 통치하고 경영하는 데 있어 경제적으로 중요한 역할을 담당하던 공간이었다. 특히 서남해 도서지방은 국정 운영에서 없어서는 안될 공간이었다. 그 이유는 도서지방에서 생산되는 물고기와 소금의 이익, 말과 가축의 번성함, 해산물의 풍요로움이 평상시 국정 운영의 중대한 부분을 차지하였기 때문이었다. 그런데 이러한 물자는 전시의 상황에서는 더욱 긴요하게 취급되던 물자였다. 앞서 언급한 것처럼 특히 소금은 병사들의 질병을 치료하여 생명을 연장시키고, 말은 기병들의 전투에 활용하던 자산이었기 때문에 전쟁을

---

66) 『高麗史』 권82, 지36 병2 둔전 신우 14년 8월, "憲司上疏曰 諸島魚鹽之利 畜牧之
蕃 海産之饒 國家之不可無者也 我神聖之未定新羅百濟也 先理水軍 親御樓船 下錦
城而有之 諸島之利 皆屬國家資 其財力遂一三韓."

67) 『高麗史節要』 권33, 우왕4 신우 14년 8월.

수행하기 위해서는 꼭 확보해야 할 전략물자였다.

왕건은 소금과 말로 대표되는 전략물자를 궁예정권하에서부터 꾸준히 확보하는 방책을 강구하여 실천하였다.[68] 왕건이 아직 신라와 백제를 평정하지 못하였을 때에 먼저 수군을 다스려 친히 누선(樓船)을 타고 금성(錦城 : 나주)에 내려가 정벌하였다고 하는 기록은 나주를 통일전쟁을 수행하는 전략거점으로 삼는 한편 전략물자를 확보하기 위해 수군을 핵심적인 수단으로 운용하였던 사정을 짐작케 한다. 왕건은 이를 바탕으로 나주와 서남해 도서지방, 서해 중북부 항로를 거쳐 송악을 이어주는 해상운송망을 구축하였을 것이다. 왕건이 금성을 점령하니 여러 섬의 이익이 모두 국가의 자원으로 속하게 되었다고 하는 내용은 나주와 서남해 도서지방으로부터 확보되던 소금과 말, 인력 등이 왕도인 송악과 전략적 요충지로 이송되어지던 사정을 설명해준다. 이러한 사실은 왕건이 서남해 도서지방으로부터 생산되고 있는 전략물자의 가치에 주목하여 수군을 동원하여 이를 확보하는 활동을 지속적으로 전개하였고, 결국 이것이 후삼국 통일의 경제군사적 기반이 되었음을 의미한다. 헌사의 관리들이 언급한 바와 같이 왕건의 후삼국 통일은 서남해의 여러 섬으로부터 나오는 재력에 기반한 것이었다.

왕건이 도서지방을 경략하였던 경험과 수군활동은 해양사적인 차원에서 후삼국 통일 이후 고려 왕조의 조세운송 체계의 형성에도

---

68) 말과 소금으로 대표되는 전략물자의 확보는 왕건이 903년에 금성군을 공취한 이후 911년에 금성군이 나주로 격상되고, 또한 912년에 왕건이 덕진포에서 후백제 수군을 격파하여 이 지역에 대한 지배권을 확고하게 장악하던 시점부터 더욱 활발하게 추진되었던 것으로 추정된다. 신성재, 앞의 논문, 2010, 223~224쪽(앞의 책, 2016, 39~40쪽) 참조.

큰 기여를 한 것이 아닌가 여겨진다.

국초에 남도의 水郡에 12개의 倉을 설치하였다. 忠州에는 德興을,
原州에는 興元을, 牙州에는 河陽을, 富城에는 永豊을, 保安에는 安興을,
臨陂에는 鎭城을, 羅州에는 海陵을, 靈光에는 芙蓉을, 靈岩에는 長興을,
昇州에는 海龍을, 泗州에는 通陽을, 合浦에는 石頭를 설치하였다.[69]

위 기록은 고려가 건국 초기에 남도지방에 운영하였던 것으로
전해지는 12개 조창의 존재이다. 고려는 후삼국을 통일한 뒤 수로와
연결되는 남도 지방의 여러 군들을 대상으로 조세를 보관 및 운송하는
데 거점이 되는 창(倉)을 설치하여 운영하였다. 그 정확한 설치 시점은
명확하지 않으나, 고려가 건국 초기부터 점진적으로 설치하여 운영하
였던 것 같다. 이들 조창은 대체로 충청도와 전라도, 경상도의 서해와
남해 바닷길과 연결되는 연해안 주요 길목에 설치되어 있다. 그런데
흥미로운 사실은 운영된 조창 중에 충주에 설치된 덕흥창(德興倉)과
원주에 설치된 흥원창(興元倉), 나주에 설치된 해릉창(海陵倉)의 존재
이다. 이들 창고는 왕건이 서남해 도서지방을 대상으로 수군활동을
벌이며 확보한 전략물자의 운송 거점과 무관치 않아 보인다.

기왕의 연구에 따르면 덕흥창은 수운이 편리한 충주의 서쪽 10리
금천(金遷) 서쪽 언덕의 여수포(麗水浦)에 위치하였다고 한다. 흥원창
은 횡성의 동북쪽 덕고산에서 발원한 섬강(蟾江)이 횡성과 원주 서쪽

---

69) 『高麗史』 권79, 지33 식화2 조운, "國初南道水郡置十二倉 忠州曰德興 原州曰興元
牙州曰河陽 富城曰永豊 保安曰安興 臨陂曰鎭城 羅州曰海陵 靈光曰芙蓉 靈岩曰長
興 昇州曰海龍 泗州曰通陽 合浦曰石頭." 고려는 남도 지방의 12개 水郡에 더하
여 서해도의 장연현에 안란창을 설치하여 모두 13개의 조창을 운영하였다.

을 지나 남한강에 합류하는 지점에 위치한다. 해릉창은 나주의 통진포(通津浦)에 위치하였고, 고려 말이 되면 이곳에 남포진(藍浦鎭)이 설치되기도 하였다.[70] 대체로 해로를 통하여 수로로 연결되는 곳에 위치한 이들 조창지는 일찍이 후삼국 전쟁기가 한창이던 시기부터 왕건에게 주목을 받았을 가능성이 있다. 그 직접적인 사례는 앞서 인용한 왕건의 정벌 사업에 동참한 이총언이 그 대가로 충주와 원주창에 보관하고 있던 곡식 2,200석과 소금 1,785석을 하사받은 경우를 통해 확인된다.[71] 해릉창의 경우 왕건이 나주를 공취하던 903년 이후의 어느 시기엔가부터 곡식과 물자를 보관하는 창고로 활용되어졌을 가능성이 있다. 물론 고려 건국 초기에 설치된 덕흥창과 흥원창이 왕건이 통일전쟁을 벌이던 시기에 이총언에게 하사한 곡식과 소금을 보관하던 충주창 및 원주창의 위치와 동일하였던 것으로 확신하기는 어렵다. 그러나 충주와 원주 지방이 한강과 남한강 수로를 통해 연결되는 전략적 요충지에 위치하였던 점을 감안한다면,[72] 고려가 국초부터 남도 지방에서 운영하였다고 하는 12개의 조창 중 일부는 왕건이 서남해 도서지방을 대상으로 경제군사적 재원을 확충하던 시기부터 개척되어졌던 것이 아닌가 여겨진다. 고려 왕조가 훗날에 60포제(浦制)를 근간으로 12조창제(漕倉制)를 운영할 수 있었던 것은[73] 시원적이나마 왕건의 서남해 도서지방 경략과 이들을 연결하는 해로와

---

70) 한정훈, 「고려시대 13조창과 주변 교통로 연구」 『한국중세사연구』 23, 한국
중세사학회, 2007, 155~169쪽.

71) 주 56)과 같음.

72) 주 58)과 같음.

73) 이에 대해서는 한정훈, 「고려 초기 60浦制의 실시와 그 의미」 『지역과 역사』
25, 부경역사연구소, 2009, 131~157쪽 참조.

수상교통망의 확보 노력이 그 기반이 되었던 것이 아닌가 조심스레 추정해볼 수 있겠다. 이러한 추정은 왕건이 서남해 도서지방을 대상으로 추진한 경략활동이 통일 이후 고려 왕조의 조세운송시스템 구축에 근간을 형성하였음은 물론 국가의 재정운영과 지방지배에도 큰 역할을 담당하였음을 시사해준다 하겠다.

한편 왕건의 서남해 도서지방 경략과 이에 따른 수군활동은 장기적인 차원에서 보아 고려와 조선 왕조의 군선 발달에도 큰 영향을 끼쳤음직하다. 왕건은 수군활동을 시작하는 초기부터 정주 지방을 수군기지로 삼아 운영하였다. 그는 수군기지 정주에서 전함을 수리하는가 하면[74] 원정작전을 수행하기 위해 새로이 전함을 대거 건조하기도 하였다.

> 태조는 舟舸 백여 척을 증치하였는데, 그 중 大船 10여 척은 각 方이 16步요, 그 위에는 樓櫓를 세웠는데 가히 말을 달릴 만하였다. 군사 3천여 명을 거느리고 군량을 싣고 羅州로 갔다.[75]

위는 궁예가 통치하던 말기에 왕건이 추진한 전함 건조 상황을 보여주는 기록으로 그 시기는 대체로 914년 이후의 일로 사료된다.[76] 이 기록에서 주목되는 것은 왕건이 추가적으로 건조한 군선 100여 척 중 대선(大船) 10여 척의 존재이다. 이들 대선은 그 크기가 각

---

74) 『高麗史』 권1, 세가1 태조 양 개평 3년.
75) 『高麗史』 권1, 세가1 태조 건화 4년 갑술, "太祖增治舟舸百餘艘 大船十數各方十六步 上起樓櫓可以馳馬 領軍三千餘人 載粮餉往羅州."
76) 신성재, 앞의 논문, 2012, 50쪽(앞의 책, 2016, 87쪽).

방(方)이 16보(步)이고, 그 위에는 누노(樓櫓)를 세웠는데 가히 말을 달릴 정도였던 것처럼 장대하게 묘사되어 있다. 근래에 미터법으로 환산한 견해에 따르면 이 선박의 길이는 약 31미터에 달한다고 한다.[77] 이 정도 크기라고 한다면 당시로서는 보기 드문 대형 군선이었던 것 같다. 이 군선들은 비록 속력이 느린 단점이 있지만, 선체가 높아 성벽과 같은 역할을 하므로 적병이 기어오르기 어려울뿐더러 병력을 많이 태울 수 있는 장점이 있어 실전에서는 집중 사격의 효과를 높일 수 있다.[78] 뿐만 아니라 한꺼번에 많은 양의 물자를 운송할 수도 있기 때문에 원정작전을 벌이는 상황에서는 유리한 측면이 있다. 아마도 왕건은 전술적인 측면에서의 효용성과 원정작전 시의 활용능력 등을 고려하면서 대선들을 건조하였을 것이다. 927년 (태조 10)에 남해안 강주 지방을 원정하는 수군작전에 참가한 고려의 군선 중에는 궁예정권 말기에 건조된 규모와 유사한 수준의 군선들도 포함되었음직하다.

왕건이 건조한 대형 군선과 이를 운용해본 경험은 뒷 시기 동여진 해적의 침입시에 활약한 고려의 군선 건조술에 영향을 끼쳤음직하다. 고려는 현종대에 이르면서부터 동북면 해안지방으로 침입해오던 동여진에게 시달리던 상황이었다. 이에 고려는 과선(戈船) 75척을 만들어 진명구(鎭溟口)에 배치하는 등 이들의 침입에 대처하였다.[79]

---

77) 곽유석,『고려선의 구조와 조선기술』, 민속원, 2012, 37쪽. 오붕근,『조선수군사』, 한국문화사, 1998, 107쪽에서는 대략 17.5~35미터로 파악하였다.

78) 임용한,「고려후기 수군개혁과 전술변화」『軍史』 54, 국방부 군사편찬연구소, 2005, 279쪽.

79)『高麗史節要』 권3, 현종 즉위년 3월. 동여진 해적의 침입에 대한 고려의 대응은 이창섭,「11세기 초 동여진 해전에 대한 고려의 대응」『韓國史學報』 30, 고려사학회, 2008, 91~104쪽 참조.

당시 고려가 배치한 과선의 실체는 분명하지 않다. 다만 1019년(현종 10)에 이들 동여진에게 납치되었다가 구출된 일본 여인 석녀(石女)가 남긴 기록에 따르면 고려의 군선은 선체가 크고 높았으며, 다량의 병장기를 보유하고 있었고, 배를 뒤집고 사람을 죽이는데 그 맹렬함을 감당할 수 없었다고 한다. 또한 선체의 구조는 2층으로 만들어져 있고, 위에는 노(櫓)를 세웠다고 한다.[80] 이 고려 군선의 실체를 왕건 이 건조한 대선과 곧바로 등치시키기에는 무리가 있을 수도 있다. 그러나 선박의 규모면에서나 동일하게 누노를 설치하여 운용한 것으로 보아서는 현종대에 활약한 고려의 과선이 태조 왕건대에 건조하였던 대선의 형태와 구조적인 특징을 계승하였을 가능성을 배제할 수 없을 것 같다.

현종대에 활약한 고려의 군선과 그 조선 기술은 대몽항쟁기에 압해도민들이 건조하여 대응한 것으로 나오는 대함(大艦)[81]과도 어떤 연관성이 있지 않나 추정된다. 뿐만 아니라 고려가 몽고의 압력에 의해 일본을 정벌하기 위해 건조한 대선 300척에도[82] 영향을 끼쳤지 않았나 여겨진다. 나아가 이와 같은 대선 중심의 군선 건조술과 운용 체제는 그 뒷시기에 등장하는 조선 왕조의 대형 중심의 군선체제에도 영향을 끼쳤던 것으로 보여진다. 근래 현종대 동여진 해적에게 납치되었다가 구출된 석녀가 남긴 기록에 주목하여 고려 수군의 전통적인 특징을 대선중심주의로 해석하는 견해가 제시된 바 있다.[83] 이 견해

80) 「寬仁三年七月十三日　內藏石女等解申進申文事」(張東翼, 『日本古中世日本資料研究』, 서울대학교출판부, 2004, 88쪽).
81) 『高麗史』권130, 열전 43 한홍보.
82) 『高麗史』권27, 세가27 원종 15년 6월.
83) 임용한, 앞의 논문, 2005, 276쪽.

를 수용하는 입장에서 보자면 왕건이 건조하여 운용하였던 대선은 시기적으로 얼마 떨어지지 않은 현종대의 군선 건조에도 일정한 영향을 끼쳤다고 보아도 무방할 것이다. 이러한 관점에서의 이해는 왕건이 서남해 도서지방을 경략하는 과정에서 축적한 조선술과 수군 운용 경험이 고려 현종대와 대몽항쟁기를 거쳐 조선시대에까지 영향을 끼치고 있었음을 설명해준다 하겠다.[84]

요컨대 고려와 조선 왕조가 대선 중심의 군선을 건조하고 또한 이를 주력으로 해전을 수행하는 체제를 발전시켜 나아갈 수 있었던 근원적인 배경에는 왕건의 서남해 도서지방 경략과 그 과정에서 축적된 수군운용 경험이 제도적·기술적인 차원에서 끊임없이 영향을 끼쳤기 때문이 아닌가 여겨진다.[85]

왕건의 서남해 도서지방에 대한 경략이 갖는 해양사적인 의미는 대체로 이상과 같은 것이었다.

5. 맺음말

왕건이 분열되었던 후삼국을 통일하는 데 있어 전쟁은 피할 수 없는 도전이자 과정이었다. 신라를 대체하는 새 왕조 건설을 추진하던

---

84) 임용한은 고려 전기 이래 대선 중심의 군선 운용이 고려 말기의 수군개혁을 거쳐 조선 왕조로 이어졌고, 임진왜란 승리 역시 대선 중심체제를 유지하면서 병선과 화기, 무기를 지속적으로 개량한 노력의 결실이었던 것으로 파악하였다(임용한, 앞의 논문, 2005, 301~302쪽).
85) 물론 여기에는 보다 앞선 시대인 통일신라시대의 왕성한 해상활동과 우수한 조선술, 뛰어난 항해술이 큰 영향을 끼쳤음을 부인할 수 없을 것이다.

상황에서 왕건은 견훤과 한반도의 패권 장악을 둘러싸고 전쟁을 벌일 수밖에 없었다. 양국이 주도하던 전쟁은 내륙지역은 물론 서남해안 지방에서도 치열한 양상을 띠고 전개되었다. 거의 반세기에 걸쳐 진행된 후삼국 전쟁은 왕건의 승리로 귀결되었고, 통합된 고려 왕조의 출현에는 서남해 도서지방의 경제군사적 역량과 기반이 크게 작용한 결과였다.

이 글은 이러한 시각을 반영하여 당시 서남해 도서지방에서 활동하던 해상세력의 동향을 살펴보고, 왕건이 후삼국을 통일하는 과정에서 서남해 도서지방이 기여한 역할은 무엇이며, 또한 왕건의 도서지방 경략이 해양사적인 차원에서 어떠한 의미를 갖는 것인지 살펴본 것이다. 그 결과 다음과 같은 결론에 이르게 되었다.

왕건이 서남해 도서지방을 확보하여 전략적인 거점으로 삼을 수 있었던 배경에는 당시 이 지방을 중심으로 활동하던 해상세력의 존재 양태와 정치사회적인 동향 등이 크게 작용한 결과였다. 후삼국간의 전쟁이 격화되어 가던 시기, 서남해 도서지방에서는 독자적인 역량을 갖춘 해상세력들이 등장하여 활동하였다. 또한 이 지역에서는 강력한 외부정권의 영향력에 굴복하면서 연대를 모색하고 실리를 추구하던 해상세력들도 존재하였다. 해양지리적으로 특정 정권과 가까운 곳에 위치한 도서지방에 산거하던 해상세력은 일찌감치 그 정권에 귀속되어 지지하는 입장을 표방하기도 하였다. 왕건은 이러한 분위기를 인지하고 회유를 통한 포섭을 시도하거나 강력한 수군력에 기초한 정벌을 통해 해상세력과 지역민들을 지지기반으로 확보해 나아갔다. 이러한 노력에 따라 서남해의 주요 도서지방은 궁예정권과 고려를 지지하는 지방으로 변화되어 갔고, 이는 왕건이 서남해를 무대로 수군활동을 벌일 수 있는 직접적인 배경이 되었다.

　왕건이 서남해 도서지방을 대상으로 수군활동을 벌이면서 해상권을 장악하였던 것은 통일전쟁을 수행함에 있어 이들 도서지방이 전략적으로 유용한 자산과 가치를 지니고 있었기 때문이었다. 우선 왕건은 진도와 고이도, 압해도 등이 지닌 군사전략적인 가치에 주목하여 이들 도서지방을 공취하여 해상권을 확대하는 교두보로 삼았다. 특히 협수로가 형성된 진도는 남해안 방면으로부터 침투해오는 해상 세력과 후백제 수군을 방어하는 길목이자 남해안으로 해상권을 확대하는 데 있어 전략거점으로 활용하기 적합한 곳이었다. 왕건은 서남해 도서지방을 통일전쟁에 소요되는 전략물자를 확보하는 거점이자 공간으로 주목하였다. 당시 서남해 도서지방에서는 전쟁 수행에 소요되는 전략물자인 소금과 군마를 비롯하여 다수의 현지민들이 활동하고 있었다. 왕건은 소금과 군마, 인력으로 대표되는 전략 자산을 확보하고 공급하는 데 있어 서남해 도서지방을 적극적으로 활용하였다.

　해양사적인 차원에서 왕건의 서남해 도서지방 경략은 고려의 후삼국 통일에 직접적인 원동력이 되었다. 견훤이 나주와 송악을 연결하는 해상교통로를 경유하여 고려로 귀부해온 사실은 이를 단적으로 입증된다. 왕건의 도서지방 경략은 후삼국 통일의 경제군사적 기반이 되었다는 점에서도 해양사적인 의미를 갖는다. 전쟁물자로 긴요했던 소금과 군마, 인력의 상당량이 도서지방으로부터 확보되었는데, 이러한 자산들은 모두 왕건이 후삼국을 통일하는 전쟁에 인적 물적 기반이 되었다. 고려 말기에 헌사의 관리들이 인식한 것처럼, 왕건의 서남해 도서지방 경략은 국가 자원의 확충을 가져오게끔 하였고, 확보된 자원은 후삼국 통일의 재원으로 활용되었던 것이다.

왕건의 서남해 도서지방 경략은 통일 이후의 조세운송시스템의 구축과 효과적인 국정운영, 지방지배에도 큰 영향을 끼쳤음직하다. 전란기에 나주와 송악, 중간 해역에 위치한 도서지방을 연결하는 운송체계는 내륙수로망의 개척과 물자의 운송을 가능하게 하였고, 이는 통일 이후 12개 중심의 조창제 성립에도 일정한 기여를 하였다고 생각된다. 장기간에 걸쳐 누적된 수군활동 경험과 대선을 중심으로 하는 조선술은 이어지는 현종대의 과선 운용과 대몽항쟁기의 대함 및 대선 건조술에도 영향을 끼쳤을 것이다. 나아가 이는 조선 왕조에 까지 이어지면서 선박사적으로 큰 영향을 끼쳤던 것으로 짐작된다.

요컨대 왕건의 서남해 도서지방 경략은 고려가 후삼국을 통일함에 있어 결정적인 기반이 되었음은 물론 통일 이후 고려의 국정 운영과 수군의 발전에도 커다란 영향을 끼친, 해양사적으로 매우 중요한 사건이었다고 할 수 있다.

고려와 후백제의 해양쟁패전

1. 머리말

후삼국 전쟁은 920년 후반기로 접어들면서부터 경북지역에 대한 패권을 둘러싸고 고려(高麗)와 후백제(後百濟)가 격돌하는 양상으로 전개되었다. 927년 9월(태조 10), 대구 팔공산 일원에서 발발한 공산전투(公山戰鬪)는 그 처절한 싸움의 신호탄이었다.[1] 양국의 국왕이 최고 지휘관으로 참가하여 치른 전투였기에 이 전투의 승패는 전쟁의 향배에 적지 않은 영향을 끼쳤다. 이 시대를 연구하는 역사가들은 견훤(甄萱)이 공산전투에서 승리함으로써 한동안 후삼국 전쟁 후반기의 주도권을 장악한 것으로 파악하기도 한다. 하지만 후백제의 군사적 우위는 오랫동안 지속되지 못했다. 930년(태조 13) 정월, 경북 안동 지방에서 발발한 고창전투(古昌戰鬪)는 양국이 처해 있던 군사적 형세를 반전시켰다.[2] 고려가 고창전투에서 승리하면서 후삼국 정세를

---

1) 『高麗史』권1, 세가1 태조 11년 9월.
2) 『高麗史』권1, 세가1 태조 13년 春 정월.

주도하는 위치에 올라서게 된 것이다.

고려와 후백제의 대결 구도가 심화되어 가던 920년 후반기의 전쟁을 이해함에 있어 하나 주목해볼 사실이 있다. 경북 내륙지역에 위치한 전략적 요충지를 둘러싸고 양국간의 지상전이 격화되는 한편으로 서해와 남해 바다를 무대로 해상권(海上權)을 장악하기 위한 싸움역시 치열한 양상을 띠고 전개되었다는 점이다. 구체적인 사례를 열거하면 다음과 같다.

우선, 고려가 공산전투에서 패배하자, 후백제는 이를 기회로 공세적인 수군활동을 전개하였다. 그리하여 서남해역에 대한 해상권을 장악하고, 송악(松嶽 : 개성)과 나주(羅州)를 연결하는 해상교통로(海上交通路)를 통제하였다. 그 뒤 고려가 고창전투에서 승리하면서 전세를 역전시키자, 후백제는 수군을 동원하여 고려의 예성강(禮成江) 수역과 대우도(大牛島)를 공격하면서 해상권 확대를 추진하였다. 그러자 고려는 934년(태조 17)에 운주(運州 : 홍성)를 정벌하면서 서해중부 해역과 해안지방에 대한 방위력을 강화하였다. 결국 후백제의거듭된 해상 위협에 시달리던 고려는 서남해역 해상권을 다시금탈환하는 과감한 군사적 조치를 취하는 한편, 나주로 도망하여 입조(入朝)를 요청해온 견훤을 호송해옴으로써 후삼국을 통일하기에 이른다.

고려와 후백제가 벌인 전쟁은 지상에서의 전투가 해상전에, 해상에서의 전투가 지상전에 직·간접적으로 영향을 끼쳤던 사정을 보여준다. 이는 지상전과 해상전이 별개가 아닌 상호 인과관계를 형성하면서전개되었음을 말해준다. 나아가 서해 바다에 대한 해양패권 장악이실질적인 통일왕국을 건설하는 데 있어 결정적인 동력이 되었음을 일깨워준다. 따라서 후삼국 전쟁 후반기에 대한 이해는 해상권과 통일전쟁의 상관성에 주목하여 특별히 해양쟁패전적 시각을 중심으로 지상전의 전개 양상을 고려하는 가운데 종합적으로 재구성해볼 수 있는 기회를 제공한다. 즉 공산전투가 발발하던 927년부터 후삼국이 통일되는 936년(태조 19)까지 발발한 주요 전투에 대해 해양패권 장악을 둘러싸고 전개된 전쟁으로 조명하고, 그것이 통일전쟁의 흐름에 어떠한 영향을 끼쳤는지 살펴볼 수 있는 계기가 될 것이다.

후삼국 전쟁을 해양쟁패전적 시각에서 이해하기 위한 노력은 1960년대 태봉·고려와 후백제가 벌인 수군활동을 해상교통무역파괴전(海上交通貿易破壞戰)으로 정리한 연구와[3] 한국 역사상 주요 해전들을 통시대적으로 정리한 동시기의 개설서를 통해 확인된다.[4] 이후 왕건(王建)과 견훤이 서남해역을 무대로 벌인 해상권쟁탈전에 주목한 성과와[5] 나주 지역의 전략적 가치와 위상을 다룬 논문,[6] 궁예(弓裔)·왕건과 견훤의 해상세력 쟁패전을 중심으로 신라 말·고려 초 해상세력의 대두와 역사적 의미를 고찰한 성과가[7] 후속하면서 보다 계기적

---

3) 日野開三郎,「羅末三國の鼎立と對大陸海上交通貿易(四)」『朝鮮學報』20, 朝鮮學會, 1961(日野開三郎, 『日野開三郎 東洋史學論集 第九卷 ; 北東アジア國際交流史の研究(上)』, 三一書房, 1984).

4) 海軍本部 政訓監室, 『韓國海戰史』上, 1962 ; 崔碩男, 『韓國水軍史研究』, 鳴洋社, 1964 ; 崔碩男, 『韓國水軍活動史』, 鳴洋社, 1965.

5) 姜鳳龍,「後百濟 甄萱과 海洋勢力－王建과의 海洋爭霸를 중심으로」『歷史敎育論集』83, 歷史敎育研究會, 2002 ; 姜鳳龍,「羅末麗初 王建의 西南海地方 掌握과 그 背景」『島嶼文化』21, 木浦大島嶼文化研究所, 2003 ; 문안식·이대석,「왕건의 서남해 지역 경략과 토착세력의 동향」『한국고대의 지방사회－영산강유역의 역사와 문화를 중심으로』, 혜안, 2004.

6) 신성재,「후삼국시대 나주지역의 해양전략적 가치」『島嶼文化』38, 목포대학교 도서문화연구원, 2011 ; 김대중,「王建의 後三國統一과 羅州의 戰略的 位相」『고려의 후삼국통합과정과 나주』, 景仁文化社, 2013.

인 이해가 가능하게 되었다. 이와 함께 후삼국시대 궁예와 왕건, 견훤의 군사활동을 알기 쉽게 서술한 대중적 성격의 역사서들이 출간되면서[8] 해·육상을 무대로 진행된 전쟁의 전개 과정과 특징에 대해 보다 풍부한 이해가 가능하게 되었다. 최근에는 해상권 문제를 중심에 두고 이 시대의 수군활동을 전쟁사적인 관점에서 정리한 성과가 나오면서[9] 해양패권 장악을 둘러싼 고려와 후백제의 각축 양상에 대해서도 한층 심도 깊게 이해할 수 있는 수준에 이르게 되었다.

하지만 진척된 성과에도 불구하고 당대의 전쟁을 해양쟁패전의 시각에서 바라보면서 지상전의 추이를 종합적으로 반영하는 가운데 그 역사적인 의미를 조명해낸 성과는 흔치 않다. 특히 후백제가 930년을 전후하여 수군활동을 왕성하게 추진할 수 있었던 전략적인 배경을 비롯하여, 후백제 수군이 고려의 예성강 수역을 공략하면서 해상권쟁탈전이 최고조에 달했던 상황과 구체적인 전투의 실상에 대해서는 보다 섬세한 서술이 요구된다. 대우도 해역을 둘러싸고 전개된 양국간 해상권쟁탈전의 추이와 고려의 운주 정벌이 갖는 해양전략적인 의미, 후백제의 해상 공략으로 수군전력의 상당 부분을 상실하였던 고려가 다시금 수군활동을 재개하고 서남해역 해상권을 장악해 가는 과정에

---

7) 정청주, 「신라말·고려초 海上勢力의 대두와 그 역사적 의미―왕건의 海上勢力 장악을 중심으로」『歷史學研究』59, 호남사학회, 2015.

8) 임용한, 『전쟁과 역사―삼국편』, 혜안, 2001 ; 이도학, 『궁예 진훤 왕건과 열정의 시대』, 김영사, 2000 ; 이도학, 『후삼국시대 전쟁 연구』, 주류성, 2015a.

9) 신성재, 「고려의 수군전략과 후삼국통일」『東方學志』158, 延世大學校 國學研究院, 2012a ; 「후백제의 수군활동과 전략전술」『한국중세사연구』36, 한국중세사학회, 2013(『후삼국시대 수군활동사』, 혜안, 2016).

대한 서술 역시 마찬가지다.

이 글에서는 이상과 같은 문제의식과 논지 전개 계획에 입각하여 공산전투에 즈음하여 격화된 후삼국 전쟁에 대해 '고려와 후백제의 해양쟁패전'이라는 제목으로 정리해보고자 한다. 전쟁사와 해양사 분야에 관심을 갖고 있는 연구자들의 아낌없는 비판을 바란다.

2. 공산전투의 발발과 후백제의 공세적 수군활동 전환

후삼국의 정치군사적 관계는 공산전투가 발발하던 927년으로 접어들면서 변화를 맞이하고 있었다. 중폐비사(重幣卑辭)를 매개로[10] 호족포섭책을 추진한 고려가 신라(新羅)와 우호적인 관계를 형성해가고 있었음에 비해 후백제는 점차 이들로부터 고립되어 가는 양상을 보였다. 고려와 신라가 가까워지게 된 계기는 고려의 군사적 원조로부터 비롯되었다. 920년(태조 3) 10월, 후백제는 대량(大良)과 구사(仇史) 등 2군을 공취하고 진례군(進禮郡 : 경남 김해시 진례면)까지 진격하면서 신라를 압박하였다. 다급해진 신라는 고려에 도움을 요청하였고,[11] 이때 이루어진 고려의 군사적 지원은 후백제와 불화하는 직접적인 계기가 되었다.

고려와 후백제의 관계는 925년(태조 8) 10월에 경주로 통하는 길목에 위치한 고울부(高鬱府 : 영천)를 지키던 장군 능문(能文)이 항복 의사를 표명해오면서[12] 더욱 밀착하는 방향으로 발전하였다. 이후

10) 『高麗史』 권1, 세가1 태조 원년 8월 기유.
11) 『高麗史』 권1, 세가1 태조 3년.

양국간의 관계는 신라의 국상(國相) 김웅렴(金雄廉)이 왕건을 경주에 초빙하고자 할 정도로 동맹적인 단계로까지 발전하였다.[13] 고려와 신라가 밀착하면서 결속 관계를 형성하던 구도는 후백제의 고립을 더욱 심화시켰을 것으로 짐작된다.

고려는 후삼국이 처한 구도를 유리한 정국으로 이끌면서 경북 내륙지역으로 군사적 팽창을 추진하였다. 왕건이 927년 정월에 용주(龍州 : 예천군 용궁)를 공격하여 후백제군의 항복을 받아내고,[14] 동년 3월에 근품성(近品城 : 문경시 산양면)[15]을 공격하여 함락시킨 것은 이러한 노력을 적절히 설명해준다. 경북 내륙지방으로 군사적 팽창을 추진한 고려는 한강과 남한강, 북한강 수로를 따라 형성된 수상교통로와 남해안의 강주(康州 : 진주)를 따라 북상하는 육상교통로를 연결하는 병참운송망을 구축하기 위해 군사활동을 전개하였다.[16] 왕건은 이를 위해 수군을 동원하여 남해안 해상교통의 최대 전략거점인[17] 강주와 주변 도서지방을 공격하였다. 『고려사』 기록에는 왕건이 927년 4월에 해군장군 영창(英昌)과 능식(能式) 등으로 하여금 수군을 보내어 강주를 공격하게 하였고, 전이산(轉伊山)·노포(老浦)·평서산(平西山)·돌산(突山) 등 4개의 고을을 함락시키고 사람과 물자를 노획해오는 전과를 거두었다고 전한다.[18] 고려는 강주 공격을

---

12) 『高麗史』 권1, 세가1 태조 8년 10월.
13) 『高麗史』 권1, 세가1 태조 10년 12월.
14) 『高麗史』 권1, 세가1 태조 10년 春 정월.
15) 문안식, 『후백제 전쟁사 연구』, 혜안, 2008, 146쪽.
16) 신성재, 「고려와 후백제의 공산전투」, 『한국중세사연구』 34, 한국중세사학회, 2012b, 190~194쪽.
17) 정요근, 「後三國時期 高麗의 남방진출로 분석」, 『한국문화』 44, 서울대 규장각 한국학연구원, 2008, 24쪽.

계기로 남해안 지방으로부터 경북 내륙지방으로 군사력을 투사할 수 있는 기반을 구축할 수 있게 되었다. 고려가 동년 7월에 대야성(大耶城 : 합천)을 함락시키면서[19] 내륙지방으로 북상할 수 있었던 것은 강주와 주변 도서지방을 확보하였기에 가능한 것이었다.

고려가 경상권역에서 해상과 육상을 무대로 추진한 군사활동은 견훤에게 커다란 위기로 인식되었을 것이다. 고려가 경상권역을 남북으로 연결하는 병참운송망을 구축하면서 방호 거점을 마련한다면 후백제의 동진(東進)과 신라 진출은 난관에 봉착할 수밖에 없는 노릇이었다. 더구나 고려와 신라기 밀착하는 분위기에 편승하여 인근 지역의 유력자들마저 고려를 지지하는 입장을 취한다면 후백제의 입지는 한결 좁아질 수밖에 없었다. 후백제의 입장에서는 남해안 해상교통의 요충지인 강주와 경북 내륙지방을 따라 형성되고 있던 고려의 병참운송망을 끊고, 대외적으로도 고립되어 가던 정국을 타개하기 위해[20] 기존과는 다른 비상한 방식의 군사적 대응이 필요하였다. 후백제는 직면한 위기 정국을 돌파하기 위해 신라 왕실 내 호응세력의 도움을 받아[21] 경주를 기습하는 기상천외한 군사작전을 감행하였다. 후백제의 기습은 대성공이었고, 신라를 구원하기 위해 달려온 고려군마저 공산 지역에서 궤멸시키는 대승을 거두었다. 고려군은 공산전투

---

18) 『高麗史』 권1, 세가1 태조 10년 4월. 전이산·노포·평서산·돌산의 위치는 대체로 남해군 및 여수시 일대에 해당한다. 보다 자세한 위치 비정은 姜鳳龍, 앞의 논문, 2002, 130쪽 ; 문안식, 앞의 책, 2008, 147쪽 ; 이도학, 앞의 책, 2015a, 247쪽 참조.
19) 『高麗史』 권1, 세가1 태조 10년 秋 7월.
20) 신성재, 앞의 논문, 2013, 155쪽.
21) 申虎澈, 『後百濟 甄萱政權硏究』, 一潮閣, 1993, 114쪽.

에서 심각한 피해를 입었다. 고려군을 이끌던 대장(大將) 신숭겸(申崇謙)과 용장 김락(金樂)이 전사하였고, 이들이 지휘하던 정예기병 5천 명 역시 전멸하다시피 하였다. 왕건은 겹겹이 둘러싸인 후백제군의 포위망을 간신히 뚫고 몸만 빠져 나왔다.[22]

후백제는 공산전투에서 승리함으로써 경북지역에 대한 군사적 우세권을 확보하고 한결 유리한 입장에서 전쟁을 수행할 수 있는 위치에 올라서게 되었다. 공산전투가 끝나고 약 3개월이 지난 뒤에 견훤이 왕건에게 보낸 서신을 보면 승전의 분위기를 짐작케 하는 흥미로운 기사가 전한다. "강하고 약함이 이와 같으니 승부를 가히 알 수 있다. 기약하는 바는 나의 활을 평양(平壤)의 문루에 걸고, 나의 말에게 패강(浿江)의 물을 먹이게 하고자 한다."[23] 공산전투에서 승리한 견훤의 군사적 자신감과 야망을 보여주는 이 기록은 향후 후백제가 고려를 압박하는 군사활동을 적극적으로 추진할 것임을 암시하는 것이었다. 후백제의 군사활동에는 고려가 경상권역을 중심으로 구축해가던 병참운송망을 차단하는 것이 중요한 방책으로 반영되었던 것으로 짐작된다.

후백제가 취한 군사적 행보는 남해안 지방과 연결되는 경북 내륙의 전략거점을 공격하는 것으로부터 시작되었다. 견훤은 벽진군(碧珍郡 : 경북 성주) 일대를 집중적으로 공략하였다. 공산전투에서 승리한 직후인 10월과 11월에 걸쳐 후백제군의 파상적인 공격이 이루어졌다.

---

22) 주 1)과 같음. 공산전투의 전개 과정과 전략전술적 의미는 다음 논고가 시사적이다. 류영철, 『高麗의 後三國 統一過程 硏究』, 景仁文化社, 2004, 95~124쪽 ; 신성재, 앞의 논문, 2012b, 177~206쪽.
23) 『高麗史』 권1, 세가1 태조 10년 12월, "强羸若此勝負可知 所期者掛弓於平壤之樓 欲馬於浿江之水."

11월 공격시에는 견훤이 직접 군사들을 이끌고 와서 벽진군의 곡식을 불살라버리고 그 지역을 지키던 고려의 정조(正朝) 색상(索湘)을 전사시켰다.[24] 왕건의 후삼국 통일에 협력하였던 이총언(李悤言)의 일대기를 전하는 열전 기록을 보면 당시 벽진군이 위치한 지역의 전략적 위상이 단적으로 드러난다. 즉 이 지역은 경상권역을 남북으로 연결하는 교통의 핵심 거점이자 신라로 통하는 길목에 위치하고 있었기 때문에 신라와 백제가 반드시 쟁취하기 위해 혈전을 벌였다고 한다.[25]

후백제는 벽진군 공격을 마친 뒤 경북 내륙지역으로 북상하는 시작점에 위치한 남해안의 해양전략 거점인 강주를 공격하여 함락시켰다. 고려가 928년(태조 11) 봄에 파견한 김상(金相)과 직량(直良) 등이 강주를 구원하러 가는 길에 초팔성(草八城 : 경남 초계)을 통과하다가 성주 흥종(興宗)에게 공격을 받아 패퇴하였다고 하는 기록이 전하는데,[26] 당시 후백제의 영향력이 강주와 인접한 지역에까지 미치고 있었음을 짐작케 한다. 이는 후백제가 경북 내륙지방으로 북상하는 요충지인 강주에까지 영향력을 확대함으로써 남해안 지방으로부터 발생할 수 있는 고려의 해상 위협을 차단하기 위한 것이었다. 하지만 이 시기에 후백제가 강주 지역을 확고하게 장악하지는 못했던 것 같다. 후백제군이 동년 5월에 강주를 재침하여 그곳을 방위하던 고려의 장군 유문(有文)을 전사시켰다고 하는 기록을 보면,[27] 고려군이 이전의 어느 시기엔가 이 지역을 재차 확보하여 방어하고 있었음을

---

24) 『高麗史』 권1, 세가1 태조 10년 10·11월.
25) 『高麗史』 권92, 열전5 왕순식 附 이총언.
26) 『高麗史』 권1, 세가1 태조 11년 春 정월.
27) 『高麗史』 권1, 세가1 태조 11년 5월.

짐작케 한다.

강주 지방을 대상으로 쟁탈전이 가열되는 상황 속에서, 후백제는 이 지역과 바닷길로 연결되는 서남해안 지방을 대상으로 하는 군사활동을 추진하였다. 수군을 동원하여 나주로 통하는 서남해역 해상교통로를 장악한 것이었다.

> 18년에 태조가 여러 장군들에게 이르기를, "나주 지경의 40여 郡은 우리의 藩籬가 되어 오랫동안 風化에 복종해 왔다. 일찍이 대상 堅書, 權直, 仁壹 등을 파견하여 안무했는데, 근자에 백제의 약탈을 당하여 6년 동안이나 해로가 통하지 않으니 누가 나를 위하여 이를 안무하겠는가?" 하였다.[28]

위는 왕건이 고려의 영향력 하에 있던 나주가 후백제의 침탈로 말미암아 6년 동안이나 해로가 막혀 있던 상황을 우려하면서 이를 탈환하기 위한 군사적 방책을 장수들과 논의한 사실을 전하는 기록이다. 왕건이 대신들과 나주 문제를 논의한 태조 18년은 935년으로 후삼국 통일전쟁이 끝나기 불과 1년 전에 해당한다. 이 기록에서 흥미로운 사실은 후백제가 935년을 기준으로 그보다 6년 전에 해당하는 어느 시점부터 고려가 장악하고 있던 서남해역에 대한 해상권을 빼앗고, 송악과 나주를 연결하는 해상교통로를 통제하면서 나주 지역을 고립시켰다고 하는 점이다. 왕건이 "후백제로부터 약탈을 당하여

---

28) 『高麗史』 권92, 열전5 유금필, "十八年 太祖謂諸將曰 羅州界四十餘郡 爲我藩籬久服風化 嘗遣大相堅書權直仁壹等往撫之 近爲百濟劫掠 六年之閒海路不通 誰爲我撫之."

6년 동안이나 해로가 통하지 않고 있다."고 언급한 대목은 서남해역 해상권을 후백제에게 빼앗긴 절박한 심정을 보여준다.

후백제가 나주를 고립시키고 서남해역 해상권을 장악한 시점에 대해서는 930년 정월에 고려군에 대패한 고창전투를 기준으로 크게 두 개의 견해로 구분된다. 고창전투 이후로 보는 견해와 그 이전으로 보는 견해가 그것이다.[29] 필자는 두 견해 중 930년 이전으로 보되, 그 시기를 좀 더 구체화하여 후백제가 공산전투에서 승리하여 강주 지역을 함락하는 928년 5월 이후부터 고창전투가 발발하는 930년 이전의 어느 시기로 추정한 바 있다.[30] 이러한 관점에서의 추정은 후백제가 공산전투에서 승리한 뒤 군사력을 운용하는 방식에서 획기적인 전환을 시도하였던 가능성을 짐작케 한다. 즉 공산전투에서의 승리를 계기로 경북지역에서 군사적 우세권을 확보한 후백제가 그 여세를 몰아 수군활동을 공세적인 방향으로 전환한 다음, 서남해역에 대한 해상권을 장악하고 나주 지역을 고립시키면서 고려를 해륙 양면으로 압박하였던 것이 아닐까 여겨진다.[31]

그렇다면 후백제가 공산전투를 기점으로 공세적인 방향으로 수군

---

29) 기왕의 여러 견해는 신성재, 앞의 책, 2016, 108~109쪽 참조.

30) 신성재, 앞의 책, 2016, 109쪽. 비슷한 시각에서 후백제가 928년 11월 공산전투에서 대승을 거둔 이후 서남해역을 차지한 것으로 보거나(문안식, 앞의 책, 2008, 167쪽), 929년에 나주를 장악한 것으로도 본다(이도학, 앞의 책, 2015a, 373쪽).

31) 공산전투 이후로 나타나는 후백제의 두드러진 수군활동 배경과 전략적 의미에 대해서는 보기병에 의존하던 수세적 전략에서 '수군 중심의 공세적 전략'으로 전환한 것으로 파악한 견해가 참고된다(신성재, 앞의 논문, 2013, 156~165쪽). 한편 池內宏, 「高麗太祖の經略」『滿鮮史硏究(中世篇 2)』, 吉川弘文館, 1937, 57쪽에서는 후백제가 고창전투에 참패한 것을 만회하기 위해 해상 공격을 실시한 것으로 보았다.

활동을 전환한 전략적인 배경은 무엇일까. 이는 후백제가 추진하던 수군활동의 추이와 그 전략적인 목표를 통해 유추해볼 수 있다. 기록을 통해 알려진 것처럼, 후백제는 궁예정권과 대립하던 910년을 전후하여 집중적으로 수군활동을 전개하였다.[32] 그리고 이후에는 주로 보기병을 운용하는 군사활동에 치중하였다. 하지만 왕건이 집권한 뒤 신라와 우호관계를 형성하고, 경상권역을 남북으로 연결하는 병참 운송망을 구축하면서 육상과 해상 방면으로 후백제를 포위하던 형국은 심각한 위협이었다. 후백제는 불리해져가는 정국을 타개하기 위해 보기병을 동원하여 고려가 경상권역에 구축하던 전략 거점들을 공격하는 한편 서남해역과 바닷길로 연결되는 강주 지역을 지속적으로 공략하였다.

하지만 전략적 차원에서의 근본적인 문제점은 여전히 잔존하고 있었다. 후백제의 입장에서 보자면 남해안 강주 지방으로 수군을 파견하여 대응할 수 있는 전략거점 나주와 이 지역으로 통하는 서남해안 지방에 대한 해상권을 고려가 장악하고 있던 현실은 경상권역이 고려 수군의 위협에 지속적으로 노출되고 있던 문제점을 근본적으로 해소한 것이 아니었다. 따라서 후백제는 전략적인 문제점의 근원에 해당하는, 그동안 고려가 장악하여 수군활동의 전략거점으로 운영해온 나주를 고립시키는 방책을 모색하였다. 결국 최선의 방책은 서남해역으로 통하는 뱃길을 통제하는 것이었고, 이는 당 해역에 대한 해상권을 장악하는 방식으로 해결될 것이었다. 해상권을 장악할 수 있는 물리적 기반은 수군력이었으므로 서남해역을 무대로 하는 후백제의

---

32) 910년대를 전후하여 전개된 후백제의 수군활동과 그 특징은 신성재, 앞의 논문, 2013, 144~153쪽 참조.

공세적인 수군활동은 필연적으로 도래할 수밖에 없었다.[33]

후백제의 공세적인 수군활동으로 말미암아 고려는 그동안 장악해 왔던 서남해역에 대한 해상권을 상실하게 되었고, 후백제는 이후 6년 동안이나 이 해역에 대해 해상통제권을 행사할 수 있게 되었다. 후백제가 공세적인 방향으로 수군활동을 전환할 수 있었던 배경에는 무엇보다도 공산전투에서 거둔 승리가 직접적인 계기가 되었다. 후백제는 공산전투에서 승리한 군사적 자신감을 바탕으로 경북 내륙지역에서 고려군을 압박하는 군사활동을 전개함은 물론 서남해역을 무대로 공세적인 수군활동을 전개함으로써 해상권을 장악하고, 송악과 나주를 연결하는 해상교통로를 통제함으로써 고려의 수군활동을 고립시키는 성과를 거둘 수 있게 되었다.

3. 고려의 고창전투 대승과 후백제의 예성강 수역 공략

후백제는 서남해역에 대한 해상권을 장악하기 위한 노력을 기울이면서 신라로 진출하는 길목에 위치한 경북 내륙지방에 대해서도 공격의 고삐를 늦추지 않았다. 928년 11월, 견훤은 정예 병사들을 선발하여 죽령로(竹嶺路)가 위치한 오어곡성(烏於谷城)[34]을 공격하고 고려의 수비군 1천명을 사살하였다. 위기에 몰린 고려의 장군 양지(楊

---

33) 후백제의 수군활동에 근간이 되었던 수군 병력은 927년 공산전투를 계기로 군사적 영향력을 확대하는 과정에서 확보된 것으로 추정된다(신성재, 앞의 책, 2016, 139~142쪽).

34) 缶谷城에 해당하는 곳으로 현재의 군위군 缶溪에 해당한다(文暻鉉, 『高麗太祖의 後三國統一硏究』, 螢雪出版社, 1987, 139쪽).

志)와 명식(明式) 등 6명은 견훤에게 항복하였다. 왕건은 대노하여 구정(毬庭)에 군사들을 모아 놓고 항복한 장수들의 처자를 저자에서 사형에 처하는 중벌을 내렸다.[35] 경북지역에서의 전황마저 불리해지고 있던 상황에서 군사적 결속을 다지기 위해 내린 고육책이었다. 왕건은 이듬해 7월에 기주(基州 : 경북 풍기) 지방을 두루 돌면서 주(州)와 진(鎭)들을 순행하고, 방위태세를 점검하였다.[36]

왕건의 경북지역 순행에 반응하여 견훤은 군사활동을 적극적으로 전개하였다. 왕건이 기주를 순행한 얼마 뒤, 견훤은 군사 5천명을 이끌고 의성부(義城府 : 경북 의성)를 공격하였다. 견훤은 이 전투에서 고려의 성주장군(城主將軍) 홍술(洪術)을 전사시키는 전과를 거두었다. 홍술의 죽음은 고려군에 커다란 손실이었다. 왕건이 "좌우의 손을 잃어버렸다."며 애석해 한 기록은 이를 말해준다.[37] 의성부를 함락한 견훤은 연이어 순주(順州 : 안동시 풍산)를 공략하여 고려의 장군 원봉(元奉)을 패퇴시키고, 겨울 10월에는 가은현(加恩縣)[38]까지 포위하면서 군사적 영향력을 확대하고자 하였다. 비록 이때의 공격으로 가은현을 함락시키지는 못했지만, 후백제의 군사적 팽창은 거침없이 이루어졌다. 이로부터 불과 2개월 뒤인 930년 초에 고려와 후백제의 대군이 고창군에서 조우할 수밖에 없었던 사실은 문경과 안동, 풍기 지역을 둘러싼 양국간의 군사적 대결 양상이 피할 수 없을 정도로 확고한 구도를 형성해가고 있었음을 반증한다. 서남해역 해상

---

35) 『高麗史』 권1, 세가1 태조 11년 冬 11월.
36) 『高麗史』 권1, 세가1 태조 12년 秋 7월.
37) 위와 같음.
38) 현재의 경북 문경시 가은읍을 말한다(申虎澈, 앞의 책, 1993, 7쪽).

권 장악으로 경북 내륙지역에 군사적 관심을 집중시킬 수 있었던 후백제와 이 지역에서 영향력을 지속적으로 유지하고자 하던 고려의 싸움은 필연적으로 발생할 수밖에 없는 형국이었다. 고창전투는 이처럼 해상에서의 전황이 지상전에 영향을 미치던 분위기 속에서 발발하였다.[39]

고려군과 후백제군은 930년 정월에 고창군에서 조우하였다. 고려군은 병산(瓶山)에 진을 쳤고, 후백제군은 석산(石山)에 주둔하였다. 양군이 대치한 거리는 겨우 500보에 불과하였다. 전투는 해질 무렵까지 계속되었고, 고려군의 공세를 견디다 못한 견훤은 패배하여 도망하였다. 후백제는 이 싸움에서 군사적으로 심각한 피해를 입었다. 시랑(侍郞) 김악(金渥)이 포로가 되었고, 전사자는 무려 8천명에 달했다.[40] 직접적인 군사의 손실 못지않게 패배에 따른 후유증 역시 심각했다. 당시 기록에는 이 전투 직후 영안(永安)·하곡(河曲)·직명(直明)·송생(松生) 등 30여 군현이 서로 잇달아 고려에 항복해 왔다고 전한다.[41] 영안·하곡·직명은 각각 지금의 안동시 풍산읍·임하면·일직면이고, 송생은 경북 청송에 해당한다.[42] 이 지역들의 위치에 주목해본다면 대체로 전투가 벌어진 고창(안동) 인근 지역의 유력자들과 지역민들이 전투 이후 고려를 지지하는 방향으로 정치적 입장을 정하였음을

---

39) 『高麗史』 권1, 세가1 태조 13년 春 정월.

40) 후백제군의 전사자 8천명에 대해서는 상당히 과장되었으며, 후백제 고위층의 피해도 시랑 김악이 포로에 국한된 정도로 파악하기도 한다(문안식, 앞의 책, 2008, 175쪽).

41) 주 39)와 같음, "於是 永安河曲直明松生等三十餘郡縣 相次來降."

42) 문안식, 앞의 책, 2008, 176쪽. 송생은 청송으로 보되, 영안·하곡·직명은 각각 경북 영천·하양·안동으로 보기도 한다(김갑동, 『고려의 후삼국 통일과 후백제』, 서경문화사, 2010, 45쪽).

알 수 있다. 이는 고창전투가 경북지역 지방사회의 운명을 결정짓는
하나의 분기점이 되었음을 반영하는 것으로 이 지역에서 고려의
정치군사적 위상이 다시금 회복되는 기회가 되었음을 의미한다. 그런
데 보다 주목되는 사실은 고창전투의 파급 효과가 대외적으로나
지역적으로 크게 확산되었다는 점이다.

> 2월 을미에 사신을 신라에 보내어 古昌의 승첩을 알렸다. 신라왕이
> 사신을 보내어 답방하고 서신을 보내어 서로 만나기를 청하였다.
> 이때에 신라의 동쪽 연해 州郡과 部落이 모두 와서 항복하였다. 溟州로
> 부터 興禮府에 이르기까지 총 110여 성이었다.[43]

위는 고창전투가 발발한 다음 달인 930년 2월의 상황을 알려주는
기록이다. 기록을 통해 알 수 있듯이, 고려가 고창전투의 승첩을
알리자 신라의 왕은 사신을 보내어 답방하고 양국의 국왕이 서로
회합할 것을 요청하였다. 경북 내륙의 여러 지역들이 고려에 항복하는
상황 속에서 신라왕은 고려의 대외적인 위상을 의식하지 않을 수
없었을 것이다. 신라왕은 이듬해 2월에도 태수 겸용(謙用)을 보내어
만남을 재차 요청하였다.[44] 결국 왕건은 경주를 방문하여 고려의
대외적 위상을 과시하고, 신라인들의 민심마저도 사로잡는 성과를
거두고 복귀하였다. 왕건의 방문은 견훤이 경주를 공격하였던 때와는
대비되는 행보로 신라의 대외적 입장이 고려로 기울게 되는 계기가

---

43) 『高麗史』 권1, 세가1 태조 13년, "二月乙未 遺使新羅 告古昌之捷 羅王遣使 報聘致
書請相見 是時 新羅以東沿海州郡部落皆來降 自溟州至興禮府 摠百餘城."
44) 『高麗史』 권1, 세가1 태조 14년 春 2월.

되었을 것이다.

신라왕이 고려 국왕에게 왕경 방문을 요청할 정도로 양국간의 우열관계가 뚜렷해지던 분위기에 편승하여 그동안 신라의 지배하에 있던 지역의 이탈도 대규모로 가속화되었다. 신라의 동쪽 연해안에 위치하던 주군과 부락들이 고려에 항복하는 입장을 취하였다. 무려 110여 성에 달할 정도로 그 수는 엄청난 규모였고, 그 범위 역시 명주(溟州 : 강릉)로부터 흥례부(興禮府 : 울산)에 이를 정도로 광범위하였다. 왕건은 항복해온 지역이 신라 정부와 유지해왔던 관계를 약화시키는 한편 고려의 영향력을 강화시키기 위한 노력을 기울였다. 왕건이 같은 달에 닐어진(昵於鎭)에 행차하였다고 하는 기록은45) 동해안 지역과 지역민들을 고려의 지배 공간으로 흡수하기 위한 것이었음을 암시한다. 같은 달에 발생한 북미질부성(北彌秩夫城)과 남미질부성(南彌秩夫城) 성주들의 항복,46) 동년 6월 우릉도(芋陵島 : 울릉도)의 토산품 헌상,47) 9월에 개지변(皆知邊 : 울산)의 최환(崔奐)이 항복 의사를 표명해온 사실48) 역시 이러한 노력의 결과였다.

고창전투를 계기로 후삼국 정세가 역전되어 고려의 정치외교적 위상이 격상되고, 천년 왕조 신라가 고려를 대등한 국가 이상으로 대우하던 형국은 후백제의 대외적 자존감을 크게 자극하는 것이었다. 아울러 경북 내륙지역을 위시하여 동해안 일대에 산재한 지방들이

---

45) 『高麗史』 권1, 세가1 태조 13년 2월.
46) 위와 같음. 왕건은 항복해온 북미질부성과 남미질부성을 합하여 흥해군을 설치하였다(金甲童, 『羅末麗初의 豪族과 社會變動 硏究』, 高麗大民族文化硏究所, 1990, 88쪽).
47) 『高麗史』 권1, 세가1 태조 13년 6월.
48) 『高麗史』 권1, 세가1 태조 13년 9월.

고려를 지지하는 방향으로 입장을 선회한 것은 이들 지역을 석권하고
자 하던 후백제의 군사활동을 제약하는 것이었다. 후백제가 처한
대외·군사적 위기 상황은 931년에 이르러서도 크게 나아지지 않았다.
오히려 932년 중반에 이르면서부터는 충청지역을 대상으로 고려군의
공세가 집중되는 양상으로 확대되었다. 매곡성(昧谷城 : 충북 보은군
회인면)을 방어하던 후백제의 장군 공직(龔直)이 동년 6월에 고려로
투항하고,[49] 다음달 7월에 왕건이 친히 일모산성(一牟山城 : 충북 문
의)을 정벌한 것은[50] 고려가 고창전투에서의 승세를 바탕으로 충청지
역에까지 군사적 영향력을 확대하였던 면모를 보여준다.

고창전투는 고려가 후백제에 비해 대외적 우위를 점하고 경북
내륙지역과 동해안 일대, 충청지역에서 후백제의 군사적 영향력을
약화시키는 직접적인 계기가 되었다. 동시에 이 전투는 위기에 몰린
후백제로 하여금 육전에서의 열세를 만회할 수 있는 새로운 대안을
모색케 하는 기회가 되었다. 후백제의 수군이 서남해역에 대한 해상권
을 장악하고 있던 상황이었으므로 그러한 문제의 해결은 수군을
이용하는 군사활동으로 귀결되었다.[51]

9월에 견훤이 일길찬 相貴를 보내어 舟師로써 禮成江을 침입케 하였다.
塩·白·貞 3州의 선박 1백척을 불태우고 猪山島에서 방목하던 말 3백

49) 『高麗史』권1, 세가1 태조 15년 6월. 공직의 군사활동과 투항 과정에 대해서
는 申虎澈, 「新羅末·高麗初 昧谷城(懷仁)將軍 龔直」『湖西文化研究』10, 忠北大
湖西文化研究所, 1992에 자세하다.
50) 『高麗史』권1, 世家1 太祖 15년 7월. 왕건의 일모산성 정벌은 김명진, 「고려
태조 왕건의 일모산성전투와 공직의 역할」『軍史』85, 국방부 군사편찬연구
소, 2012 참조.
51) 신성재, 앞의 책, 2016, 144쪽.

필을 탈취해 갔다.[52]

932년 9월, 견훤은 휘하 장수 상귀(相貴)를 보내어 고려의 왕도로 통하는 예성강 수역을 공략하게 하였다. 상귀는 서해안을 따라 북상하여 예성강과 주변 해안 고을들을 습격하였다. 상귀가 벌인 수군활동에서 주목되는 사실은 후백제의 수군이 예성강을 침입하여 염주(塩州 : 황해도 연안)·백주(白州 : 황해도 배천)·정주(貞州 : 풍덕)에 대기하고 있던 선박 1백척을 불태운 점이다. 주지하듯이 정주는 고려가 운영하던 수군기지로[53] 해상에서의 군사활동을 수행하는 최대 전략 기지였다. 해전을 전담하는 전함이 상시 주둔하고 있음은 물론 손상된 전함을 정비하는 수리 시설과 출정을 앞둔 수군들이 대기하는 군영, 무기고 및 제반 훈련 시설들이 잘 갖추어져 있었을 것이다.[54] 당시 고려가 운용하던 전함은 대부분 정주에 주둔하고 있었을 것이다. 후백제의 수군이 서남해역 해상권을 장악하여 송악과 나주를 연결하는 해상교통이 불가능하던 상황이었으므로 고려의 수군은 정주와 그 주변 해안 고을에 주둔하고 있었을 것이다. 견훤은 고려의 수군 운영 사정을 사전에 파악하고 있었을 것이다. 상귀의 공격에 고려의 수군이 적극적으로 대응한 흔적이 나타나지 않는 것을 보면 당시 후백제의 수군활동이 현지 정보를 충실히 파악한 것을 바탕으로

---

52) 『高麗史』 권2, 세가2 태조 15년, "九月 甄萱遣一吉粲相貴 以舟師入侵禮成江 焚塩白貞三州船一百艘 取猪山島牧馬三百匹而歸."
53) 金甲童, 앞의 책, 1990, 104쪽 ; 鄭淸柱, 『新羅末高麗初 豪族研究』, 一潮閣, 1996, 113쪽 ; 이도학, 앞의 책, 2015a, 374쪽.
54) 왕건이 궁예 치하에서 수군활동을 마치고 귀환한 뒤 이곳에서 수리한 사실을 통해 입증된다.

추진되었음을 짐작케 한다.

후백제가 예성강 수역을 공략한 배경에는 중대한 전략적 목적이 반영되었던 것으로 추정된다. 우선 정치외교적인 측면에서는 고창전투 이후 고려가 주도하던 지방사회와 지역민에 대한 포섭활동에 변화를 유도하고, 후백제의 대외적 위상을 강화하기 위한 것으로 보여진다. 대체로 후백제의 대외적 위상은 고창전투에서 고려에게 패배한 이후로 약화되는 경향을 보였다. 경북 내륙과 동해안 지방의 유력자들이 고려에 우호적인 입장으로 선회하며 항복을 표명해온 것은 그 직접적인 증거에 해당한다. 그런데 그로부터 2년 6개월여의 시간이 경과한 932년 9월, 후백제의 수군이 예성강 수역을 공격하여 고려의 수군에 심각한 타격을 가한 것이었다. 고려의 수군이 후백제의 해상 공격 앞에 속수무책으로 패배해버린 현실은 그동안 고려를 지지해오던 지방사회의 분위기에 커다란 영향을 끼쳤음직하다. 후백제의 수군활동에 대해서는 예성강 수역을 점령하기보다는 고려의 수군력을 약화시키기 위한 것이었다고 보기도 한다.[55] 그러나 최근에는 후백제가 송악을 공격하여 왕건을 제거하고 전세를 역전시키기 위한 목표에서 실행되었던 것으로 적극적인 의미를 부여하기도 한다.[56] 이 견해에서는 『고려사』 열전에 등장하는 박수경(朴守卿)이라는 인물이 왕건의 목숨을 극적으로 구한 발성전투(勃城戰鬪)에 주목한다.[57] 발성전투의 발성이 왕건이 궁예정권 하에서 활동하던 896년에 송악에 쌓은 발어참성(勃禦塹城)을 줄인 표기로[58] 당시의 전투가 고려

---

55) 金甲童, 앞의 책, 1990, 104쪽.
56) 이도학, 앞의 책, 2015a, 373~374쪽.
57) 『高麗史』 권92, 열전5 박수경.

왕성에까지 확대되어 벌어졌다고 한다. 즉 932년 전투는 후백제의 선단이 일제히 개경에 상륙하여 고려의 왕궁을 포위 공격하는 형태로 진행되었고, 발성전투에서 위기에 몰린 왕건을 박수경이 분전하여 구했다는 것이다.[59] 이 견해에 주목해본다면 당시 후백제의 수군활동이 고려의 왕도와 국왕인 왕건의 안위마저 위태롭게 할 만큼 대단한 수준으로 전개되었음을 짐작케 한다. 이러한 상황은 고려가 그동안 유지해온 정치외교적 위상 하락에 심대한 타격을 입혔을 것으로 보여진다. 반면 후백제의 입장에서는 고려에 눌려 있던 대외적 위상을 회복하고 지방사회의 이탈 방지와 결속을 다지는 기회가 되었을 것이다.

후백제의 예성강 수역 공략은 군사적으로도 중요한 전략적 목적이 반영된 것이었다. 이는 후백제가 수군활동을 통해 공략한 대상과 수군을 운용하는 전략 문제를 연계하여 살펴볼 수 있다. 기록을 통해 알 수 있듯이, 후백제의 수군은 예성강과 염주, 백주, 정주 등 인근 해안지방에 대기하던 고려의 선박 1백척을 불살라버렸다. 그 구체적인 대상에는 포구에 정박 중이던 다수의 전함을 중심으로 수송선들이 포함되었을 것이다.[60] 후백제의 공략 대상에는 고려 수군의 최대 전략기지인 정주와 인접한 해안지방이 포함되었다. 전함과 수송선을 파괴하는 행위는 직접적으로 해전을 수행하는 수단을 무력화시키는

---

58) 『高麗史』 권1, 태조 건녕 3년. '禦壍'은 적을 방어하기 위한 참호 즉 垓字가 있는 성의 구조를 의미한다(이도학, 앞의 책, 2015a, 375쪽).

59) 이도학, 앞의 책, 2015a, 376~377쪽.

60) 후백제의 수군이 불태운 선박은 전함이 중심을 이루었을 것으로 추정된다. 전투력이 높은 전함을 우선적으로 분멸시키고 그 뒤에 수송선 등을 공격하였을 것이다.

것을 의미한다. 수군의 전략기지인 정주와 인접한 해안지방을 공격한 것은 수군활동을 가능케 하는 부두 시설과 제반 병참 및 지원 시설, 주변 해안지방으로부터의 간접적인 지원 가능성까지 파괴한 것을 의미한다. 전함의 파괴는 수군활동에 직접적인 제약을 가한다. 그런데 전함을 운영하는 수군기지와 이를 지원하는 군사시설의 파괴는 수군활동 능력을 제거하는 것이므로 이것을 근간으로 전쟁 수행을 기획하는 전략에 영향을 미친다. 해전을 수행할 수 있는 시설과 기반이 부재한 상황이므로 수군을 운용하는 전략의 수립은 사실상 불가능해진다. 후백제의 수군이 고려의 전함과 수군기지, 주변 해안지방까지 공격하여 심각한 피해를 입힌 사실은 이러한 관점에서 주목해보아야 한다. 이 시기 후백제의 수군활동이 고려가 운영하던 수군전력을 무력화시킴으로써 서남해안 지방에서 해상활동을 불가능하게 함은 물론 본질적으로 고려의 전쟁수행 전략을 보기병 활동에 의존하는 방향으로 강요하고자 하였던 것으로 이해되기 때문이다.

후백제가 벌인 수군활동은 기록상 매우 간결한 면이 없지 않다. 하지만 후백제의 수군활동은 계획 단계부터 매우 철저하게 수립되었을 가능성이 높고, 그 전략적인 목표 또한 고려의 정치외교적 역량과 수군력을 제거하기 위한 의도하에 추진된 것으로 보여진다. 동일한 사건을 전하는 또 다른 사서를 보면 후백제의 수군이 예성강을 침입한 뒤 3일간이나 머물렀다고 하는 기록이 나온다.[61] 이 같은 기록은 당시 후백제가 벌인 수군활동이 일시적인 기습으로 타격을 가한

---

61) 『三國史記』 권50, 열전 견훤, "秋九月 萱遣一吉湌相貴 以舡兵入高麗禮成江留三日 取鹽白貞三州船一百艘焚之 捉猪山島牧馬三百匹而歸." 『三國遺事』 권2, 기이2 후백제 견훤에도 3일 동안 머무른 것으로 나온다.

다음 곧바로 물러난 것이 아닌, 정주로 대표되는 고려의 수군기지를 공격하여 전함과 제반 시설을 무력화시킨 다음 교두보를 확보하고 그 주변 해안지방으로 수군활동을 확대하였음을 말해준다. 최근 연구에서 적절히 지적한 것처럼 후백제의 수군은 상륙작전을 감행하였을 가능성이 높다.[62] 해상 타격으로 고려의 핵심 수군전력을 궤멸시킴으로써 잠재적인 위협을 제거하고, 상륙작전을 벌여 거점을 확보한 다음 왕궁 공격으로 이어지는 과감한 군사활동을 전개하였던 것이다.

후백제의 예성강 수역 공략은 일찍이 어느 왕조도 시도해보지 못했던 대단히 위협적이며 공격적이고 치밀한 수군작전이었다. 후백제의 기습적인 수군작전으로 고려는 하마터면 왕도를 함락 당할 뻔하였다. 고려의 정치외교적 위상은 여지없이 실추되었다. 수군전력의 상당 부분을 상실했으므로 해상에서의 대응 능력 또한 상당히 둔화되었다. 지상군이 경북 내륙지역과 동해안 지방에서 선전하였지만, 해상에서의 대응과 수군활동 능력은 크게 약화되었다.[63] 이에 반해 후백제는 대외적으로 위축되었던 국면을 전환하고 전세를 유리한 정국으로 이끌면서 서해안 지방을 대상으로 군사적 영향력을 확대할 수 있는 기회를 갖게 되었다. 나주를 근간으로 하는 서남해역 해상권 장악에 이어 예성강 수역에서 수군활동을 벌인 경험은 해상권의 범위를 서해 중북부 해역에까지 확대해볼 수 있는 자신감을 갖게

---

62) 주 59)와 같음. 이도학, 『후백제 진훤대왕』, 주류성, 2015b, 509~510쪽.
63) 물론 후백제의 공격으로 고려의 수군이 완전히 궤멸된 것은 아니었다. 후백제의 수군이 그로부터 1개월 뒤에 대우도를 공략하였을 때 왕건이 만세를 보내어 대응토록 조처한 것을 보면 잔존한 전력이 있었음을 알 수 있다. 그러나 만세가 지휘하던 고려의 수군이 불리하였다고 하는 기록은 수군전력이 이전에 비해 크게 약화되었음을 보여준다.

하였다. 결국 이러한 상황은 전장의 중심 무대가 나주를 근간으로
하는 서남해역을 넘어 서해 중북부 해역으로 확대되는 계기가 되었다.
대우도 해역에서 고려와 후백제의 대결은 필연적인 것이었다.

4. 후백제의 대우도 공략과 고려의 최후 해상 반격

후백제의 성공적인 예성강 수역 공략작전은 수군활동에 자신감을
불어넣어 주었다. 이러한 자신감은 서해를 무대로 하는 후백제의
군사활동이 조만간 후속될 것임을 예고하는 것이었다. 예성강 수역에
서의 수군활동이 종료된 뒤 1개월이 지난 932년 10월, 견훤은 해군장
(海軍將) 상애(尙哀) 등으로 하여금 대우도(大牛島)를 공략케 하였다.

겨울 10월에 견훤이 海軍將 尙哀 등으로 大牛島를 攻掠케 하였다.
(왕건이) 大匡 萬歲 등에게 명하여 구하게 하였으나 불리하였다.[64]

상애가 지휘하던 후백제의 수군활동에서 무엇보다도 주목되는
점은 대우도의 존재이다. 대우도가 당시 어느 해상에 위치한 섬이고,
이곳을 확보하는 경우에 군사적으로 어떠한 이점을 볼 수 있었기에
공략의 대상으로 설정하였는가 하는 점이다. 이는 후백제의 대우도
공략이 해양전략적인 차원에서 어떠한 가치를 지니고 있었는가를
살필 수 있다는 점에서 중요한 의미를 갖는다.

---

64) 『高麗史』 권2, 세가2 태조 15년, "冬十月 甄萱海軍將尙哀等 攻掠大牛島 命大匡萬
歲等救之不利."

대우도의 위치에 대해서는 이른 시기의 연구에서 경기도 남양(南陽) 해상의 대부도[大部(阜)島]로 간단히 언급된 바 있다.[65] 그러나 이 견해는 음독만 비슷할 뿐 대우도와 대부도가 동일한 섬이라는 사실을 단정할만한 근거가 되지 못한다. 그런 이유 때문인지 이 견해는 그 뒤의 연구에서 간과되거나 주목을 받지 못했던 것 같다. 한편 근래에 출판된 국역『고려사』에서는 지금의 황해남도 강령군(康翎郡) 부근에 위치한 섬으로 서술하고 있다.[66] 그러나 구체적인 논증 없이 간단하게만 언급되어 있어 선뜻 동의하기는 어렵다. 같은 섬이라고 이해하기 위해서는 무엇보다도 상애 등이 공격한 대우도와 강령군에 위치한 대우도의 명칭이 음독은 물론 한문 표기 역시 동일해야 한다.[67] 섬의 유래와 해양전략적인 가치 문제도 충분히 검토될 필요가 있다.

결국 이에 대한 논쟁이 후속하지 않는 가운데, 대체로 이후 연구에서는 대우도라는 지명이 수록된 조선시대 지리지 기록에 근거하여[68] 현재의 압록강 하구 용천군(龍川郡)에 위치한 섬으로 보는 데 별다른 이견이 없는 듯하다.[69] 필자 역시 이 견해를 그대로 수용한 적이 있다.[70] 하지만 대우도가 압록강 하구에 위치한 섬일 가능성은 높지

---

65) 池內宏, 앞의 책, 1937, 57쪽.
66) 東亞大學校 石堂學術院,『국역 고려사 1, 세가1』, 경인문화사, 2008, 150쪽.
67) 평화문제연구소가 2008년에 발행한『조선향토대백과』8·9(황해남도)를 보면 강령군 서남쪽에 위치한 섬으로 대우도의 존재가 확인된다. 그러나 이 섬은 음독은 같지만 '大友島'로 표기되어 있다.
68)『新增東國輿地勝覽』권53, 평안도 용천군 산천 대우도. "在郡南八十里."
69) 文秀鎭,「王建의 高麗建國과 後三國統一」『國史館論叢』35, 國史編纂委員會, 1992, 175쪽 ; 鄭淸柱, 앞의 책, 1996, 174쪽 ; 윤명철,「後百濟의 海洋活動과 對外交流」『후백제 견훤정권과 전주』, 주류성, 2001, 321쪽 ; 문안식, 앞의 책, 2008, 183쪽 ; 金甲童,「고려의 후삼국 통일과 유금필」『軍史』69, 국방부 군사편찬연구소, 2008, 51쪽 ; 이도학, 앞의 책, 2015b, 508쪽.

않다고 생각된다. 지정학적으로나 전략적인 차원에서 보더라도 후백
제의 수군이 고려의 왕도로부터 그토록 멀리 떨어진 해역에까지
항해하여 수군활동을 벌였을 가능성은 희박하기 때문이다. 경제적인
차원에서도 공략의 대상으로 삼기에는 그다지 실익이 없어 부적절해
보인다. 따라서 이 견해보다는 한국의 지명 유래를 집대성한 저서에
소개된 '대우도(大牛島)'를 주목해볼 필요가 있다. 이 저서에 나오는
대우도는 현재의 충남 서산시 지곡면 도성리 앞 바다에 위치한 섬으로
마치 소가 누워있는 형상을 닮았다 하여 그렇게 이름이 붙여졌다고
한다.[71] 최근에 필자는 이 섬이 지닌 해양전략적 가치에 주목하여
후백제의 해군 장수 상애 등이 932년 10월에 공격한 대우도를 이
섬으로 추정한 바 있다.[72]

　이러한 추정은 당시 예성강 수역을 성공적으로 공략한 후백제가
수군활동을 통해 서해 중북부 해역으로 해상권을 넓히고자 하던
전략을 설명하는 데 잘 들어맞는다. 지금의 서산 앞바다에 소재한
대우도는 나주가 위치한 서남해역과 고려의 예성강 수역을 통항하는
중간 해역에 위치한다. 서해 중북부 해역으로 해상권을 확대하고자
하던 후백제의 입장에서 보자면 그 중간 해역에 위치한 도서를 확보하
여 교두보로 삼는 것이 유리하다. 교두보로 삼은 대우도를 발판으로
인접한 해역에 위치한 서산, 당진, 아산 등 해안지방을 순차적으로
접수할 수 있기 때문에 해상권 확대를 한층 용이하게 도모할 수
있다. 특히 대우도와 해상으로 통하는 아산만 일대는 곧바로 개경

---

70) 신성재, 앞의 논문, 2013, 164쪽.
71) 국토지리정보원, 『한국지명유래집(충청편)』, 2015, 481~482쪽.
72) 신성재, 앞의 책, 2016, 91·145·179쪽.

연안까지 위협할 수 있기 때문에[73] 주목되었을 것이다. 해안지방을 점령하면 그 다음은 인접한 내륙지방으로의 진출이다. 홍성 지방과 예산, 천안 등은 그 대상에 포함될 가능성이 높다. 이 지역에 진출하여 견고한 방어거점을 구축한다면 대우도 외해 수역과 내해, 서해안 지방, 내륙의 거점을 잇는 군사적 지원체계를 구축할 수 있으므로 서해 중북부 해역으로의 해상권 확대를 도모하기 용이하다. 대우도가 해양전략적인 차원에서 이러한 이점을 지닌 해역에 위치한 섬이었기 때문에 후백제로서는 수군을 동원하여 공취하고자 하였던 것이 아닐까 추정된다.

후백제가 대우도가 위치한 해역으로 해상권 확대를 시도해오자 고려는 잔존하던 수군을 동원하여 대광(大匡) 만세(萬歲)로 하여금 응전하게 하였다. 왕건의 명을 받은 만세는 대우도를 구원하기 위해 출동하였다. 하지만 고려의 수군은 불과 1개월 전에 후백제 수군의 공격으로부터 받은 피해를 회복하지 못한 상황이었다. 결국 대우도 구원작전에 실패한 고려의 수군은 퇴각할 수밖에 없었다. 고려의 수군이 후백제의 수군을 대적하지 못하고 열세적인 처지로 전락한 현실은 고려의 위정자들에게 큰 위기로 인식되었을 것이다. 더구나 후백제가 대우도를 공략하면서 고려의 관할하에 있던 해역과 인접한 도서 및 해안지방에까지 영향력을 확대해오던 상황은 더욱 심각한

---

73) 윤용혁, 「나말여초 洪州의 등장과 運州城主 兢俊」 『한국중세사연구』 22, 한국중세사학회, 2007, 11쪽. 아산만 지역의 해양전략적 가치는 다음 논고가 유익하다. 김명진, 「태조왕건의 충청지역 공략과 아산만 확보」 『역사와 담론』 51, 호서사학회, 2008(『고려 태조 왕건의 통일전쟁 연구』, 혜안, 2014) ; 이진한, 「고려 태조대 대중국 해상교통로와 외교·교역」 『한국중세사연구』 33, 한국중세사삭회, 2012 ; 정청주, 앞의 논문, 2015.

위기감을 초래케 하였을 것이다. 고려 정부로서는 당면한 위기정국을 극복할 수 있는 군사적 방책을 수립해야 하는 입장에 처하게 되었다.

> 14년에 참소를 당하여 鵠島로 귀양을 갔다. 이듬해에 견훤의 海軍將 尚哀 등이 大牛島를 공략하므로 태조가 大匡 萬歲 등을 보내어 구원하게 하였으나 불리하였다. 태조가 이를 근심하고 있었는데, 黔弼이 글을 올려 말하기를 "신이 비록 죄를 지어 귀양살이를 하고 있지만, 백제가 우리 해안지방을 침탈한다는 소문을 듣고 本島와 包乙島의 丁壯을 선발하여 軍隊에 충원하고 또한 戰艦을 수리하여 방어하게 하였으니 원컨대 주상께서는 근심하지 마소서."라고 하였다.[74]

위는 931년(태조 14)에 참소를 당하여 곡도(鵠島)로 귀양을 간 고려의 명장 유금필(庾黔弼)이 후백제의 거듭되는 해상 침탈로 근심에 빠져 있던 왕건에게 그 대응책을 마련하였으니 안심하라는 내용을 전하는 기록이다.

이 기록을 통해 유추해볼 수 있듯이, 고려가 후백제의 해상 침입에 대응하여 우선적으로 마련한 방책은 다음 두 가지로 이해된다. 우선 첫 번째 방책은 해상에 대한 방위력을 강화하는 것이었다. 유금필이 왕건에게 올린 상소문의 내용은 이를 잘 설명해준다. 그가 올린 상소문에는 후백제가 고려의 해안지방을 침탈한다는 소식을 듣자 곡도와 포을도(包乙島)의 정장(丁壯)들을 선발하여 방어토록 하였다고 한다.

---

74) 『高麗史』 권92, 열전5 유금필, "十四年 被讒竄于鵠島 明年甄萱海軍將尚哀等 攻掠大牛島 太祖遣大匡萬歲等往救不利 太祖憂之 黔弼上書曰 臣雖負罪在貶 聞百 濟侵我海鄕 臣已選本島及包乙島丁壯 以充軍隊 又修戰艦以禦之 願上勿憂."

곡도는 본래 고구려의 관할하에 있던 섬으로 고려 왕조가 들어선 뒤부터 백령도로 불리게 된 곳이다.[75] 오늘날의 백령도를 말한다.[76] 포을도는 백령도의 남단에 위치한 대청도를 가리킨다.[77] 이러한 사실은 고려가 후백제 수군의 재침에 대비하여 곡도와 인접한 포을도를 연결하는 해상방어망을 구축하고자 하였음을 짐작케 한다. 고려가 구축하였음직한 해상방어망은 외해측에 위치한 대우도와 내해측의 포을도, 그리고 그 주변에 산재한 소규모 도서와 염주·백주·정주로 연결되는 형태로 구축되었을 것이다. 예성강 수역을 공격받는 경험을 하였던 만큼 후백제 수군이 서해 중북부 해역으로 북상하는 것을 측면에서 차단함은 물론 고려의 왕도로 이어지는 해상교통로를 보호하기 위한 것이었다.

　도서지방을 연결하는 해상방어망 구축과 함께 고려는 실제 해상방어 임무를 수행하는 수군을 재건하는 근본적인 방책도 추진하였다. 고려는 후백제의 예성강 수역 침입으로 해전을 담당하는 병력과 전함을 상당 부분 상실한 상황이었다. 병력과 전함을 이전 수준으로 회복하는 것은 고려가 시급히 해결해야 할 당면 과제였다. 고려의 수군전력 재건 노력은 유금필이 올린 상소문을 통해 유추해볼 수 있다. 곡도와 포을도의 정장들을 선발하여 군대에 충원토록 하였다는 내용은 해상 경험이 풍부한 연해민들을 모집하여 수군 병력으로 편성하였던 사정을 반영한다.[78] "손상된 전함을 수리하여 방어하게

75) 『世宗實錄』 권152, 지리지 황해도 강령현 ; 『新增東國輿地勝覽』 권43, 황해도 강령현 건치연혁.
76) 鄭淸柱, 앞의 책, 1996, 116쪽.
77) 신성재, 앞의 논문, 2012a, 54쪽.
78) 신성재, 앞의 책, 2016, 91쪽. 왕건이 934년 5월에 예산진을 행차하였을

끔 하였다."는 것은 파손된 전함을 복구하여 정상적으로 임무를 수행할 수 있도록 정비하였음을 의미한다. 이러한 과정 중에는 부족해진 전함을 확보하기 위해 새롭게 건조하는 작업도 병행되었을 것이다. 유금필의 상소문을 통해 확인되는 고려의 수군전력 재건 노력은 비단 그가 유배중이던 곡도와 포을도에만 국한하여 진행된 것은 아니었을 것이다. 후백제가 예성강 수역에 이어 대우도가 위치한 해역에까지 위협을 가해오면서 해상권의 범위를 확대해오던 현실은 고려가 적극적으로 수군전력을 확충하는 계기가 되었을 것이다. 고려의 수군전력 재건에는 후백제의 공격으로부터 가장 큰 피해를 입었던 수군기지 정주와 인접한 해안지방 백주, 염주 등지를 중심으로 전함의 건조와 기지 및 기반 시설의 복구 활동이 활발하게 추진되지 않았을까 추정된다.[79]

이와 함께 고려는 해안지방의 방어력을 강화하기 위한 노력도 경주하였다. 예성강 수역과 인접한 해안지방과 대우도가 위치한 서해 중부 해역의 해안지방은 고려가 관심을 기울인 대표적인 지방이었다. 예성강 수역과 인접한 해안지방에 대한 방위력 강화는 934년 7월 고려로 귀화해온 발해국(渤海國) 세자 대광현(大光顯)과 그 주민들을

때 내린 교서를 보면 "남자는 전부 군대에 나가게 되고 여자들까지도 부역에 동원되어 고통을 참지 못한 자들이 산중으로 도망하고, 혹은 관청에 와서 호소하는 자들이 얼마나 많은지 모르겠다."며 안타까워하는 내용이 전한다 (『高麗史』권2, 세가2 태조 17년 夏 5월). 이 기록에 나오는 '군대에 나간 남자들' 중에는 932년 10월 이후로 추진되었던 고려의 수군 병력 편성에 동원된 자들이 포함되지 않았을까 추정된다.

79) 결국 고려는 이 시기에 재건한 수군전력을 바탕으로 서남해역 해상권을 다시금 장악하고, 나주를 통하여 입조를 요청해온 견훤을 맞이해옴으로써 후삼국을 통일하기에 이른다. .

안치하는 과정을 통해 살펴볼 수 있다. 고려는 대광현이 백성 수만 명을 거느리고 투항해오자 이들을 백주에 배치하고 이 지역을 지키도록 하였다고 한다.[80] 후백제의 침입으로 빚어진 상흔을 완전히 극복하지 못한 상황에서 이들의 존재는 지방사회의 복구에 큰 힘이 되었을 것이다. 또한 투항해온 수만의 백성 중에 포함되었던 군사들은 고려가 추진하던 수군전력 확충에 참가하는 자들도 있었을 것이다.[81] 이들은 병력 자원으로 충원되는 경우나 부역에 동원되는 경우를 막론하고 고려가 수군전력을 확충하고 백주의 해상방위력을 강화하는 데 조력을 다하였을 것으로 여겨진다.[82]

서해 중북부 해역의 해안지방에 대한 방위력 강화는 보기병을 동원한 군사활동을 통해 공세적으로 추진된 것이 특징적이다. 이는 왕건이 934년(태조 17) 9월에 친히 군사를 거느리고 운주(運州 : 홍성)를 정벌한 사례를 통해 대체적인 추론이 가능하다. 고려는 이때의 운주 정벌로 후백제군을 크게 격파하고 웅진(熊津) 이북의 30여 성을 확보하는 전과를 거두었다.[83] 고려가 934년에 운주를 정벌한 것은

---

80) 『高麗史』 권2, 세가2 태조 17년 秋 7월.
81) 이는 대광현 집단의 백주 배치가 후백제의 침공에 의한 군사적 보충 필요성에 따라 이루어졌다는 견해를 통해 충분히 짐작해볼 수 있다. 金昌謙, 「後三國統一期高麗太祖의 浿西豪族과 渤海遺民에 대한 政策研究」『成大史林』4, 成大史學會, 1987, 82쪽 ; 「高麗 太祖代 對流移民政策의 性格」『國史館論叢』 35, 國史編纂委員會, 1992, 210쪽 참조.
82) 백주에 대한 해상방위력 강화는 마땅히 인접하던 염주와 정주의 방위력 강화에도 직접적인 영향을 끼쳤을 것으로 짐작된다.
83) 『高麗史』 권2, 세가2 태조 17년 9월 정사. 고려와 후백제의 운주전투 배경과 전개 과정은 김갑동, 「고려초기 홍성지역의 동향과 지역세력」『史學研究』 74, 韓國史學會, 2004, 138~150쪽 ; 윤용혁, 앞의 논문, 2007, 7~20쪽 ; 문안식, 앞의 책, 2008, 184~187쪽 ; 이도학, 앞의 책, 2015a, 389~401쪽 ; 김명진, 「고려 태조 왕건의 운주전투와 긍준의 역할」『軍史』 96, 국방부 군사편찬연

대우도 해역을 중심으로 가중되던 후백제의 해상 위협에 대응하여 연해안 지방을 방위하기 위한 목적이 컸던 것으로 여겨진다. 앞에서 언급한 것처럼, 후백제는 대우도를 점령한 다음 충청권역의 해안지방과 내륙지방으로 군사적 영향력을 확대하고자 하였다. 그리고 이를 기반으로 서해 중북부 해역에 대한 해상권 확대를 안정적으로 도모하고자 하였다. 고려의 입장에서 후백제의 이러한 의도를 저지하기에 적합한 방책은 크게 두 가지였던 것으로 짐작된다. 그 하나는 수군전력을 강화하여 서해 중북부 해역에서 활동하는 후백제의 수군을 격퇴하는 것이었다. 또 다른 하나는 후백제 수군의 서해안 지방 상륙과 거점 확보를 불가능케 하는 것이었다. 후백제군의 상륙과 거점 확보를 저지하기 위해서는 그와 인접한 전략적 요충지를 장악하는 것이 중요하다. 운주는 해안가에 위치한 지방을 군사적으로 지원하기에 전략적으로 매우 유리한 지역에 위치하였다. 이러한 이유로 말미암아 고려는 운주 정벌이라는 공세적 군사활동을 전개한 것이었다. 고려의 운주 정벌은 해양전략적인 관점에서 후백제의 충청 서남해안 지방 진출과 서해 중북부 해역 해상권 확대를 좌절시키고 해상방위력을 강화하는 결정적인 배경이 되었다는 점에서 높은 의미를 부여할 수 있다.[84]

예성강 수역과 인접한 해안지방에 대한 해상방어력 강화, 실질적인 수군전력의 재건, 운주 정벌을 통한 후백제 수군의 북상 저지 여건을

구소, 2015, 191~205쪽 참조.

[84] 이와 관련하여 왕건의 운주 공격을 천안과 예산 등 중부지역을 확고히 한 후 운주를 점령하여 그 부근의 육상로는 물론 해상로까지도 봉쇄하려는 의지에서 비롯된 것으로 파악한 견해가 있어 주목된다. 김갑동, 앞의 논문, 2004, 148쪽(앞의 책, 2010, 214쪽).

마련한 고려는 최후의 해상 반격을 모색하였다. 그 기회는 견훤의 첫째 아들 신검(神劍)이 아버지를 금산사(金山寺)에 유폐시키고 막내 아우 금강(金剛)을 살해하는,[85] 후백제 정권 내부적으로 발생한 분열 정국 속에서 마련되었다.

> 여름 4월에 왕이 여러 장군들에게 이르기를, "나주의 40여 郡은 우리의 藩籬가 되어 오랫동안 風化에 복종해 왔다. 그런데 근자에 백제의 침략으로 6년간이나 해로가 통하지 않으니 누가 능히 나를 위하여 이를 안무하겠는가?" … 黔弼을 都統大將軍으로 삼아 예성강까지 전송하고 御船을 주어 보냈다. 금필이 나주에 가서 經略하고 돌아오니 또 예성강에 행차하여 맞이하고 위로하였다.[86]

935년(태조 18) 4월, 고려의 해상 반격이 개시되었다. 고려의 해상 반격은 후백제의 침탈로 말미암아 6년 동안이나 고립된 나주와 주변 40여 군과의 교통을 재개하고, 서남해역에 대한 해상권을 다시금 장악하는 것을 목표로 하였다. 서남해역 해상권 장악이 송악과 나주를 연결하는 해상교통을 가능케 하는 조건임은 물론 후백제가 서해 중북부 해역에서 추진하고자 하던 수군활동을 원천적으로 불가능하게 하는 방안이었던 만큼 고려의 해상 반격은 이것에 집중되었다. 왕건은 이를 수행할 적임자로 후백제의 해상 침탈에 대응하여 고려의 해상 방어력을 강화하고 수군을 재건하는 데 기여한 유금필을 지목했

---

85) 『高麗史』 권2, 세가2 태조 18년.
86) 『高麗史節要』 권1, 태조신성대왕 18년, "夏四月 王謂諸將曰 羅州四十餘郡 爲我 藩籬久服風化 近爲百濟劫掠 六年之間海路不通 誰能爲我撫之 … 黔弼爲都統大將 軍 送至禮成江 賜御船而遣之 黔弼往羅州經略而還 又幸禮成江迎勞之."

다. 이러한 일련의 사실들은 고려의 수군전력이 서남해역에서 후백제의 수군과 대결을 벌일 정도로 크게 신장되었음을 보여준다. 또한 이는 고려가 추진한 수군재건 노력이 단기간에 뚜렷한 결실을 거두었던 사정을 반증한다. 왕건의 명을 받은 유금필은 나주를 성공적으로 경략하고 복귀하였다. 이로써 고려는 서남해역에서 후백제의 수군활동을 억제하고 다시금 해상 우세권을 행사할 수 있는 위치에 올라서게 되었다.

고려의 수군이 추진한 해상 반격은 서남해역 해상권 장악이라는 군사적 목표를 달성할 수 있게 하였다. 동시에 그것은 왕건이 염원하던 후삼국 통일을 앞당기는 정치적 효과를 가져오게 하는 기회가 되었다. 유금필이 나주를 경략하고 돌아온 2개월 뒤에 발생한 견훤의 입조(入朝) 사건은 그 직접적인 사례에 해당한다. 935년(태조 18) 6월, 금산사에 갇혀 있던 견훤은 극적인 탈출을 시도하여 나주에 도착한 다음 고려 정부로 들어올 것을 요청하였다. 이 소식을 접한 왕건은 유금필과 대광 만세(萬歲)·원보(元甫)·향예(香乂)·오담(吳淡)·능선(能宣)·충질(忠質) 등을 나주에 급파하여 군선 40여 척으로 해로를 통하여 맞아오게 하였다.[87] 금산사에 갇혀 있던 견훤이 탈출하기 불과 2개월 전에 고려의 수군이 나주를 경략하였다는 소식을 접하고 이곳으로 도망해왔는지는 알 수 없다.[88] 그러나 고려 수군의 서남해역 해상교통 재개가 견훤의 정치적 망명을 가능케 하는 직접적인

---

87) 『高麗史』 권2, 세가2 태조 18년.

88) 견훤이 나주로 도망하여 고려 정부에 입조를 요청하고, 고려의 수군이 해로를 통해 호송해온 일련의 사건에는 서남해 지방세력들의 주선과 협조가 작용하였을 것이다(申虎澈, 앞의 책, 1993, 69~70쪽).

계기가 됨은 물론 후백제의 멸망과 후삼국 통일을 앞당기는 데 정치적 견인차 역할을 하였다는 점만큼은 부인할 수 없을 것이다.

견훤의 입조가 수군활동을 통한 서해 바다를 경유하여 이루어졌다는 사실은 이 시대 해양에 대한 패권 장악이 후삼국 통일의 향배에 결정적인 영향을 끼쳤음을 상징적으로 보여준다. 해상권 장악을 둘러싸고 전개된 길고도 치열했던 해양쟁패전의 과정에서, 고려는 서남해역 해상권 장악과 해상교통을 보장하는 수군활동을 지속적으로 추진함으로써 후백제의 해양 도전을 물리치고 후삼국을 통일하는 시대적 과업을 달성하게 되었던 것이다.

5. 맺음말

후삼국시대 전쟁의 두드러진 특징은 지상전 못지않게 해상전이 활발하게 전개된 점이다. 충청지역과 경북 내륙지역에서 지상전이 하나의 축을 형성하고, 나주가 위치한 서남해역과 남해 진주 앞바다, 서산 앞바다를 무대로 하는 서해 중북부 해역에서는 고려와 후백제가 자웅을 다투는 해상권쟁탈전이 크게 발발하였다. 해상권쟁탈전의 핵심 해역은 후삼국 전쟁이 시작된 이래 나주가 위치한 서남해역이었다. 그러나 그 중심 무대는 시간이 경과함에 따라 남해와 서해 중북부 해역으로 점차 확대되었고, 종국에는 서남해역으로 다시금 집중되었다. 해상전의 중심 무대가 이동한 배경에는 지상전의 승패가 큰 영향을 끼쳤기 때문이었다. 927년 공산전투, 930년 고창전투, 934년 운주전투 등은 해상전의 도래에 직접적인 영향을 끼친 전투였다.

이 글에서는 해상전과 지상전의 상호작용을 고려하면서 특별히 해양쟁패전의 시각에서 920년 후반기부터 936년까지 전개된 전쟁을 고찰하였다. 그 결과 다음과 같은 결론을 얻게 되었다.

927년 9월에 발발한 공산전투는 후백제가 공세적인 수군활동으로 전환하는 직접적인 계기가 된 전투였다. 고려와 신라가 밀착하면서 상호 공조관계를 형성하고, 고려의 수군이 진주 지방에까지 진출하면서 경상권역을 남북으로 연결하는 병참운송망 구축을 추진하던 상황 속에서 후백제는 이를 타개할 군사적 방책을 모색하였다. 공산전투는 이러한 과정에서 빚어진 전투였다. 고려는 이 전투에서 패배함으로써 경북 내륙지역을 중심으로 하는 지상전에 집중하게 되었다. 반면 공산전투에서 승리한 후백제는 경북 내륙지역에서 고려군을 압박하는 군사활동을 전개함은 물론 서남해역을 무대로 공세적인 수군활동을 전개함으로써 해상권을 장악하고, 송악과 나주를 연결하는 해상교통로를 통제함으로써 고려의 수군활동을 고립시키는 성과를 거둘 수 있게 되었다.

서남해역에 대한 해상권이 후백제로 넘어가게 됨에 따라 전쟁의 무대는 자연스럽게 경북 내륙지역으로 집중되었다. 930년에 발발한 고창전투는 이처럼 해상에서의 전황이 지상전에 영향을 미치던 분위기 속에서 안동 지방의 주도권 장악을 둘러싸고 발발한 전투였다. 고려는 고창전투에서 대승을 거두었다. 고려와 신라의 관계는 다시금 밀착하게 되었고, 경북 내륙지방과 동해안 일대에 위치한 해안지방이 대거 고려를 지지하는 태도를 보였다. 위기에 몰린 후백제는 고려의 왕도가 위치한 예성강 수역으로 침투하여 고려의 수군을 궤멸시키는 작전으로 불리한 정국을 돌파하고자 하였다. 후백제의 공략은 대단히 위협적이고 성공적인 수군작전이었다. 고려의 위상은 여지없이 추락하였고, 그동안 운영해 왔던 전함과 수군 병력, 기지 및 군수지원 시설 등 수군전력의 상당 부분을 상실하게 되었다. 반면, 후백제는 대외적 위상을 회복하고 유리한 정국을 조성하면서 서해안 지방을 대상으로 군사적인 영향력을 확대할 수 있게 되었다. 예성강 수역을 성공적으로 공략한 경험은 후백제로 하여금 해상권의 범위를 서해 중북부 해역에까지 확대하면서 고려를 압박할 수 있는 자신감을 갖게 하였다.

후백제의 해상권 확대는 대우도 공략을 통해 추진되었다. 후백제가 대우도를 공략한 것은 이 섬이 서해안 지방을 거쳐 내륙지방으로 진출하기 용이한 전략적 요충지에 위치하였기 때문이었다. 후백제가 대우도 해역으로 해상권 확대를 추진해오자 고려는 수군을 동원하여 응전하였다. 고려의 대우도 구원작전은 성공하지 못했다. 그러나 이는 고려의 위정자들로 하여금 후백제의 수군에 대응할 수 있는 적극적인 방책을 마련케 하는 기회이자 계기가 되었다.

고려가 우선적으로 마련한 방책은 곡도와 포을도를 중심으로 주변 도서지방을 연결하여 후백제 수군이 서해 중북부 해역으로 북상하는 것을 차단하는 해상방어망의 구축이었다. 이와 동시에 고려는 전함과 수군 병력, 수군기지를 재건하는 근본적인 방책도 적극 추진하였다. 아울러 예성강 수역과 인접한 해안지방과 대우도가 위치한 서해안 지방의 방위력을 강화하는 작업을 병행하였다. 이 과정에서 고려와 후백제간의 운주전투가 발발하였다. 운주전투는 고려가 후백제의 서해 중북부 해안지방 진출과 해상권 확대를 좌절시키고 해상방위력을 강화하는 결정적인 배경이 되었다는 점에서 해양전략적으로 매우 의의가 큰 전투였다.

후백제의 북상을 억제할 수 있는 여건을 마련한 고려는 최후의 해상 반격을 개시하였다. 고려의 해상 반격은 6년 동안이나 고립되어 있던 나주 지역과의 해상교통을 재개하고, 후백제에게 빼앗겼던 서남 해역 해상권을 회복하는 것을 목표로 하였다. 935년 4월, 유금필을 위시한 고려의 수군은 나주 지방을 성공적으로 경략하고 복귀하였다. 고려는 최후의 해상 반격으로 서남해역 해상권을 장악하는 군사적인 성과를 거둘 수 있게 되었다. 동시에 고려는 나주를 경유하여 입조를 요청해온 견훤을 수군을 동원하여 호송해옴으로써 후삼국 통일을 앞당기는 정치적인 효과도 거둘 수 있게 되었다. 견훤의 정치적 망명이 수군활동을 매개로 이루어졌다는 사실은 후삼국시대 해양에 대한 패권 장악이 통일전쟁의 향방에 결정적인 영향을 끼쳤음을 상징적으로 반영한다.

고려와 후백제가 대결한 후삼국 전쟁을 해상권 장악을 둘러싸고 전개된 길고도 치열했던 해양쟁패전의 관점에서 보자면 과연 어느 정권이 보다 장기적인 안목에서 수군활동을 보장하는 전략을 수립하고, 또한 정책적인 차원에서 지속적인 관심을 갖고 추진하였는가 하는 문제가 새로운 통일왕조 수립의 주인공을 결정짓는 동력이 되었음을 새삼 일깨워준다 하겠다.

나말려초 백령도와 유금필의 수군활동

1. 머리말

고려의 후삼국 통일전쟁에서 단연 빼놓을 수 없는 인물이 유금필(庾黔弼 : ?~941)[1]이다. 그는 비범한 식견을 바탕으로 고려가 후삼국을 통일하는 전쟁에서 주도적인 역할을 수행한 전략가였다. 또한 그는 뛰어난 용병술(用兵術)을 구사하여 모든 전투를 승리로 이끌어낸 백전백승의 상승장군이었다. 그는 불리한 전황 속에서도 올바른 판단과 용기 있는 행동으로 전세를 역전시켰고, 고려 왕조와 태조(太祖) 왕건(王建)을 위해 변함없는 충절을 바친 충신이었다. 이러한 모범적인 행보로 말미암아, 그는 태조 왕건으로부터 시종일관 다른 신하와 장수들이 누리지 못하는 최고의 대우와 총애를 받았다.[2]

---

1) '庾黔弼'에 대해서는 '유금필'로 읽고 표기하는 경향이 보편적이다. 이도학이 근래에 '유검필'로 읽고 표기함이 옳다는 견해를 제시하였으나, 기존의 보편적인 견해를 따른다. 이도학이 제시한 견해는 『궁예 진훤 왕건과 열정의 시대』, 김영사, 2000, 176쪽 ; 『후백제 진훤대왕』, 주류성, 2015a, 498쪽 참조.

2) 『高麗史』 권92, 열전5 유금필, "及凱還太祖必迎勞 終始寵遇諸將莫及."

유금필은 고려가 건국하던 918년 무렵에 등장하여 두각을 드러내기 시작하였다. 그는 기동력과 전투력이 우수한 경기(勁騎)[3]를 활용한 지상전에서 발군의 실력을 발휘하였다. 그는 태조를 옹립하는 거사에서 진천 지방을 방어하는 임무를 시작으로, 후백제와 대결한 크고 작은 전투에서 혁혁한 무훈을 세웠다. 920년 북계(北界) 골암진(鶻岩鎭) 평정, 925년 조물성전투(曹物城戰鬪), 928년 청주전투(淸州戰鬪), 930년 고창전투(古昌戰鬪), 932년 결사대 80명을 인솔한 자도전투(子道戰鬪), 934년 운주전투(運州戰鬪), 936년 일리천전투(一利川戰鬪) 등은 그 대표적인 지상 전투였다.

유금필은 지상전뿐만 아니라 해상전에서도 눈부신 활약을 보였다. 이는 그의 인생 후반기에 해당하는 930년 초기에 나타나는 군사활동으로, 주변으로부터 참소를 입어 백령도(白翎島)로 유배되면서부터 시작되었다. 그는 백령도에 유배된 처지임에도 불구하고 후백제의 해상 위협에 대응하여 수군전력을 확보하고 방어책을 마련하는 등 고려의 해상방위력 강화에 커다란 족적을 남겼다. 935년(태조 18) 나주(羅州)를 탈환하는 작전시에는 도통대장군(都統大將軍)에 임명되어 수군을 영솔하였다. 고려는 유금필의 성공적인 수군활동에 힘입어 후백제에게 빼앗겼던 서남해역 해상권을 다시금 회복하게 되었고, 나주와 송악(松嶽)을 연결하는 해상교통로를 안정적으로 보호할 수 있게 되었다. 936년(태조 19)에 이르러서는 나주로 도망하여 귀순을 요청해온 후백제왕 견훤(甄萱)을 호송하는 수군작전을 지휘함으로써

---

3) 유금필이 거느린 경기의 실체와 군사활동에 대해서는 金甲童, 「고려의 후삼국 통일과 유금필」, 『軍史』 69, 국방부 군사편찬연구소, 2008 ; 김갑동, 「고려 태조 왕건과 유금필 장군」, 『人文科學論文集』 46, 대전대학교 인문과학연구소, 2009 참조.

후삼국 전쟁을 조기에 종식시키는 데에도 핵심적인 역할을 다하였다. 고려가 후삼국 통일전쟁을 추진하던 과정에서 나타나는 유금필의 이러한 행적은, 그가 지상전에서는 물론 해상전에서도 뛰어난 지략과 능력을 갖춘 장수였음을 일깨워준다.

유금필이 지상전과 더불어 해상전에서도 비중 있는 역할을 수행하였던 사정에 비추어 볼 때, 비록 남겨진 자료가 많지는 않지만, 고려의 후삼국 통일전쟁이라고 하는 거시적인 안목에서 그가 벌인 수군활동을 탐구하는 작업은 매우 고무적인 일이 아닐 수 없다고 생각한다. 그것은 무엇보다도 유금필이 백령도로 유배되던 930년 초부터 후삼국이 통일되던 936년까지 벌였던 수군활동의 구체적인 실상을 파악하는데 도움이 될 것이다. 또 후삼국 통일전쟁 후반기 고려의 정치와 군사 상황을 이해하는 데에도 좋은 기회가 될 것이다. 나아가 고려가 운용한 수군(해군)[4]이 후삼국 통일 과정에서 정치, 외교, 군사적으로 어떠한 역할과 기여를 하였는지 전쟁사적 차원에서의 교훈을 이끌어내는 데에도 도움이 될 것이다. 이 시대의 전쟁과 수군활동을 정리한 기왕의 연구서와[5] 유금필을 전론으로 다룬 논문,[6] 그리고 그의 행적

---

4) 이 시기에 활약한 수군은 해군으로도 불리었다. 왕건이 海軍大將軍으로, 후백제의 수군 장수들이 海軍將으로 활동한 사실이 이를 말해준다. 수군이 해군으로 호칭된 것은 후삼국전란기를 배경으로 장기간에 걸쳐 지속된 해상원정에 따른 결과였다. 이 시기 해군의 등장과 역사적인 의미에 대해서는 신성재, 「고려전기 해군에 대한 시론적 고찰」, 『역사와 경계』 96, 부산경남 사학회, 2015 참조.

5) 류영철, 『高麗의 後三國 統一過程 硏究』, 景仁文化社, 2004 ; 문안식, 『후백제 전쟁사 연구』, 혜안, 2008 ; 김갑동, 『고려의 후삼국 통일과 후백제』, 서경문 화사, 2010 ; 김명진, 『고려 태조 왕건의 통일전쟁 연구』, 혜안, 2014 ; 이도 학, 『후삼국시대 전쟁 연구』, 주류성, 2015b ; 신성재, 『후삼국시대 수군활 동사』, 혜안, 2016.

을 전하는 관련 기록들을 근간으로 나말려초기(羅末麗初期) 유금필의 수군활동에 대하여 살펴보고자 한다.

이를 위해 다음과 같은 순서에 따라 논지를 전개하고자 한다. 먼저 2장에서는 유금필의 수군활동을 검토하기에 앞서, 나말려초기 서남해에 존재하였던 주요 도서지방과 유금필이 유배되었던 백령도의 동향에 대해 살펴볼 것이다. 3장에서는 유금필이 백령도에 유배된 이후부터 추진한 수군활동에 대해 정리할 것이다. 후백제 수군이 930년 초반에 서해 중북부 해역으로 북상하면서 고려를 압박한 사실을 소개하고, 유금필이 백령도 유배기에 추진한 해상방위 활동에 대해 검토할 것이다. 또 유배지로부터 풀려난 뒤 나주 지방을 대상으로 벌인 수군활동의 내용과 그것이 불러온 정치외교 및 군사적인 영향에 대해서도 심층적으로 살펴볼 것이다.

이상과 같은 검토 과정을 통하여 나말려초기 서북 해역에 위치한 백령도의 존재 양태와 정치사회적 동향에 대해 정리하고, 유금필이 벌인 수군활동에 대해 전쟁사적인 의미를 부여해보고자 한다.

2. 서남해 도서지방의 동향과 백령도

신라 말·고려 초기에 해당하는 9세기 말~10세기 전반은 한국 역사

---

6) 대표적인 성과로 고려의 후삼국 통일과 유금필의 군사활동을 다룬 연구, 사후 부여군 임천면 군사리에 소재한 聖興山城 내 庚太師廟에 배향되고 성황사의 주신으로 모셔지게 되는 과정을 검토한 논문이 있다. 金甲童, 앞의 논문, 2008 ; 김갑동, 앞의 논문 2009 ; 김효경, 「부여 林川郡 城隍祠와 庚黔弼」『역사민속학』 26, 한국역사민속학회, 2008 참조.

상 일찍이 경험해보지 못했던 분열기였던 동시에 새로운 통합을 지향해가던 사회변동기였다. 이 시대를 특징짓는 뚜렷한 정치사회상의 변화는 한계점에 도달한 신라 지배체제의 모순에 반발하여 지방사회 곳곳에서 호족(豪族)이라 불리던 독립 세력가들이 등장하여 자위 조직을 갖추고 실질적인 지방통치를 주도해간 점이다.[7]

후삼국전란기에 호족의 출신과 구성은 다양하였다. 지방으로 낙향한 귀족 출신에서 등장한 인물이 있는가 하면, 청해진(淸海鎭)과 패강진(浿江鎭)의 경우처럼 해·육상의 군사적 거점을 배경으로 등장한 군진세력(軍鎭勢力) 출신의 호족도 존재하였다. 또 촌락사회에서 촌정(村政)을 담당하던 촌주(村主) 출신의 호족도 대두하였다.[8] 이들은 지방사회의 실력자로 등장하던 초기에는 자신들의 영향력 하에 있던 지역을 기반으로 독자성을 표방하는 태도를 보였다. 그러나 천년 왕조 신라를 부정하며 태봉과 후백제가 건국되어 영역적 지배를 확장하면서부터는 특정 정권에 귀부(歸附)함으로써 협력적 입장을 취하고 자신들이 지방사회에서 누려온 지배권을 보장받기도 하였다.

이 시기에 등장한 호족들 중에는 바다를 활동 무대로 지방사회를 이끌어가던 해상세력 출신의 호족들도 다수 존재하였다. 특히 신라

---

7) 신라 말·고려 초 호족을 다룬 주요 성과와 연구 동향 파악에 도움이 되는 글을 소개하면 다음과 같다. 朴漢卨, 「豪族과 王權」『한국사연구입문』, 지식산업사, 1987 ; 金甲童, 『羅末麗初 豪族과 社會變動 研究』, 高麗大民族文化研究所, 1990 ; 나말려초연구반, 「나말려초 호족의 연구동향-1960년대 연구를 중심으로」『역사와 현실』 5, 한국역사연구회, 1991 ; 김갑동, 「호족의 대두와 집권화 과정」『한국역사입문 ②』(중세편), 풀빛, 1995 ; 鄭淸柱, 『新羅末高麗初 豪族研究』, 一潮閣, 1996 ; 윤경진, 「고려초기의 정치체제와 호족연합정권」『한국 전근대사의 주요 쟁점』, 역사비평사, 2002 ; 申虎澈, 『後三國時代 豪族研究』, 개신, 2002.

8) 鄭淸柱, 앞의 책, 1996, 14~36쪽.

정부의 통제력으로부터 영향력을 덜 받고 있던, 비교적 왕경(王京)으로부터 멀리 떨어져 자유로운 해상활동이 가능하였던 해안지방에서는 독자적인 입장을 표방하던 해상세력가들이 우후죽순처럼 등장하여 활동하였다. 청해진이 설치되었던 완도, 개성과 인접한 정주(貞州 : 경기도 풍덕), 예성강 하구 일대, 나주·영암·혜성(槥城 : 충남 당진)[9]·강주(康州 : 경남 진주)·울산 등지는 해상세력들이 부를 축적하여 호족으로 성장한 대표적인 해안지방이었다.[10]

해안지방과 뱃길로 연결되는 도서지방에서도 독자성이 강한 해상세력들이 등장하여 활동하였다. 예컨대 서남해역에 산재한 도서 중에서 가장 규모가 컸던 진도(珍島)를 비롯하여 목포 앞 바다에 산재한 여러 섬들에는 독자적인 해상세력이 활동하고 있었다.[11] 왕건이 909년에 진도를 공취한 기록을 보면[12] 이 섬을 근거지로 활동하였던 해상세력들의 존재에 대해 어느 정도 짐작해볼 수 있다. 왕건이 진도를 공취한 것은 이 섬이 서해와 남해를 왕래하는 해로상의 전략적 요해지에 위치하고 있었기 때문이었다. 나아가 당시 진도 지역에 웅거하고 있던 해상세력가들을 포섭함으로써 서남해 도서지방에서 군사·경제적 실리를 확보하기 위한 목적도 포함된 것이었다.

진도를 공취한 뒤 고이도(皐夷島)[13]로 군사적 영향력을 확대하는

---

9) 혜성은 원래 백제의 槥郡이었다. 신라 경덕왕대에 槥城郡으로 고쳤고, 조선 태종 13년에 沔川郡으로 개명되었다(『新增東國輿地勝覽』권19, 충청도 면천군 건치연혁).
10) 鄭淸柱, 앞의 책, 1996, 27~33쪽.
11) 李海濬,「新安 島嶼地方의 歷史文化的 性格」『島嶼文化』7, 木浦大島嶼文化研究所, 1989, 63쪽.
12) 『三國史記』권12, 효공왕 13년 夏 6월, "弓裔命將領兵船 降珍島郡."
13) 대체로 전남 신안군 압해면에 위치한 古耳島로 보는 견해가 지배적이다.

과정에서는 도서지방에 존재하였음직한 해상세력과 지역민들의 실상이 보다 직접적으로 드러난다. 당시 기록에 따르면, 고이도에 거주하던 현지인들(城中人)은 왕건이 거느리고 온 수군의 군용이 엄정하여 싸우지 않고 항복하였다고 한다.[14] 이러한 사실은 당시 서남해 도서지방에서 성을 매개로 지배적인 위치에 존재하던 해상세력과 이들의 영향력하에 놓여있던 지역민들이 공존하던 실상을 잘 보여준다. 서남해역 도서지방에서 활동하던 해상세력의 존재 양태와 동향에 대해서는 아래 기록을 통해 더욱 구체적으로 살펴볼 수 있다.

그 때에 壓海縣의 賊帥 能昌이 海島에서 일어났는데 水戰을 잘하여 수달이라고 불리었다. 그는 망명한 이들을 모아 葛草島의 小賊들과 연결하여 태조가 오는 것을 기다려 해치려고 하였다. 태조가 제장들에게 말하기를, "능창이 이미 내가 오는 것을 알고 있으니 반드시 島賊들과 변을 일으킬 것이다. 적도의 무리가 비록 적으나, 만일 세를 합하여 우리의 앞뒤를 막는다면 승부를 알 수 없다. 물에 익숙한 자 10여 인으로 하여금 갑옷을 입고 창을 들고 가벼운 배를 타고 밤에 갈초도 입구로 가서 음모하려고 왕래하는 자를 사로잡아 그 계획을 좌절시키는 것이 좋을 것이다." 장수들이 모두 그 말에 좇아 과연 한 척의 작은 배를 잡으니 그가 바로 능창이었다. 태조가 그를 잡아 궁예에게 보냈더니 궁예가 크게 기뻐하고 능창의 얼굴에 침을

그러나 최근 목포 앞 바다에 위치한 高下島로 비정하는 견해가 제시되기도 하였다(정진술, 「왕건의 나주 공략과 고하도」, 『해양담론』 창간호, 목포해양대학교 해양문화연구정책센터, 2014, 161~166쪽).

14) 『高麗史』 권1, 세가1 太祖 양 개평 3년, "進次皐夷島 城中人望見軍容嚴整 不戰而降."

뱉으며 말하기를, "海賊이 모두 너를 영웅으로 추대하지만, 지금은 나의 포로가 되었으니 어찌 나의 계책이 신묘치 않은가." 하고 곧 여러 사람에게 보인 후 참하였다.[15]

위는 왕건이 909년에 서남해안 지방을 대상으로 수군활동을 벌이던 중 압해현(壓海縣 : 전남 신안군 압해도) 해상에서 수전(水戰)의 달인이라고 불리우던 능창(能昌)을 사로잡는 상황을 전하는 기록이다.

이 기록에서 주목되는 것은 해도(海島)를 배경으로 등장한 능창의 존재이다. 능창은 압해현의 적수(賊帥)로 불리울 만큼 해당 지역 내에서 영향력이 큰 인물이었다. 그가 갈초도(葛草島)의 소적(小賊)들과 모의하여 왕건에게 대항하고자 하였던 것 역시 활동하던 해역에서 세력이 컸던 인물임을 반증한다. 그는 수군활동 경험이 풍부한 왕건조차도 위세를 염려하여 신중한 작전을 수립하여 사로잡을 정도로 바다 사정에 정통하였다. 이러한 사실들은 그가 궁예나 왕건의 입장에서 적수 혹은 도적(島賊), 해적(海賊)으로 지칭되고 있지만, 이는 상대적인 표현일 뿐 그의 본래 모습과는 거리가 먼 인식으로 보여진다. 오히려 그는 서남해안 지방의 해상 사정에 밝고, 주변 도서지방에서 활동하던 소규모의 세력가들을 규합할 정도로 큰 위세를 지녔으며, 압해현을 사회경제적 기반으로 살아가던 해상세력이었을 가능성이

---

15) 『高麗史』 권1, 세가1 태조 양 개평 3년, "時有壓海縣賊帥能昌起海島 善水戰 號曰水獺 嘯聚亡命 遂與葛草島小賊相結 候太祖至 欲邀害之 太祖謂諸將曰 能昌已知我至 必與島賊謀變 賊徒雖小 若幷力合勢 遏前絶後 勝負未可知也 使善水者十餘人 擐甲持矛乘輕舫 夜至葛草渡口 擒往來計事者 以沮其謀可也 諸將皆從之 果獲一小舸 乃能昌也 執送于裔裔大喜 乃唾昌面曰 海賊皆推汝爲雄 今爲俘虜 豈非我神筭乎 乃示衆斬之."

높다.

능창에 대해서는 견훤의 부하로 활동하면서 궁예정권에 장애를 끼쳤던 세력으로 평가하는 견해가 제기된 바 있다.[16] 또 견훤의 휘하 세력으로 보되 독자적으로 활동한 해적으로 이해하는 입장도 있다.[17] 그러나 기록상 능창이 견훤과 직접적으로 연결될만한 근거가 부재하고, 해적이라고 인식하는 것 역시 능창의 반대 입장에서 바라보는 시각이다. 이런 점에 의문을 가져보면 능창이 견훤의 부하이거나 해적일 가능성은 낮아 보인다. 기왕의 다른 견해에서 적절히 설명한 것처럼 능창은 원래는 해적이었지만 10세기 초 정치 상황의 변화에 따라 공리적인 이념을 내세우면서 호족화한 해상호족이었을 가능성이 높다고 생각된다.[18] 다시 말해 서해안 지방에서 활동하던 해상세력들이 헤게모니를 위협해오던 상황 속에서 자신이 일궈온 지역적 기반을 잃지 않기 위해 저항적인 태도를 취하였던 독자성이 강한 해상세력가였을 가능성이 크다.[19]

한편 독자적인 성격의 해상세력 능창과 달리 특정한 정권과 결탁하면서 활동하던 해상세력들도 존재하였던 것 같다. 왕건이 914년에 나주를 원정하는 수군활동 속에는 그러한 분위기가 잘 드러난다.

---

16) 申虎澈, 『後百濟 甄萱政權研究』, 一潮閣, 1993, 31~32쪽.
17) 권덕영, 「장보고와 동아시아 해역의 해적」 『재당 신라인사회 연구』, 일조각, 2005, 299~300쪽.
18) 權悳永, 「新羅下代 西·南海域의 海賊과 豪族」 『韓國古代史研究』 41, 한국고대사학회, 2006, 316~329쪽.
19) 鄭淸柱, 앞의 책, 1996, 154쪽 ; 姜鳳龍, 「押海島의 번영과 쇠퇴 - 고대·고려시기의 압해도」 『島嶼文化』 18, 木浦大島嶼文化研究所, 2000, 42~44쪽 ; 姜鳳龍, 「後百濟 甄萱과 海洋勢力 - 王建과의 海洋爭覇를 중심으로」 『歷史敎育論集』 83, 歷史敎育研究會, 2002, 125쪽.

貞州 포구에 나아가 전함 70여 척을 수리하여 병사 2천명을 싣고 나주로 갔다. 百濟와 海上草竊이 태조가 다시 온다는 것을 알고 모두 두려워 엎드려 감히 준동하지 못하였다. 태조가 돌아와 舟楫의 이로움과 應變의 마땅함을 보고하였다.[20]

위 사료에 나오는 백제(百濟)는 후백제를 말한다. 그 다음에 병기된 해상초절(海上草竊)들은 서남해 도서지방을 근거지로 활동하던 군소해상세력(群小海上勢力)들을 지칭한다.[21] 왕건의 해상원정에 준동하지 못하고 있던 존재로 묘사된 '백제와 해상초절들'은 아무런 상관성이 없는 별개로 볼 수 있다. 하지만 양자가 선후하여 함께 기록된 점에 주목해보자면 상호간 어떤 이해관계가 형성되었을 가능성도 배제할 수 없다. 즉 도서지방을 배경으로 살아가던 군소해상세력들 중에는 후백제와 연대하여 정치경제적인 실리를 얻는 해상세력이 존재하였을 가능성이 있다. 왕건이 고이도를 점령하던 시기에 항복한 지역민들이 고려에 우호적인 세력으로 변신하였음을 짐작해볼 수 있듯이, 후백제와 연대를 모색하던 해상세력들 역시 존재하였을 것이다.

왕건이 벌인 수군활동을 통해 보듯이, 나말려초기 서남해 도서지방에서는 세력의 크기가 다양하고 정치경제적인 이해관계가 상이한 해상세력들이 등장하여 활동하였다. 압해도를 무대로 활동한 능창은

---

20) 『高麗史』 권1, 세가1 태조 건화 4년 갑술, "就貞州浦口 理戰艦七十餘艘 載兵士二千人 往至羅州 百濟與海上草竊知太祖復至 皆懾伏莫敢動 太祖還告舟楫之利應變之宜."
21) 조인성, 『태봉의 궁예정권』, 푸른역사, 2007, 207~208쪽.

그 중에서도 가장 강성하였던 인물로 독자적인 노선을 지향하던 해상세력이었다. 고이도성에서 웅거하던 세력은 독자적인 성향의 해상세력이었지만, 왕건에게 항복한 이후로는 고려를 지지하는 입장을 표방하였을 것이다. 이에 반해 일부 군소해상세력들 중에는 후백제와 연대하여 생존과 실리를 도모해가던 세력도 존재하였을 것이다. 서남해 도서지방에 나타나는 이러한 분위기는 비단 당 해역에만 국한된 현상은 아니었을 것이다. 서남해 도서지방의 전반적인 분위기를 통해 짐작해보건대, 서북해역에 위치한 백령도에서도 이와 유사한 분위기가 형성되지 않았나 짐작된다.

제51대 眞聖女王이 즉위한 지 몇 년 만에 유모 鳧好夫人과 그의 남편 魏弘 匝干 등 서너 명의 총신들이 권력을 쥐고 정사를 마음대로 휘둘렀다. … 이 왕의 시대에 阿飡 良貝는 왕의 막내아들이었다. 당나라에 사신으로 갈 때에 百濟의 海賊이 津島에서 길을 막는다는 이야기를 듣고 궁수 50명을 뽑아서 그를 따르게 했다. 배가 鵠島(지방에서는 骨大島라고 한다.)에 이르니 풍랑이 크게 일어났으므로 열흘 남짓 묵게 되었다. 공이 근심하여 사람을 시켜 점을 치니 말하기를, "섬에 신령한 못이 있으니 그곳에 제사지내는 것이 좋겠습니다."라고 하였다. 이에 못 위에 제전을 갖추었더니 못 물이 한 길 남짓이나 솟아올랐다. 그날 밤 꿈에 노인이 나타나 공에게 말하기를, "활 잘쏘는 사람 한 사람을 이 섬 안에 머무르게 하면 순풍을 얻을 수 있을 것입니다."라고 하였다. 공은 꿈에서 깨어나 좌우 사람들에게 물었다. "누구를 머무르게 하는 것이 좋겠는가?"라고 하니, 여러 사람들이 말하기를, "나무 조각 50쪽에 우리 이름들을 써서 물에 띄워 가라앉는 것으로 제비를 뽑읍시다."라고 하니 공이 이를 따랐다. 군사 중에 居陀知란 자가 있어 그의 이름이 물 속에 가라앉았으므로 이에 그를 머물게 하니 순풍이 갑자기 일어나 배는 지체 없이 나아갔다. 거타가 수심에 쌓여 섬에 서 있었더니 갑자기 한 노인이 못으로부터 나와서 말하기를, "나는 西海若이오. 매번 한 沙弥가 해가 뜰 때에 하늘로부터 내려와 陁羅尼를 외우면서 이 못을 세 바퀴 돌면 우리 부부와 자손들이 모두 물 위에 떠오르는데 중은 내 자손의 간과 창자를 취하여 다 먹어버리고 오직 우리 부부와 딸 아이 하나가 남았을 뿐이오. 내일 아침에 또 반드시 올 것이니 청컨대 그대가 중을 쏘아주시오."라고 하였다. 거타가 말하기를, "활 쏘는 일은 나의 장기이니 말씀대로 따르겠습니다."고 하였다. 노인이 그에게 고맙다고 하고는 사라지고 거타는 숨어서 기다렸다. 다음날 扶桑에서 해가 뜨자 중이 과연 와서 전과 같이 주문을 외우며 늙은 용의 간을 취하려고 하였다. 이때 거타가 활을 쏘아 중을 맞추니 곧 늙은 여우로 변하여 땅에 떨어져 죽었다.[22]

---

22) 『三國遺事』 권2, 기이2 진성여대왕거타지, "第五十一眞聖女王臨朝有年 乳母鳧
好夫人與其夫魏弘匝干等三四寵臣擅權撓政 … 此王代阿飱良貝王之季子也 奉使
扵唐 聞百濟海賊梗扵津島 選弓士五十人隨之 舡次鵠島 鄕云骨大島 風濤大作信宿
俠旬 公患之 使人卜之曰 島有神池 祭之可矣 扵是具奠扵池上 池水湧高丈餘 夜夢有
老人謂公曰 善射一人留此島中 可得便風 公覺而以事諮於左右曰 留誰可矣 衆人曰
冝以木簡五十片書我輩名 沉水而圖之 公從之 軍士有居陁知者名沉水中 乃留其人
便風忽起舡進無滯 居陁愁立島嶼 忽有老人從池而出謂曰 我是西海若 每一沙弥日
出之時從天而降 誦陁羅尼三繞此池 我之夫婦子孫皆浮水上 沙弥取吾子孫肝腸食之
盡矣 唯存吾夫婦與一女爾 來朝又必來 請君射之 居陁曰 弓矢之事吾所長也 聞命矣
老人謝之而沒 居陁隱伏而待 明日扶桑旣暾 沙弥果來誦呪如前 欲取老龍肝 時居陁
射之 中沙弥卽變老狐 墜地而斃."

위는 진성여왕(眞聖女王)의 막내아들인 아찬(阿湌) 양패(良貝)23)가 당나라 사신으로 파견되어 궁수 50명을 거느리고 서해를 항해하던 중 풍랑을 만나 곡도(鵠島 : 백령도)24)에 머무르게 되었고, 동행하던 궁수 거타지(居陀知)가 서해약(西海若 : 서해 용왕)을 괴롭히던 늙은 여우를 물리치자 당나라에 안전하게 도착하게 되었다는 내용을 전하는 설화이다.

이 설화의 시대적 배경은 후백제가 서해상을 통항하던 선박들의 해상 교통을 위협하던 점에서 보아 대략 진성여왕 6년(892)으로부터 얼마 뒤의 상황을 반영하는 것으로 짐작된다.25) 그런데 이 설화는 기본적으로 이중적인 성격을 띠고 있다. 역사적인 사실이 있는가 하면, 신화적인 요소도 반영되어 있다.26) 양패가 사신으로 가던 중 곡도에 머물렀다고 하는 기사는 당시 풍랑과 해적 때문에 사신의 왕래가 순조롭지 않았던 사정에서 보아 역사적인 사실에 해당한다.27) 반면에 궁수 거타지가 늙은 여우를 물리치는 기사는 비현실적인 내용이 적지 않은 관계로 신화적인 성격이 강하다. 따라서 이 설화에 반영되었음직한 진성여왕대 백령도의 동향에 대해서는 기본적으로

---

23) 『高麗史』 고려세계에 소개된 민지의 편년강목(編年綱目)에는 양패의 이름이 김양정(金良貞)으로 나온다. 양패가 진성여왕의 막내아들이라는 것에 대해서는 신빙성이 떨어진다는 견해가 있다(권영오, 「김위홍과 진성왕대 초기 정국운영」 『大丘史學』 76, 大丘史學會, 2004, 44~45쪽).

24) 『新增東國輿地勝覽』 권43, 황해도 강령현 건치연혁. 鄭淸柱, 앞의 책, 1996, 116쪽.

25) 전기웅, 「삼국유사 소재 '眞聖女大王居陀知條' 설화의 검토」 『한국민족문화』 38, 부산대학교 한국민족문화연구소, 2010, 236쪽.

26) 정연식, 「거타지 설화의 새로운 해석」 『東方學志』 160, 延世大學校 國學研究院, 2012, 171쪽.

27) 정연식, 위의 논문, 2012, 176쪽.

역사적 사실을 전하는 내용에 주목하되, 비록 신화적인 내용이지만 당대의 상황을 반영한다고 생각되는 기사 또한 고려하는 가운데 어느 정도 유추해봄직하다.

기사의 내용을 통해 유추해볼 수 있는 사실은 두 가지이다. 우선, 나말려초기 서해 남부~중북부를 연결하는 해로상에 위치한 백령도와 그 주변 도서지방에 '해적'으로 불리던 세력들이 활동하고 있었다는 점이다. 사신으로 떠나던 양패가 백제의 해적이 진도(津島 : 위치 미상)를 가로막고 있다는 소식을 접하고 궁수 50명을 선발하여 데리고 간 것이 이를 뒷받침해준다. 이는 앞서 살펴본 바와 같이, 비슷한 시기에 서남해 다도해 지방을 무대로 활동하던 능창이 해적으로 불리던 것과 비교해볼 때 그 인식적인 측면에서 유사성이 발견된다. 능창의 존재적 성격에 대해서는 압해도를 거점으로 독립적인 활동을 전개하던 해상세력으로 추정한 바 있다. 이 같은 관점에서 보아 단언 하기는 조심스럽지만, 진도에서 신라 사신선의 해상교통을 방해하고 있던 세력 역시 도서지방을 거점으로 활동하던 해상세력으로 볼 수 있지 않을까 추정된다. 이러한 추정은 서남해 도서지방의 경우와 마찬가지로 당시 백령도와 그 주변 도서지방에서도 독자적인 해상세 력이 등장하여 활동하였던 사정을 반영한다.

다음으로 이 설화는 당시 백령도에 대한 지배권을 둘러싸고 여러 세력들이 상호간 대립과 연대를 모색하였음을 시사해준다. 이는 거타 지가 서해 용왕을 괴롭히던 사미(沙弥 : 늙은 여우)를 물리치는 내용 을 통해 유추해볼 수 있다. 기왕의 견해에 따르면 거타지는 강주(경남 진주)의 유력한 해상세력을, 승려로 가장한 늙은 여우는 외래의 불교 신앙을, 승려로부터 괴롭힘을 당하고 있던 서해 용왕은 전통신앙인

용신신앙을 상징한다고 한다.[28] 설화의 결론은 승려에 의해 용이 퇴치당하는 대개의 이야기들과 달리, 오히려 승려가 죽고 용이 승리하는 것으로 귀결된다. 이러한 이야기는 9세기 말 지방사회의 단면을 반영한다고 한다. 즉 신라 말기가 되면 지방사회에 토착하던 용신은 거타지와 같은 지방세력의 조력을 받아 더 이상 왕실과 귀족의 신앙이었던 불교의 권위에 굴복하지 않는다고 한다.[29] 이는 흡사 백령도에 토착하던 세력(서해 용왕)이 강주로 대표되는 새로운 해상세력(거타지)의 도움을 받아 이곳에 영향력을 행사하던 또 다른 해상세력(늙은 여우)을 물리치는 장면을 연상케 한다. 이에 주목하여 설화의 의미를 재해석해보면, 새로운 해상세력(혹은 정권)이 백령도에 진출하는 과정에서 현지 토착세력의 도움을 받아 이 지방에 대한 지배권을 장악해 가던 사정을 반영하는 것으로 보아도 좋을 듯하다. 아마도 그 새로운 세력은 고려와 연대하던 해상세력이거나 고려 왕조 자체가 아니었을까 추정된다. 설화의 시대적 배경이 된 892년 이후부터 대략 40여 년이 지난 뒤에 유금필이 백령도로 유배를 가게 되는 것은 우연이 아닐 것이다. 고려가 이미 이전의 어느 시기엔가부터 이 섬에 대한 지배권을 장악하고 있었기 때문에 가능하였을 것이다.

고려가 백령도에 대한 지배권을 장악하였던 것은 이 섬이 해상교통 측면에서 중요한 가치를 지니고 있었기 때문으로 짐작된다. 백령도는 고대 이래로 한반도와 중국 산동반도를 잇는 황해횡단항로의 중간 기착지였고, 동남아시아, 인도, 중동, 유럽 등을 연결하는 해상실크로드의 거점 도서이기도 하였다. 해로를 통해 중국의 북경이나 요동반

---

28) 전기웅, 앞의 논문, 2010, 233~237쪽.
29) 위와 같음.

도, 한반도의 북부를 들어가려면 반드시 백령도 앞을 지나쳐야 한다.[30] 양패 일행이 항해한 경로는 이 같은 사정을 뒷받침한다. 이들이 이동한 항로를 재구성해보면 서남해안에서 출발하여 북상하다가 경기만 북부 해역에서 백령도를 경유하여 직횡단하였음을 알 수 있다. 이는 양패 일행이 전형적인 황해횡단항로를 이용하였음을 말해준다.[31] 백령도가 당시 중국과의 해외교섭활동에서 중요한 창구이자 길목으로 활용되고 있었던 셈이다.

고려 왕조는 백령도가 해상 교통지리적인 측면에서 중요한 이점을 지니고 있었음을 인지하고 있었을 것이다. 또 해양전략적인 차원에서의 군사적인 가치 또한 주목하였을 것이다. 서해 중부 해역을 거쳐 강화도 및 개성으로 북상하여 위협을 가하고자 하는 세력을 측면에서 견제할 수 있고, 황해도 연안지방으로 침투하는 세력에 대해서는 직접적으로 방호할 수도 있기 때문에 적극적인 지배권 확보의 배경이 되었을 것이다. 백령도에 대한 지배권 확보 과정은 앞서 살펴본 거타지 설화에 대한 해석을 통해 정리해볼 수 있다. 즉 고려 정부가 백령도에 토착하고 있던 세력과 연대하여 도전해오던 또 다른 해상세력들을 제압하면서 지배권을 장악해갔던 것이 아닌가 여겨진다.

---

30) 이희환, 「동서문명의 접경지, 백령도 점경(點景) - 지도를 중심으로 본 백령도의 문화교류사」 『인천학연구총서』 33, 인천대학교 인천학연구원, 2015, 15쪽.
31) 尹明喆, 「新羅下代의 海洋活動研究」 『國史館論叢』 91, 國史編纂委員會, 2000, 227쪽.

3. 유금필의 수군활동과 전쟁사적 의미

1) 백령도 유배기의 해상방위 활동

유금필이 수군활동에서 활약을 보였던 시기는 그의 인생 후반기에 해당하는 930년대였다. 이 시기는 고려가 후백제에 대패한 927년 공산전투의 후유증을 극복하고 지상전에서 우위를 점하면서 전쟁 주도권을 장악해가던 시기였다. 그런데 흥미로운 사실은 그의 수군활동이 백령도에 유배되는 것을 계기로 시작되었다는 점이다.

14년에 참소를 당하여 鵠島에 유배되었다. 이듬해에 견훤이 海軍將 尙哀 등으로 大牛島를 공략하게 하였다. 태조가 大匡 萬歲 등을 보내어 구하게 하였으나 불리하였다. 태조가 이에 근심하니 금필이 글을 올려 말하기를, "신이 비록 죄를 입어 귀양살이를 하고 있지만 百濟가 우리의 바다 고을들을 침범한다는 소식을 듣고 本島와 包乙島의 丁壯들을 선발하여 군대에 충원하고 또 전함을 수리하여 방어하게끔 하였으니 원컨대 주상께서는 근심하지 마십시오." 하였다. 태조가 글을 보고 울며 말하기를, "참소를 믿고 어진 사람을 내쫓은 것은 나의 어리석음이다." 사자를 보내어 소환하고 위로하며 말하기를, "경은 실로 無辜함에도 귀양을 살게 되었건만 일찍이 원망하거나 분하지 않고 오직 나라를 보위할 생각을 했으니 내가 심히 부끄럽고 후회스럽다. 자손에 이르기까지 상을 연장하여 경의 忠節에 보답하고자 한다." 하였다.[32]

---

32) 『高麗史』 권92, 열전5 유금필, "十四年被讒竄于鵠島 明年甄萱海軍將尙哀等 攻掠

기록을 통해 보듯이, 유금필은 태조 14년(931)에 주변 정치세력으로부터 참소를 당하여 유배에 처하게 된다. 이 사건에 대해『고려사절요』에서는 931년 3월에 있었던 일로 보다 상세하게 기록하고 있다.[33) 유금필이 유배에 처하게 된 이유에 대해서는 의문의 여지가 있다. 왜냐하면 유금필은 유배되기 불과 1년 전에 발발한 고창전투[34)를 승리로 이끄는 데 결정적인 역할을 하는 등 태조 왕건으로부터 절대적인 신임을 받고 있었기 때문이었다.

주지하듯이 고려는 930년 정월 안동 지방에 대한 패권을 둘러싸고 후백제와 벌인 고창전투에서 대승하였다. 고려는 이를 계기로 전쟁 주도권을 장악하고 경북 내륙지역과 동해안 해안지방에까지 정치군사적인 영향력을 확대할 수 있게 되었다.[35) 고려가 이 전투에서 승리할 수 있었던 것은 전적으로 유금필의 덕분이었다. 당시 전황은 고려군에게 불리한 형국이었다. 장수들은 만일의 사태에 대비하여 탈출구를 마련하고자 할 정도로 전투에 소극적이었다. 유금필은 이를 비판하고 신속하면서도 과감한 공격을 주장하였다. 그는 후백제군이 취약한 틈을 노려 뛰어난 전투력을 갖춘 경기들을 투입하여 전투를 승리로 이끌었다. 왕건이 전투가 끝난 뒤에 "오늘의 승첩은 경의 힘 덕분이

大牛島 太祖遣大匡萬歲等往救不利 太祖憂之 黔弼上書曰 臣雖負罪在貶聞 百濟侵我海鄉 臣已選本島及包乙島丁壯 以充軍隊 又修戰艦 以禦之 願上勿憂 太祖見書泣曰 信讒逐賢 是予不明也 遣使召還慰之曰 卿實無辜見謫 曾不怨憤 惟思輔國 予甚愧悔庶 將賞延于世 報卿忠節."

33) 『高麗史節要』권1, 태조신성대왕 태조 14년 3월, "庚黔弼被讒竄鵠島."
34) 『高麗史』권1, 태조 13년 春 정월 ; 『高麗史』권92, 열전5 유금필.
35) 고창전투의 전개 과정과 전쟁사적 의미에 대해서는 류영철, 앞의 책, 2004, 127~179쪽 ; 문안식, 앞의 책, 2008, 164~178쪽 ; 이도학, 앞의 책, 2015b, 309~350쪽 참조.

다."라며 치하한 것은 유금필의 활약이 승리에 원동력이 되었음을
말해준다. 이처럼 고창전투 승리의 주역이었던 유금필이 갑작스레
유배된 것인데, 그 구체적인 이유는 석연치 않다. 다만 '참소'를 입었다
고 하는 기록에 주목해보자면, 유금필이 태조의 총애를 한몸에 받는
가운데 정계의 실력자로 급부상해가던 현실 속에서 주변 세력들로부
터 정치적 견제를 받게 된 것이 아닌가 추정된다.[36]

　유금필이 백령도로 유배를 떠난 이듬해, 고려는 전례가 없던 해상
위협 상황에 직면하게 되었다. 위 사료를 통해 알 수 있듯이, 후백제
견훤이 해군장(海軍將) 상애(尙哀) 등을 보내어 대우도(大牛島)를 공략
하게 하였던 것이다. 후백제의 수군이 대우도를 공략한 것은 932년
10월이었다.[37] 대우도에 대해서는 경기도 남양(南陽) 해상의 대부도
[大部(阜)島],[38] 압록강 하구 용천군(龍川郡)에 위치한 섬으로 보기도
한다.[39] 그러나 이보다는 섬의 형상이 흡사 누워 있는 소를 닮았다
하여 이름 붙여진, 지금의 충남 서산시 지곡면 도성리 앞 바다에
위치한 대우도가 타당하지 않을까 싶다.[40] 그렇다고 한다면 이 시기
후백제가 대우도를 공략하였던 것은 해상권의 범위를 서해 중부
해역으로 확대하기 위한 의도에서 추진된 것으로 보아야 한다. 그런데

---

36) 말갈(여진)족으로 구성된 유금필 부대가 승리에 도취한 나머지 약탈을
　　하였는데, 이를 제지하지 못했기 때문에 유배된 것으로 보기도 한다(김갑동,
　　앞의 논문, 2008, 51쪽).
37) 『高麗史』 권2, 태조 15년 冬 10월.
38) 池內宏, 「高麗太祖の經略」『滿鮮史硏究(中世篇 2)』, 吉川弘文館, 1937, 57쪽.
39) 文秀鎭, 「王建의 高麗建國과 後三國統一」『國史館論叢』35, 國史編纂委員會,
　　1992, 175쪽 ; 鄭淸柱, 앞의 책, 1996, 174쪽.
40) 국토지리정보원, 『한국지명유래집(충청편)』, 2015, 481~482쪽 ; 신성재, 앞
　　의 책, 2016, 91쪽.

이보다 더 심각한 위협은 후백제가 대우도를 공격하기 1개월 전인 932년 9월에 발생하였다. 후백제 수군이 고려의 왕도로 통하는 예성강 수역으로 침입하여 염주(塩州 : 황해도 연안)·백주(白州 : 황해도 배천)·정주(貞州 : 풍덕)에 정박하고 있던 선박 100척을 불태워버리고 저산도(猪山島)[41]에서 방목하던 말 300필을 탈취해간 점이다.[42]

후백제의 예성강 수역 공격은 고려의 해상 방위를 위협하는 충격적인 사건이었다. 고려는 그동안 태봉 치하에서부터 양성한 수군을 적극적으로 운용하여 서남해안 지방을 대상으로 정벌전을 전개하였다. 이 과정에서 고려가 정벌활동의 수군기지로 삼은 곳은 정주였다.[43] 그런데 수군활동의 전략거점 정주가 공격을 당하고 보유하고 있던 선박 100척이 상실된 것이다. 상실된 고려의 선박 100척은 대부분 전함이었을 것이다. 이 전함 100척은 왕건이 수군활동을 위해 거느렸던 전함이 통상 70여 척 내외였던 점과[44] 비교해보면 그 규모가 대단히 컸음을 알 수 있다. 해전을 전담하던 주력 전함이 대부분 상실됨은 물론 군영과 무기고, 제반 훈련 시설로 대표되는 수군활동 기반 자체가 심각하게 손상되었던 것이다.[45] 최근 이 사건에 대해서

41) 猪島(황해남도 온천군 대행면 저도)가 지금의 황해남도 안악군의 북쪽에 있으며 목마장이 있었다는 사실에 근거하여 저도를 저산도로 보기도 한다 (東亞大學校 石堂學術院, 『국역 고려사 1, 세가1』, 경인문화사, 2008, 150쪽).

42) 『高麗史』 권2, 세가2 태조 15년, "九月 甄萱遣一吉粲相貴 以舟師入侵禮成江 焚塩白貞三州船一百艘 取猪山島牧馬三百匹而歸."

43) 金甲童, 앞의 책, 1990, 104쪽 ; 鄭淸柱, 앞의 책, 1996, 113쪽.

44) 주 21) 참조. 물론 태봉정권 말기인 915년을 전후하여 전함 100척을 증치하였다는 기록이 있다. 이때 증치된 전함 100척은 노후된 기존 전함을 교체하기 위한 용도로도 활용되어졌을 것이다. 그렇다고 한다면 고려는 932년 후백제의 예성강 수역 공략 시 주력 전함의 상당 부분을 상실한 셈이 된다.

45) 신성재, 「고려와 후백제의 해양쟁패전」 『한국중세사연구』 47, 한국중세사

는 후백제가 송악을 공격하여 왕건을 제거하고 전세를 역전시키기 위한 목적에서 예성강 수역을 공격하였던 것으로 적극적인 의미를 부여하기도 한다.[46] 이 견해에 주목해보자면 당시 후백제의 해상 위협은 고려의 안위마저 위태롭게 할 정도로 심각한 수준이었음을 말해준다. 이는 역으로 고려의 해상방위력이 현저히 약화되었음을 의미한다.[47]

후백제 수군의 위협이 심화되자, 백령도에 유배중이던 유금필은 해상방위력을 강화하는 일련의 대응책을 마련·시행하였다. 이는 유금필이 왕건에게 올린 상소문에 잘 나타난다. 유금필이 마련한 해상방위책은 크게 두 가지였다. 해상방어망 구축과 수군전력 재건이었다.[48] 우선 해상방어망 구축은 "본도(本島)와 포을도(包乙島)의 정장(丁壯)들을 선발하여 군대에 충원하고 또 전함을 수리하여 방어하게끔 하였다."는 기록을 통해 알 수 있듯이, 백령도와 포을도(대청도)를 포함하는 형태로 구축되었음을 짐작케 한다. 아마도 고려가 구축하였음직한 해상방어망은 가장 외해 쪽에 위치한 백령도와 인근 내해쪽 하단에 위치한 포을도, 그리고 그 주변에 산재한 소규모의 도서지방, 염주·백주·정주가 위치한 주요 해안지방을 연결하는 형태로 구축되

학회, 2016, 272~274쪽.

46) 이 견해에서는 왕건의 목숨을 구한 고려의 장수 박수경의 勃城戰鬪에 주목한다. 즉 발성전투의 발성이 왕건이 태봉 치하에서 활동하던 896년에 송악에 쌓은 勃禦塹城을 줄인 표기로, 932년 당시의 전투가 발어참성이 있던 고려의 왕성에까지 확대되어 벌어졌다고 한다(이도학, 앞의 책, 2015b, 373~374쪽).

47) 대우도를 공격한 후백제 수군을 대적하기 위해 출정한 고려의 수군 만세 등이 불리하였다고 하는 기록은 이를 단적으로 말해준다.

48) 유금필(고려)의 해상방어망 구축과 수군재건을 핵심으로 하는 해상방위력 강화 내용은 신성재, 앞의 논문, 2016, 280~283쪽에 자세하다.

었을 것이다. 이미 후백제로부터 개성 앞바다와 그 주변 해역을 공격 당하였던 경험이 있었던 만큼 도서지방과 왕도가 위치한 연해안 지방을 적절히 아우르는 수준으로 해상방위력을 강화하였던 것이다.

유금필은 해상방어망 구축과 함께 실질적으로 수군전력을 재건하는 근본적인 방위책 마련에도 적극적인 노력을 기울였다. 이 시기 고려가 후백제의 공격으로부터 직접적인 피해를 입었던 것은 우수한 수군 병력과 전함의 상실이었다. 따라서 병력 자원의 확충과 전함의 확보는 시급히 해결해야 할 사안이었다. 유금필은 수군 병력을 확보하기 위해 백령도를 비롯한 인근 도서지방에 거주하던 현지민들을 징집하여 활용하는 방안을 적극 추진하였다. "백령도와 대청도의 정장들을 선발하여 군대에 충원하였다."고 하는 기록은 이 시기 백령도를 중심으로 추진된 수군 병력 확보의 노력을 잘 보여준다. 유금필이 모집한 병력은 일차적으로 도서에 거주하던 지역민들을 대상으로 하였기에 그 규모가 크지 않았을 것이다. 아마도 그 개략적인 규모에 대해서는 고려 정종(靖宗) 및 문종(文宗)대에 백령도에서 발생한 화재 사건을 통해 추정해볼 수 있지 않을까 싶다. 즉 정종 9년(1043) 정월에 백령진(白翎鎭)에서 발생한 화재의 경우를 보면 성문 200여 칸과 창고 50칸, 민가 300여 호가 소실되었다고 한다.[49] 또 문종 5년(1051)의 경우에는 성곽(城廓) 28칸과 민가 78호가 불에 탔다고 한다.[50] 물론 이 기록은 고려 왕조가 비교적 안정기에 접어든 시기의 기록으로

---

49) 『高麗史』권53, 지7 오행1 火, "靖宗 … 九年正月乙酉 白翎鎭火 延燒城門二百餘閒 倉庫五十閒 民廬三百餘所."

50) 『高麗史』권7, 세가7 문종 5년 2월 경자, "白翎鎭城廊二十八閒及民家七十八戶 灾."

후삼국전란기와 비교하여 도서지방에서 거주하던 민들의 수효가 더 많았을 가능성도 배제할 수 없다. 그렇다고 하더라도 연소된 민가 78~300호와 다수의 연소되지 않았을 민호의 존재, 대청도를 비롯한 주변 도서지방에 거주하던 지역민들을 고려해볼 때 최소 500명 이상은 확보하지 않았을까 추정된다. 이 수치는 유금필이 내륙의 연해안 지방에까지 징집의 범위를 확대하면서부터 보다 큰 규모로 늘어나게 되었을 것이다.[51]

유금필은 전함을 확보하는 데에도 적극적인 노력을 기울였다. "전함을 정비하여 방어하게끔 하였다."는 기록 속에는 그러한 노력이 잘 드러난다. 후백제의 공격으로 파손된 전함을 우선적으로 정비하는 조치를 취함은 물론 적정 규모의 전함을 확보하기 위해 새롭게 건조를 추진하였던 사실을 전하는 기록으로 보아도 좋을 것이다. 백령도는 전함을 확보하는 데 요구되는 소나무가 생산되던 곳으로 그 입지적 조건이 양호한 편이었다. 비록 동일한 시기의 기록은 아니지만, 조선 세종 30년(1448)에 병선을 건조하는 데 사용되는 소나무가 잘 자라는 곳으로 백령도가 언급된 것은[52] 이 같은 실상을 반영한다. 유금필은 백령도에서 생산되던 소나무를 선재(船材)로 활용하여 손상된 전함을 복구하고, 전함을 건조하여 약화된 수군전력을 보강하였던 것이다.

한편 유금필은 전쟁에 소요되는 물자를 확보하기 위한 노력도 병행하였던 것으로 추정된다. 전란기에 기병이 활용하는 말과 군사들

---

51) 유금필이 죄인의 몸에도 불구하고 수군 병력과 전함을 확충할 수 있었던 것에 대해서는 그 자신이 평주 군진세력 출신의 호족으로 이미 이전 시기부터 백령도의 유력자들과 연결되었다고 하는 견해가 있어 참고된다(鄭淸柱, 앞의 책, 1996, 116~117쪽).
52) 『世宗實錄』 권121, 세종 30년 8월 27일.

이 섭취하는 소금은 지속적으로 공급되어야 할 전략물자에 해당한다.[53] 또 민간의 생업활동 면에서도 귀중한 사회경제적 재원이었다. 당시 환경·지리적으로 입지적 조건이 좋았던 서남해안 지방과 다도해 지방에서는 말과 소금이 다량으로 산출되고 있었다.[54] 서북 해역에 위치한 백령도 또한 이 점에서 예외가 아니었을 것이다. 일찍이 백령도에 국마(國馬)를 놓아기르게 하였다고 하고,[55] 소금을 구워 백성을 구제하고 무역을 하는 데 활용하였다고 하는 기록은[56] 이 섬이 누대에 걸쳐 전·평시를 막론하고 말과 소금의 생산지로 인정받아왔음을 보여준다. 유금필이 유배 기간 중에 이러한 물자의 생산에 관심을 기울이고, 군수물자로 공급 및 활용하는 데 일조하였을 가능성은 높아 보인다.

결국 유금필의 이러한 노력은 수군 병력과 전함, 전쟁 물자의 확충을 가능케 함으로써 고려의 해상 방위력 강화와 실질적인 수군력 재건의 토대를 구축케 하는 계기가 되었다.[57] 뿐만 아니라 후백제의 해양 도전을 물리치고 서남해안 지방에 대한 해상권을 다시금 확보하는 가운데 후삼국 통일전쟁의 주도권을 장악할 수 있는 동력이 되었다는 점에서도 전쟁사적 의미는 크다고 할 수 있다.

---

53) 후삼국전란기에 군마와 소금의 전략적 가치에 대해서는 신성재, 「태봉의 수군전략과 수군운용」『역사와 경계』75, 부산경남사학회, 2010, 222~227쪽 참조.

54) 高慶錫, 「장보고 세력의 경제적 기반과 신라 서남해 지역」『한국고대사연구』39, 한국고대사학회, 2005, 215~221쪽 ; 고경석, 「장보고의 해상활동과 해적」『전남대학교 세계한상문화연구단 국제학술회의』, 전남대학교 세계한상문화연구단, 2012, 64~65쪽.

55) 『世宗實錄』권54, 세종 13년 12월 22일.

56) 『宣祖實錄』권40, 선조 26년 7월 1일.

57) 이도학, 앞의 책, 2015b, 379쪽.

2) 해배 이후의 수군활동과 그 의미

백령도에서 유배에 처해 있던 유금필이 후백제의 침입에 대응하는 해상방위책을 마련하였음을 상소하자 왕건은 자신의 과오를 뉘우치고 그를 다시금 소환하였다.[58] 이로써 유금필은 유배지로부터 풀려나 다시금 군사활동에 전념할 수 있게 되었다. 유금필이 해배(解配)된 시기에 대해서는 구체적이지 않은데, 적어도 933년(태조 16) 초까지는 군무에 복귀하였던 것으로 짐작된다. 유금필이 933년에 정남대장군(征南大將軍)에 임명되어 의성부(義城府 : 경북 의성)를 지켰다고 하는 기록은 이를 뒷받침한다. 그 뒤 유금필은 나주를 대상으로 하는 수군활동에 참여하여 서남해역 해상권 장악과 고려의 후삼국 통일에 큰 기여를 하였다.

18년에 태조가 여러 장수들에게 이르기를, "羅州 경계 40여 郡은 우리의 藩籬가 되어 오래도록 풍화에 복종해왔다. 일찍이 大相 堅書·權直·仁壹 등을 보내어 위무하게 하였는데, 근자에 이르러 百濟의 劫掠을 당하여 6년 동안이나 海路가 통하지 않으니 누가 나를 위해 이를 안무하겠는가?" 洪儒와 朴述熙 등이 말하기를, "신이 비록 용맹하지는 못하나 원컨대 한 장수의 도움을 받고자 합니다." 태조가 말하기를, "무릇 장수로 삼는 자는 人心을 얻는 것을 귀하게 여겨야 한다." 公萱과 大匡 悌弓 등이 상주하여 아뢰기를, "黔弼이 마땅합니다." 태조가 말하기를, "나 역시 이미 그를 생각하고 있다. 다만 근자에 신라의

길이 막혔을 때 금필이 가서 그것을 통하게 하였는데, 나는 그 수고를 생각하니 감히 다시 명하지 못하고 있다." 하였다. 금필이 말하기를, "신의 나이가 이미 늙었으나 이는 국가의 대사인데 감히 힘을 다하지 않겠습니까?" 태조가 기뻐서 눈물을 흘리며 말하기를, "경이 만일 명을 받는다면 어찌 이보다 기쁜 일이 있겠는가?"라고 하였다. 마침내 都統大將軍으로 삼아 禮成江까지 가서 송별하고, 어선을 내려 보내주었다. 그리고 3일간 머무르면서 금필이 바다에 나갈 때까지 기다려 환궁하였다. 금필이 나주를 經略하고 돌아오자 태조는 다시 예성강에 행차하여 그를 맞이하고 위로하였다.[59]

위는 후삼국 통일을 목전에 둔 935년(태조 18)에 왕건이 여러 장수들을 모아놓고 그동안 후백제에게 겁략(劫掠)당하였던 나주와 주변 해안지방을 다시금 수복하는 방책을 논의한 사실을 전한다. 우선, 이 기록에서 고려가 후백제의 침탈로 말미암아 개성과 나주를 연결하는 '해로가 불통되었다(海路不通)'고 하는 6년 동안은 935년으로부터 역으로 추산하고, 고려가 927년 공산전투에서 패배한 뒤 강주 지역이 상실되는 등 930년을 전후로 전개된 후삼국 통일전쟁의 추이를 통해 보건대 대략 928년 5월 이후부터 930년 정월 고창전투가 발발하기 이전의 어느 시기가 아니었나 추정된다.[60]

---

59) 『高麗史』 권92, 열전5 유금필, "十八年 太祖謂諸將曰 羅州界四十餘郡 爲我藩籬 久服風化 嘗遣大相堅書權直仁壹等 往撫之 近爲百濟劫掠 六年之閒 海路不通 誰爲 我撫之 洪儒朴述熙等曰 臣雖無勇 願補一將 太祖曰 凡爲將貴得人心 公萱大匡悌弓 等奏曰 黔弼可 太祖曰 予亦已思之 但近者新羅路梗 黔弼往通之 朕念其勞 未敢再命 黔弼曰 臣年齒已衰 然此國家大事 敢不竭力 太祖喜垂涕曰 卿若承命 何喜如之 遂以 爲都統大將軍 送至禮成江 賜御船遣之 因留三日 候黔弼下海乃還 黔弼至羅州 經略 而還 太祖又幸禮成江 迎勞之."

고려는 이처럼 장기간에 걸친 나주 지역과 서남해안 지방에 대한 지배권을 상실당한 문제를 해결하기 위해 군사적 방책을 마련하였다. 그 목표는 후백제의 침탈로 말미암아 6년 동안이나 고립된 나주와 인근 40여군과의 해상교통을 재개하고, 서남해역에 대한 해상권을 장악하는 것을 목표로 하였다. 해상권 장악이 송악과 나주, 그리고 서남해안 지방을 잇는 해상교통을 가능케 하는 조건임은 물론 서해 중북부 해역에까지 영향력을 확대하고자 하던 후백제의 수군활동을 원천적으로 불가능하게 하는 방안이었던 만큼 고려의 전략적 목표는 이것에 집중되었다.[61]

왕건은 나주를 경략(經略)하는 장수로 유금필을 심중에 두고 있었다. 그러나 유금필이 해배된 이후 후백제의 방해로 막혀 있던 신라와의 교통을 통하게 하는 등 수고를 아끼지 않았던 점을 감안하여 명을 내리지 못하고 있었다.[62] 왕건의 의중을 간파한 공훤(公萱)과 제궁(悌弓) 등은 그 적임자로 유금필을 천거하였다. 그리하여 유금필은 나주를 경략하는 최고 지휘관인 도통대장군에 제수되어 수군을 통솔하게 되었다. 그런데 왕건이 특별히 나주를 경략하는 장수로서 갖추어야 할 덕목으로 '인심(人心)을 얻는 것을 귀하게 여기는 자'를 언급한 점이 주목된다. 이는 당시의 나주 경략이 단순히 후백제의 영향력하에 있던 지방을 군사적으로 탈환하는 것에 그치는 것이

---

60) 신성재, 앞의 책, 2016, 108~109쪽. 이와 달리 후백제가 930년 고창전투에서 패배한 뒤 이를 만회하기 위해 공취한 것으로 보기도 한다(文秀鎭, 앞의 논문, 1992, 176쪽).

61) 신성재, 앞의 논문, 2016, 284쪽.

62) 933년 정남대장군에 임명되어 의성부를 지키는가 하면 결사대 80명을 인솔하여 후백제군을 물리치고 신라와 교통할 수 있게 한 공적을 말한다(『高麗史』 권92, 열전5 유금필).

아니었음을 말해준다. 나주가 비록 오랫동안 고려의 풍화(風化)에 복종하였지만, 920년 말에 이르러 후백제에게 빼앗겨 6년 동안이나 지배를 받았기 때문에 다시금 과거 고려가 지배하던 시기와 같은 수준의 우호적인 지방으로 포섭하기 위해서는 그에 걸맞는 위무 능력을 갖춘 장수의 파견이 절실하였던 것이다. 나주 지역민들을 안정적으로 위무함은 물론 대민지배력을 효과적으로 도모하는 것이 무엇보다 중요한 사안이었던 만큼 왕건은 인심을 얻는 것을 귀하게 여기는 장수를 중시한 것이었다. 이에 적합한 인물은 유금필이었다. 결국 신료들의 천거에 따라 왕건은 유금필을 총사령관에 임명하였고, 유금필은 나주 경략의 임무를 완수하고 복귀하였다. 유금필이 나주를 경략하고 돌아오자 왕건은 예성강에 행차하여 맞이하였다. 고려는 유금필의 수군활동에 힘입어 다시금 나주와 인근 해안지방에 대한 지배권을 확보하고 서남해역에 대한 해상권을 장악할 수 있게 됨으로써 후삼국 통일전쟁을 한결 주도적인 입장에서 수행할 수 있게 되었다.

성공적인 나주 경략으로부터 얼마 지난 뒤인 935년 6월, 유금필은 다시금 수군을 지휘하는 임무를 수행하게 되었다. 후백제왕 견훤이 금산사(金山寺)를 탈출하여 나주로 도망해온 다음 고려 정부로 망명을 요청해온 것이었다.

여름 6월에 甄萱이 막내아들 能乂와 딸 哀福, 애첩 姑比 등과 함께 羅州로 달아나 (고려로) 入朝를 청하였다. (왕이) 장군 庾黔弼과 大匡 萬歲, 元甫 香乂·吳淡·能宣·忠質 등으로 軍船 40여 척을 영솔하게 하여 海路를 경유하여 맞아오게 하였다.[63]

유금필의 수군활동은 견훤이 935년 6월에 막내아들 능예(能乂) 등을 데리고 금산사를 탈출하는 사건을 계기로 재개되었다. 견훤이 금산사를 탈출한 사건은 장자인 신검(神劍)이 정변을 일으켜 왕재로 촉망을 받고 있던 아우 금강(金剛)을 죽이고 자신의 아버지를 불사(佛寺)에 감금한 것에서 비롯하였다. 이 사건이 발생한 시기는 935년 3월이었다.[64] 따라서 견훤이 금산사에 갇혀 있던 기간은 대략 3개월 정도가 된다. 『삼국유사』에는 견훤이 동년 4월에 술을 빚어 지키는 군사들에게 먹여 취하게 한 뒤 탈출하였다고 전한다.[65] 탈출 과정이 다소 극적이고 과장되게 묘사된 측면이 있지만, 적어도 이를 통해볼 때 견훤이 나주로 도망하여 망명을 요청한 사건과 유금필이 비슷한 시기에 나주를 경략한 사실 사이에 어떤 관련성이 있지 않나 여겨진다.[66] 즉 유금필의 수군활동으로 나주가 고려에 귀속되었다는 소식을 전해들은 견훤이 나주로 도망한 다음 고려 정부로 입조하는 방식을 선택하였던 것으로도 보여진다.

나주로부터 견훤의 망명 소식을 접하자, 왕건은 유금필을 비롯한 만세(萬歲)·향예(香乂)·오담(吳淡)·능선(能宣)·충질(忠質) 등으로 하여금 군선 40여 척을 거느리게 하여 해로(海路)를 통하여 맞이해오게

---

63) 『高麗史』 권2, 세가2 태조 18년 夏 6월, "夏六月 甄萱與季男能乂女哀福嬖妾姑比 等 奔羅州請入朝 遣將軍庾黔弼大匡萬歲元甫香乂吳淡能宣忠質等 領軍船四十餘艘 由海路迎之."

64) 『三國遺事』 권2, 기이2 후백제 견훤. 조선시대 역사서인 『동사강목』과 『연려실기술』에도 같은 내용이 전한다. 『東史綱目』 제5, 을미 9년 견훤 44년 고려 태조 18년 ; 『燃藜室記述』 별집 권19, 역대전고 후백제·태봉.

65) 위와 같음.

66) 申虎澈, 앞의 책, 1993 책, 69쪽 ; 「후삼국-고려초기 나주 호족의 활동」 『고려의 후삼국통합과정과 나주』, 景仁文化社, 2013, 122쪽.

하였다. 유금필은 휘하 장졸들과 함께 견훤을 성공적으로 호송하여 돌아왔다. 왕건은 견훤이 들어오자 그를 상부(尙父)라 칭하고 남궁(南宮)을 사관으로 지정해 주었으며, 품계(品階)를 백관의 위에 있게 하였다.[67]

유금필의 수군활동에 따른 견훤의 입조는 정치적으로나 군사적으로 크나큰 파급효과를 불러왔다. 우선 정치적으로는 간신히 명맥을 이어가고 있던 신라의 멸망을 촉진시켰다. 고려 태조 왕건과 자웅을 다투던 견훤이 정치적 망명을 선택하자 신라 역시 더 이상 버티기 어려운 상황에 직면하게 되었다. 936년(태조 19) 10월, 신라의 왕 김부(金傅)는 시랑 김봉휴(金封休)를 사신으로 보내어 고려 정부에 들어오기를 청하였다. 그리고 동년 11월, 신라왕은 경주를 떠나 고려로 들어갔다.[68]

한편 견훤의 고려 입조는 후삼국 통일을 앞당기는 데에도 큰 영향을 끼쳤다. 견훤이 망명하자 그의 사위인 박영규(朴英規)가 귀부하였고,[69] 후백제의 내부 결속력도 차츰 약화되기에 이르렀다. 이러한 상황 속에서 견훤은 태조 왕건에게 조속히 신검을 처단하는 전쟁에 군사를 동원할 것을 건의하였다. 왕건은 좀 더 때를 기다려 전쟁을 벌이고자 하였다. 그러나 견훤이 거듭 이를 요청해오자 왕건은 일리천(一利川) 일대에서 속전속결(速戰速決)과 결전(決戰) 전략으로 후백제 군을 섬멸시키는 일리천전투를 계획하였다.[70] 결국 이 전투에서 견훤

---

67) 주 64)와 같음.
68) 『高麗史』 권2, 세가2 태조 18년 10·11월.
69) 『高麗史』 권2, 세가2 태조 19년 2월.
70) 『高麗史』 권2, 세가2 태조 19년 秋 9월. 속전속결과 결전 전략을 근간으로 전개된 일리천전투에 대해서는 신성재, 「일리천전투와 고려태조 왕건의

은 고려군의 편에 서서 싸웠고, 고려군과 견훤의 위세에 압도된 후백제군은 대패하였다. 이로서 후백제는 역사의 무대에서 완전히 사라지게 되었다.

나말려초의 전란기에 유금필이 벌인 수군활동은 치열했던 후삼국 전쟁이 종식되고 하나의 통일된 왕조국가가 탄생하는 과정을 이해하는 데 있어 전쟁사적으로 중요한 시사점을 제공한다. 가장 직접적이면서도 중요한 의미는 후백제를 상징하는 견훤의 정치적 망명과 후삼국 통일이 유금필을 중심으로 하는 고려 수군의 군사적 역량에 기반하고 있다는 사실이다. 물론 고려 왕조의 수군력은 단시간 내에 구축된 것이 아니었다. 넓게 보아서는 왕건이 태봉 치하에서 수군활동에 종사하던 시기부터, 보다 좁게 보아서는 고려 건국 직후부터 수군력의 가치를 중시하는 입장에서 추진된 일련의 군사정책과 전략에 기반한 것이었다. 그 핵심은 해양이 지닌 전략적 가치에 주목하여 서남해역에 대한 해상권을 장악하기 위한 수군활동을 꾸준히 추진하고, 송악과 나주를 연결하는 해상교통을 안정적으로 보장하는 활동을 지속적으로 실천한 결과였다.

유금필이 나주를 무대로 수행한 수군활동은 한국의 전근대 해양 역사상 전무후무했던 것으로, 왕조시대의 수군력이 한 국가의 운명은 물론 통일왕조의 실현에 직접적이고도 근원적인 동력이 되었음을 시사해준다.

전략전술」『한국고대사연구』61, 한국고대사학회, 2011, 351~360쪽 참조.

4. 맺음말

나말려초의 사회변동기에 서남해안 지방에서는 다수의 독자적인 활동능력을 갖춘 세력가들이 대두하여 활동하였다. 다도해 지방의 대표적인 도서지방인 진도와 그 주변 도서지방에서는 이른바 해상호족들이 등장하여 자위조직을 갖추고 지방사회에 대한 지배권을 장악하였다. 이러한 현상은 내륙의 지방사회에는 물론 서북 해역에 위치한 백령도에서도 유사하게 나타난 현상이었다. 진성여왕대 거타지 설화에는 백령도에 토착하던 세력과 이 지역에 영향력을 행사하고자 하던 또 다른 지방세력, 그리고 토착세력과 연대하여 백령도의 지배권을 장악하고자 하던 고려 왕조의 활동상이 고스란히 드러난다. 고려 왕조가 백령도를 장악하고자 하였던 것은 이 섬이 해상교통적으로 중요한 가치를 지니고 있었기 때문이었다.

후삼국전란기에 유금필의 수군활동은 이곳 백령도에 유배를 처하게 되면서부터 시작된다. 931년 3월의 일이었다. 당대 고려의 최고 명장이던 유금필이 백령도로 유배된 이유는 명확하지 않다. 다만 고창전투를 비롯한 여러 전투에서 세운 수훈으로 정계의 실력자로 성장하던 상황 속에서 주변 정치세력들의 견제를 받지 않았나 보여진다.

유금필이 유배에 처해 있던 시기는 후백제의 공세적 수군활동으로 고려의 수군전력이 크게 약화된 시기였다. 특히 후백제의 예성강 수역과 대우도 해역 공략은 고려의 왕도를 위협하고 해상권의 범위를 확대하는 것으로 고려의 해방방위에 심각한 위협이 되었다. 유금필은 비록 유배에 처한 상황이었지만 고려의 안정적인 해상방위를 위해

헌신적인 노력을 다하였다. 그는 후백제의 해상 위협에 대비하여 백령도와 주변 도서, 개성 앞바다의 연해안 지방을 연결하는 해상방어 망을 구축하였다. 또 수군전력을 강화하는 근본적인 방위책도 마련하였다. 후백제의 침입으로 상실된 우수한 수군과 전함의 확보는 그가 이 시기에 중점적으로 추진한 수군재건 방책이었다. 유금필의 노력으로 고려는 안정적인 해상방위체제를 구축하고 수군전력을 이전의 수준으로 회복할 수 있게 되었다.

935년, 유금필은 확보한 수군전력을 바탕으로 후백제에게 6년 동안이나 빼앗겼던 나주와 그 주변 지방을 탈환해오는 성과를 거두었다. 고려는 서남해역에 대한 해상권을 다시금 장악할 수 있게 되었고, 한결 주도적인 입장에서 후백제와의 전쟁을 수행할 수 있게 되었다.

유금필은 936년 6월에 나주로 도망하여 고려 정부로 입조를 요청해온 견훤을 호송하는 임무를 수행함으로써 후삼국 통일을 앞당기는 데에도 크게 기여하였다. 후백제왕 견훤의 입조는 정치, 외교, 군사적으로 큰 파장을 불러일으켰다. 후백제 내부의 결속력을 약화시켰음은 물론 간신히 명맥을 유지하고 있던 신라의 멸망을 촉진시켰다. 또한 견훤이 일리천전투에 참가하여 자신이 세운 후백제를 멸망시키는 직접적인 계기가 되었다.

나말려초기 유금필이 벌인 수군활동은 전쟁사적인 측면에서 중요한 시사점을 제공한다. 그 중요한 의미는 후삼국 통일이 유금필을 비롯한 고려 수군의 군사적 역량에 크게 기반하고 있다는 점이다. 서남해역 해상권 장악과 해상교통로 보호를 근간으로 하는 수군활동을 성공적으로 추진한 결과 고려는 후삼국을 통일하는 역사적 사명을 완수하게 되었던 것이다.

유금필이 나주를 중심으로 벌인 수군활동은 왕조시대의 수군력이 국가의 운명은 물론 통일 왕조의 실현에 직접적이고도 근원적인 동력이 되었다는 사실을 교훈적으로 일깨워준다.

후삼국 통일전쟁과 왕건의 해군력 운용
―현대의 해군력 운용 개념을 적용하여―

1. 머리말

현대적 의미에서 해군력(海軍力)이라 함은 해군을 이용하여 국가를 방위하고, 국위를 선양하며, 해양활동을 보호하는 등 국가의 목표를 달성하는 군사적 수단을 말한다. 이는 해군활동을 위해 필요한 수상함, 잠수함, 항공기를 포함한 무기체계와 상륙군을 포함한 병력과 기지, 지원 시설, 해군의 통제를 받는 전략 등을 구성 요소로 하고 있으며, 해양과 지상에서의 군사적 역량을 발휘할 수 있는 총체적인 힘과 능력으로 정의된다.[1]

다양한 전력과 첨단 무기체계를 기반으로 하는 현대 해군과는 비교할 수 없을 만큼 차이가 존재하지만, 한국 역사상 전근대 시기에 해상 작전을 담당하던 해군이 활동하였음은 주지의 사실이다. 고려

---

[1] 해군본부 전력분석시험평가단, 『해군기본교리』, 2017, 20쪽 ; 해군 전력분석시험평가단, 『해양전략용어해설집』, 2017, 110쪽.

태조 왕건(王建)이 해상을 무대로 활약하였던 후삼국시대가 바로 그 시기이다. 물론 이보다 훨씬 앞선 시기부터 해상 작전을 담당하던 군사들은 존재하였다. 이들은 통상적으로 수군(水軍)이나 주사(舟師)로 불리어졌다.2) 그러나 특이하게도 후삼국시대에는 수군 및 주사와 병행하여 해군으로도 호칭되었다. 궁예(弓裔)의 통치하에서 왕건이 해군대장군(海軍大將軍)3)에 임명되어 해군을 통수한 사례가 이를 입증하고, 후백제 견훤(甄萱)의 장수들이 해군장(海軍將)4)으로 불리어졌던 점 역시 이를 말해준다. 왕건과 견훤 휘하의 수군이 해군으로 불리어졌던 이유는 서해와 남해를 무대로 장기간에 걸쳐 추진된 원정작전 경험이 누적되면서 자연스럽게 그 임무를 수행하던 무력 집단을 종래의 수군이나 주사에 대신하여 해군으로 호칭하였기 때문으로 짐작된다.5)

후삼국시대 왕건과 견훤은 해상으로부터 발생하는 이익을 둘러싸고 치열한 해상권쟁탈전을 벌였다. 송악(松嶽)으로부터 나주(羅州)로 연결되는 해상교통로와 그 인근의 도서지방, 곡도(鵠島 : 백령도)6)와 대우도(大牛島 : 충남 서산시 지곡면 도성리 앞바다에 소재한 섬)7)가

---

2) 후삼국시대까지 해상 작전을 담당하던 군사들에 대해서는 『三國史記』·『三國遺事』·『高麗史』·『高麗史節要』 등에 대부분 '水軍' 혹은 '舟師'로 기록되어 있다. 다만 후삼국시대~고려전기까지 '海軍'이라는 호칭이 간혹 나오고, 고려후기로 들어서면서부터는 '船兵'·'船軍'이라는 표현도 나타난다.

3) 『高麗史』 권1, 세가1 태조 양 개평 3년.

4) 『高麗史』 권2, 세가2 태조 15년 冬10월.

5) 신성재, 「고려전기 해군에 대한 시론적 고찰」『역사와 경계』 96, 부산경남사학회, 2015, 218~226쪽. 고려와 후백제의 수군이 후삼국전란기에 해군으로 호칭되었고, 왕건이 벌인 수군활동을 현대의 해군력 운용 개념에서 분석하는 논문인 만큼 이하에서는 모두 '해군'으로 통칭한다.

6) 鄭淸柱, 『新羅末高麗初 豪族研究』, 一潮閣, 1996, 116쪽.

위치한 서해 중북부 해역, 고려의 왕도(王都)로 통하는 예성강 수역과
주변 도서지방, 남해안의 진주로 통항하는 길목에 산재한 도서지방에
서는 바닷길을 통제하고 장악하기 위한 해상공방전이 빈번하게 발발
하였다. 극심한 군사적 대립과 반목을 극복하고 후삼국을 통일한
주인공은 왕건이었다. 왕건이 후삼국을 통일할 수 있었던 원동력은
지상에서 벌인 후백제와의 결정적인 전투에서 승리를 이끌어냈기
때문이었다. 이와 더불어 기동성과 융통성, 투사성이 뛰어난 해군력
을 조직적으로 운용함으로써 서남해상에 대한 해상권을 장악하고,
통일전쟁에 소요되는 유무형의 자산들을 지속적으로 제공하는 전쟁
지속능력을 보장하였기 때문이었다.

이 글은 왕건이 후삼국 통일전쟁기에 벌인 해군활동에 주목하여
특별히 현대의 해군이 규정하고 있는 해군력 운용 개념을 적용하여[8)]
해석하고, 오늘날에도 여전히 유용한 교훈을 도출하기 위한 목적에서
작성하였다. 왕건의 후삼국 통일과정에서 해군력이 중요한 역할을
수행하였음은 해상 및 수군 활동에 주목한 기존의 성과들을 통해
밝혀진 바 있다.[9)] 그런데 해군력의 전략적 가치가 나날이 중요해지고

---

7) 신성재, 『후삼국시대 수군활동사』, 혜안, 2016, 91쪽.
8) 한국의 현대 해군력 운용 개념은 크게 전통적 운용 개념과 현대적 운용
   개념으로 나뉜다. 해군력 운용의 전통적 개념에는 해양 지배, 해양 통제,
   해양 거부, 현존 함대, 군사력 투사가 있으며, 현대적 운용 개념에는 해군력
   현시, 해양 활동 보호, 인도적 지원 및 재난 구호가 포함된다(해군본부
   전력분석시험평가단, 앞의 책, 2017, 36~37쪽). 이 글에서는 전통적 개념과
   현대적 개념을 적용하여 해석이 가능한 해양 통제, 군사력 투사, 해군력
   현시, 인도적 지원을 중심으로 검토한다.
9) 신성재, 「태봉의 수군전략과 수군운용」, 『역사와 경계』 75, 부산경남사학회,
   2010 ; 신성재, 「고려의 수군전략과 후삼국통일」, 『東方學志』 158, 延世大學校
   國學研究院, 2012 ; 신성재, 앞의 책, 2016.

있는 현실에서 보자면 왕건이 추진한 수군활동은 해군력을 운용하는 현대적 개념에 의해 해석해보고 현실적인 교훈 또한 도출해낼 필요가 있다고 생각한다. '모든 역사는 현대사'라는 말이 웅변해주듯이, 과거의 역사에 대한 현대적 관점에서의 해석은 살아 있는 현장을 재현하는 것이자 그 자체 쓸모 있는 교훈거리를 제공한다. 해군력이 통시대적으로 기능해온 불변의 가치를 일깨워주는 데 유용함은 물론 지금 당면하고 있는 안보 환경 속에서 한국이 선택해야 할 해군력 건설의 발전적인 방향에 대해서도 의미 있는 시사점을 던져주기 때문이다.

논지는 아래와 같이 전개하고자 한다. 먼저 2장에서는 후삼국 통일전쟁이 진행되는 동안 고려가 확보한 해군력의 실체에 대해 정리할 것이다. 해군력을 구성하는 최상위 개념으로 알려진 해군 전략, 해군 전략을 실질적으로 구현하는 무력인 병력과 전함이 핵심적인 검토의 대상이 될 것이다. 이어서 3장에서는 왕건이 수립한 해군 전략에 따라 해군력을 어떻게 운용하였는지 살펴볼 것이다. 해군력 운용의 전통적 개념인 해양 통제와 군사력 투사, 그리고 현대적 운용 개념인 해군력 현시와 인도적 지원을 적용하여 검토할 것이다. 해전사 연구와 해군 전략 문제에 관심이 있는 대중과 전문가들의 아낌 없는 비판을 바란다.

2. 후삼국 통일전쟁과 고려의 해군력

한국 역사상 해군은 삼국시대 이전부터 출현하여 다양한 규모의 해상 및 수상 전투에서 활약하였다. 신라 실성왕(實聖王) 7년(408)

풍도(風島)에서 벌어진 전투에 해군과 전선이 참가한 사례가 있고,[10] 512년(지증왕 13)에는 이사부(異斯夫)가 지휘한 신라의 해군이 해상 원정을 감행하여 우산국(于山國)을 복속시켰다.[11] 삼국통일전쟁이 한창이던 660년에는 신라 무열왕(武烈王)의 태자 법민(法敏)이 당군(唐軍)과 연합작전을 벌이기 위해 병선(兵船) 100척을 인솔하여 덕물도(德物島 : 덕적도)에 집결하기도 하였다.[12] 이 사례들은 동남해안 방면으로 침입해오던 왜구를 방어하거나 해양을 개척하기 위한 의도에서, 혹은 왕조의 명운을 건 전쟁에서 생존하기 위해 해군을 국가적 차원에서 중요한 무력 수단으로 운용하였음을 일러준다.[13] 그런데 이들이 수행한 역할과 그 중요성이 비해 해당 시기 해군력의 실체에 대해서는 알려진 것이 거의 없다. 법민이 거느렸던 병선이 100척으로 나오는 660년 기록을 제외하고 동원된 병력의 수치나 전함의 규모, 군사작전의 근거지가 되었던 해군기지, 해군력 건설과 운용의 이론적 틀에 해당하는 해군 전략, 해군 운용전술과 무기체계 등 어느 것 하나 남아 있는 자료로는 파악이 쉽지 않다.

삼국시대와 달리 궁예, 왕건, 견훤이 등장하여 후삼국의 패권을 놓고 전쟁을 벌였던 시기에는 해군력의 존재적 가치가 월등히 중시되

---

10) 『三國史記』 권3, 실성니사금 14년.
11) 『三國史記』 권4, 지증왕 13년.
12) 『三國史記』 권5, 태종무열왕 7년.
13) 삼국시대 신라의 해상 및 수군 활동의 내용과 의의에 대해서는 다음 글들이 유용하다. 姜鳳龍, 「신라의 삼국통일과 해양사적 의의」『島嶼文化』 25, 목포대학교 도서문화연구소, 2005 ; 최근식, 『신라해양사연구』, 고려대학교 출판부, 2005 ; 고경석, 「신라 수군의 변화과정 연구」『대외문물교류연구』 8, 해상왕장보고연구회, 2009 ; 정진술, 『한국 해양사』(고대편), 景仁文化社, 2009 ; 권덕영, 『신라의 바다 황해』, 일조각, 2012.

던 시기였다. 특히 송악의 해상세력 출신인 왕건은 일찍부터 해군력의 가치를 전략적으로 활용한 장본인이었다. 왕건은 해군을 조직하여 서남해역의 해상교통로를 장악하고, 서해상을 무대로 중국과 통교하던 후백제의 외교활동을 고립시켰다. 뿐만 아니라 서남해상의 주요 전략도서들을 경략함으로써 통일전쟁의 재원을 확충하였고, 남해안 강주(康州 : 진주) 지방에까지 해상권을 확대하여 후백제와 신라의 군사활동을 바다로부터 억제하기도 하였다. 서남해상에 대한 해상권 장악과 해상교통로를 보호하는 해군활동에 따라 왕건은 후백제와의 해양쟁패전에서 승리하고 후삼국을 통일할 수 있게 되었다.[14] 해양사적인 차원에서 논하자면 왕건의 후삼국 통일은 장기간에 걸쳐 양성하고 확보한 해군력을 효과적으로 운용한 것에 기반하였던 셈이다.

후삼국 통일에 결정적인 역할을 수행한 왕건과 그 휘하의 해군, 과연 당시 고려의 해군력은 어떠한 수준이었을까. 고려의 해군력은 이전 시기와 비교하여 보다 현실적 수준의 파악이 가능하다. 물론 해군력의 개념을 설정하는 기준과 범위에 따라 그 실체는 달라질 수 있다. 연구 목적을 제시하면서 말해두었듯이 여기에서는 현대 해군이 규정하고 있는 해군력의 정의에 따라 그 구체적인 내용을 파악한다. 해군력 운용의 이론이자 원칙인 해군 전략, 실제 해군활동을 수행하는 데 있어 핵심 자산인 병력과 전함이 그것이다.

우선 고려의 해군력 운용의 이론적 근거이자 원칙으로 왕건이 수립한 해군 전략에 대해 알아보자. 일반적으로 군사용어로서 전략이라 함은 "한 국가가 전쟁에서 승리를 획득하기 위하여 군사력을 운용

---

14) 신성재, 「고려와 후백제의 해양쟁패전」『한국중세사연구』 47, 한국중세사학회, 2016, 258쪽.

하는 기술 또는 과학을 의미한다."[15] 이를 해군 용어에 대입해보면 '해군 전략은 전쟁에서 승리를 뒷받침하기 위해 해군력을 운용하는 기술 혹은 과학'으로 정의될 수 있을 것이다. 왕건이 해군 전략을 수립하였음은 그의 후삼국에 대한 인식과 실제 해군활동을 통해 경험한 전략적 식견을 통해 확인할 수 있다.

왕건은 이른 시기부터 분열된 후삼국을 하나로 합치기 위한 통일의 의지를 지향하고 있었다. 왕건의 아버지인 왕륭이 궁예와 만난 자리에서 나눈 대화를 보면, "대왕께서 만약 조선(朝鮮)과 숙신(肅愼), 변한(卞韓) 땅의 왕이 되고자 한다면 먼저 송악에 성을 쌓고 나의 장자로서 그 성주(城主)를 삼는 것만 같지 못합니다. 궁예가 이에 따라 태조로 하여금 발어참성(勃禦塹城)을 쌓게 하고 곧 성주로 삼았다."[16]고 한다. 이 기록은 왕륭의 정세 인식과 대후삼국통일에 대한 염원을 담고 있는 기록이지만,[17] 그가 인식한 당시의 정세와 통일에 대한 포부 등은 아들인 왕건에게 이어지고, 또한 공유되어지고 있었을 것이다. 왕건은 부친의 영향 속에서 통일에 대한 의지를 확고히 다져나갈 수 있었을 것이다. 이를 기반으로 왕건은 후삼국을 통일하기 위해 해군력의 가치를 적극적으로 활용하는 전략을 구상하고 해상 작전으로 실행하였던 것 같다. 아래 기록을 보자.

천복 3년(903) 계해 3월에 (왕건이) 舟師를 거느리고 서해로부터 光州

---

15) 金暎綫,「東洋의 戰略 槪念에 대한 試論」『軍史』61, 국방부 군사편찬연구소, 2006, 157~158쪽.

16) 『高麗史』권1, 세가1 태조 건녕 3년 병진.

17) 朴漢卨,「弓裔의 渤海 收復意識」『高句麗研究』13, 高句麗研究會, 2002, 188~189쪽.

경계에 이르러 錦城郡을 공격하여 빼앗고, 10여 군현을 공격하여 이를 취하였다. 이에 금성을 나주로 고치고 군사를 나누어 지키게 하고 귀환하였다. 이 해에 良州의 帥 金忍訓이 급히 고하자, 궁예는 태조에게 명하여 가서 구하게 하였다. 돌아오자 궁예가 변경 지역의 일에 대하여 물었다. 태조가 安邊拓境策을 말하자 좌우 모두 주목하였다.[18]

위는 왕건이 903년(天復 3) 3월에 나주를 대상으로 한 해군 작전에 성공하고 귀환한 뒤 궁예에게 안변척경책(安邊拓境策)을 건의한 사실을 전하는 기록이다. 이 기록에서 왕건이 수립하였음직한 해군 전략과 관련하여 주목해볼 대목은 안변척경책이다.

왕건이 제안한 안변척경책은 글자 그대로 변경지대를 안정시키고 영토를 확장시키는 방책이다.[19] 이 방책에는 왕건이 나주를 공취하고 양주(良州 : 양산)에 고립되어 있던 김인훈(金忍訓)을 구원하는 과정에서[20] 경험한 서남해상의 항로 조건과 해상교통 여건 등을 고려하여 해군력을 운용하는 방안이 포함되어졌음직하다. 그 핵심은 해상 원정을 통해 공취한 나주를 후백제의 배후를 강력하게 위협하는 해군활동의 전략 거점으로 구축하고, 이를 발판으로 서남해상에 대한 해상권을

---

18) 『高麗史』 권1, 세가1 태조, "天復三年癸亥三月 率舟師自西海抵光州界 攻錦城郡 拔之 擊取十餘郡縣 仍改錦城爲羅州 分軍戍之而還 是歲 良州帥金忍訓告急 裔令太 祖往救 及還裔問邊事 太祖陳安邊拓境之策 左右皆屬目."

19) 李基白,「太祖 王建과 그의 豪族聯合政治」『高麗貴族社會의 形成』, 一潮閣, 1990, 17쪽.

20) 김인훈에 대한 구원은 남해상을 경유하는 해군활동을 통해 이루어졌다(黃善 榮,『高麗初期 王權研究』, 東亞大學校出版部, 1988, 60~61쪽 ; 류영철,『高麗의 後三國 統一過程 研究』, 景仁文化社, 2004, 31~33쪽).

장악해가면서 후삼국을 통일하자는, 다시 말해 '해군력을 중점적으로 운용하여 통일전쟁의 주도권을 장악하자는 전략 개념'이 입안되었을 것이다.[21] 왕건이 해군활동을 벌여 나주를 공취한 이후 진도(珍島), 압해도(壓海島 : 신안군 압해면 압해도), 고이도(皐夷島)[22]를 비롯한 서남해상의 도서지방에 영향력을 행사하면서 해상권을 장악하였던 사례는 903년 당대에 수립한 해군 전략이 실질적으로 구현되었던 사정을 짐작케 한다.

적극적인 해군력 운용으로 후삼국 통일전쟁을 주도하기 위한 고려의 해군 전략은 이후로도 지속적으로 중시되고 계승되어졌다.

건화 4년(914) 갑술에 … 태조가 돌아와 舟楫의 이로움과 應變의 마땅함을 보고하니 궁예가 기뻐하며 좌우에 일러 말하기를, "나의 여러 장수들 중에서 누가 가히 이 사람과 비교할 수 있겠는가?" 하였다.[23]

---

21) 신성재, 앞의 책, 2016, 30~31쪽.
22) 오늘날의 고금도(申虎澈, 『後百濟 甄萱政權研究』, 一潮閣, 1993, 67~68쪽 ; 한정훈, 『고려시대 교통운수사 연구』, 혜안, 2013, 53쪽 ; 정청주, 「신라말·고려초 海上勢力의 대두와 그 역사적 의미-왕건의 海上勢力 장악을 중심으로」 『歷史學研究』 59, 호남사학회, 2015, 43쪽), 압해도 북쪽에 위치한 古耳島(文秀鎭, 「高麗建國期의 羅州勢力」 『成大史林』 4, 成大史學會, 1987, 16쪽 ; 姜鳳龍, 「押海島의 번영과 쇠퇴」 『島嶼文化』 18, 木浦大學校 島嶼文化研究院, 2000, 42쪽), 영산강 하구에 위치한 고하도로 보기도 한다(정진술, 「왕건의 나주 공략과 고하도」 『해양담론』 창간호, 목포해양대학교 해양문화연구정책센터, 2014, 161~166쪽). 필자는 이들 여러 견해 중 당시 왕건이 벌인 수군활동의 추이를 고려해볼 때 고금도로 파악하는 견해에 무게를 둔다.
23) 『高麗史』 권1, 세가1 태조, "乾化四年甲戌 … 太祖還告舟楫之利應變之宜 裔喜謂左右曰 我諸將中誰可比擬乎."

914년(乾化 4) 초, 왕건은 나주에 재차 출정하여 성공적으로 군사활동을 마치고 귀환한 자리에서 궁예에게 해군 운용시의 이점과 유사시의 대응 방략을 제시하였다. 기록에는 왕건이 "주즙(舟楫)의 이로움과 응변(應變)의 마땅함을 보고한 것"으로 표현되어 있다. 왕건이 이때 보고한 내용은 해군력을 활용하여 해상으로부터 발생하는 경제군사적 이익을 확보하고, 전쟁이 발발하는 등 유사시의 상황에 해군력으로 효과적인 대응을 하자는 것이었다. 이 같은 개념을 골자로 하는 고려의 해군 전략은 후삼국 통일전쟁이 마무리되는 순간까지 발전적인 내용으로 계승되었다.[24]

고려 말기에 사헌부(司憲府) 관리들이 왜구의 침탈을 방어하기 위한 자리에서 올린 상소문을 보면, "태조 왕건이 아직 신라와 백제를 평정하기 못하였을 때에 먼저 수군을 다스려 친히 누선(樓船)을 타고 금성에 내려가 점령하니 여러 섬의 이익이 모두 국가의 자원으로 속하게 되어졌고, 결국 그 재력에 기반하여 통일을 이룩하였다."고 하는 내용이 전한다.[25] 사헌부 관리들의 이 같은 인식은 왕건이 당면한 전쟁의 상황 속에서 기획한 해군 전략과 그것에 기반한 해군력 운용이 후삼국을 통일하는 데 있어 결정적인 기반이 되었던 사정을 말해준다.

왕건이 수립한 해군 전략은 해군력을 구성하는 데 있어 가장 중요한 요소인 적정 규모의 병력 편성과 전함의 규모에 직접적인 영향을 끼쳤을 것이다. 주지하듯이 국가가 어떠한 개념의 해군 전략을 수립하

---

24) 신성재, 앞의 논문, 2012, 56~57쪽(앞의 책, 2016, 94~95쪽).

25) 『高麗史』 권82, 지36 병2 둔전 신우 14년 8월 ;『高麗史節要』 권33, 우왕4 신우 14년 8월.

느냐 하는 문제는 그러한 전략적인 목표를 달성하는 데 요구되는 적정 규모의 병력과 전함을 필연적으로 요구한다. 왕건이 궁예의 통치하에서부터 수립 및 추진하였던 해군 전략은 서남해역 해상권 장악에 기반한 후삼국 통일이었다. 고려는 이와 같은 전략적인 목표를 구현하기 위해 필요한 병력 자원을 모집하고, 이들이 승선하여 해상 작전을 수행할 전함을 확보하는 데 조직적인 역량을 다하였을 것이다.

그렇다면 고려는 전문적인 역량을 갖춘 해군 병력을 얼마나 확보하였던 것일까. 해군 전략의 실현과 연계하여 당시 고려가 얼마의 해군 병력을 확보하고자 하였는지 구체적으로 알려주는 기록은 부재하다. 다만 왕건이 원정작전을 수행할 당시에 거느렸던 병력의 수치를 통해 개략적인 추정을 시도해봄직하다. 왕건이 처음 나주에 출정하던 903년에 거느린 병력 수치는 알 수 없다. 그러나 재차 출정하여 서남해의 도서지방을 공략하던 909년(開平 3)에는 2천 5백명이 출정한 것으로 전한다.[26] 914년에는 2천명이 출정하고 있고,[27] 비슷한 시기의 원정작전에는 3천명이 참가한 것으로 확인된다.[28] 각각의 해상 작전을 위해 동원된 2~3천명의 병력은 왕건이 추진하던 해군 전략을 구현하기 위해 편성된 적정 규모의 해군 병력이었을 것으로 추정된다. 이러한 점에서 보아 고려가 후삼국 전쟁기에 운용 가능한 해군 병력의 최대 규모는 3천명 정도였던 것으로 판단된다. 이들은 해군대장군(해군장군)으로부터, 부장, 전함의 지휘관, 군관급 장교, 병졸집단으로 연결되는 지휘체계에 따라 운영되었고,[29] 해상에서의 전투를 전문적

---

26) 『高麗史』 권1, 세가1 태조 양 개평 3년.
27) 『高麗史』 권1, 세가1 태조 건화 4년 갑술.
28) 위와 같음.

으로 담당하던 병사들로 구성되었다.[30]

고려가 확보 가능하였던 최대 3천명 규모의 해군 병력은 제법 큰 규모의 수치였던 것으로 여겨진다. 이는 지상전에 참가한 육군의 병력 수치와 이들과 전투를 벌였던 후백제군과의 상호 비교를 통해서 가늠해볼 수 있다. 고려가 후삼국 전쟁기에 동원한 육군의 병력 수치는 일률적으로 재단하기 어렵다. 그러나 일례로 906년(天祐 3) 상주 지역의 사화진(沙火鎭)[31]전투에 3천명이 참가하였고,[32] 927년(太祖 10) 대구 공산동수(公山桐藪)전투에는 신라 구원군으로 1만명이 파견되기도 하였다.[33] 고려와 전투를 벌인 후백제의 병력도 비슷한 수준이었다. 적게는 3천명에서 5천명, 많게는 1만명 정도가 동원되었다.[34] 양자의 병력 수치를 토대로 보면 고려는 최대 1만명 정도의 육군 정벌군을 운용하였던 것 같다. 이 수치에 해군이 동원한 최대 3천명을 대입하면 고려의 전체 병력 중에서 해군이 차지하는 비율은 30%

---

29) 신성재, 「후삼국시대 수군이 운영체제와 해전」 『역사와 경계』 88, 부산경남 사학회, 2013, 51쪽.

30) 이 시대 해군에 대해서는 사안이 발생하면 임시적으로 관직을 설치하는 '임사설관적 성격'으로 파악하는 견해가 제시된 바 있다(金南奎, 「高麗의 水軍制度」 『高麗軍制史』, 陸軍本部, 1983 ; 이창섭, 「高麗 前期 水軍의 運營」 『史叢』 60, 역사학연구회, 2005 ; 육군본부 군사연구소, 「제3절 수군의 설치 와 운용」 『한국군사사 3, 고려 I 』, 경인문화사, 2012). 그러나 필자는 해전을 전문적으로 수행하는 군사들을 양성하여 조직한 것으로 파악한다(신성재, 앞의 논문, 2013, 43~54쪽).

31) 沙弗城 혹은 沙伐城과 같은 곳으로 지금의 상주에 해당한다(申虎澈, 앞의 책, 1993, 75쪽).

32) 『高麗史』 卷1, 世家1 太祖 天祐 3년 丙寅.

33) 『高麗史』 卷1, 世家1 太祖 10년 9월.

34) 『三國史記』 권50, 열전10 견훤 ; 『三國遺事』 권2, 기이2, 후백제 견훤 ; 『高麗 史』 권92, 열전5 유금필 ; 『高麗史』 권1, 세가1 태조 12년 秋 7월 ; 『高麗史』 권1, 세가1 태조 13년 春 정월.

정도가 된다.35) 이는 오늘날의 해군 병력이 처해 있는 현실과 대비하여 일견 놀라우면서도 중요한 시사점을 제공한다. 적어도 고려가 건국하던 초기 집권층들의 인식 속에 해군의 군사적 위상은 현저히 높았음은 물론 후삼국 전쟁기라고 하는 시대적 상황 속에서 군사활동을 주도적으로 수행하기 위한 목적에서 해군력을 적극적으로 양성 및 운용하였음을 교훈적으로 살필 수 있다.

고려는 수립된 해군 전략을 구현하기 위해 적정 수준의 전함을 확보 및 운용하였다. 누차 언급한 것처럼, 왕건의 해군 전략은 서남해역에 대한 해상권 장악과 서남해안 지방에서의 경제군사적 재원 확보를 통한 후삼국 통일이었다. 이 같은 전략적 목표를 뒷받침하기 위해서는 우수한 병력의 양성 못지않게 해상에서 작전 수행능력이 뛰어난 전함의 확보 역시 필수적이다. 고려가 확보한 전함의 규모는 914년 기록에서 처음 확인된다. 총 70척으로 구성된 고려의 전함이 나주로 통하는 서남해역에서 해상 작전을 벌였다. 이때 전함에 편승된 병력은 총 2천명이었다. 이 병력 수치와 참전한 전함을 비율로 계산하면 척당 약 30명 정도가 승선한 셈이 된다.36) 이 정도의 병력이 편승한 것을 보면 통상 단위함의 전투 병력은 적어도 30명 정도가 편승하였던 것으로 짐작해볼 수 있다.37) 같은 시기에 병력 3천명이 전함 100척에

---

35) 예외적으로 육군이 압도적으로 동원된 사례가 있다. 후삼국 전쟁의 마지막 전투인 일리천전투에 87,500명의 보기병이 참가한 경우가 그것이다(『高麗史』권2, 세가2 태조 19년 秋 9월). 그러나 이는 최후의 전투였기에 통상적으로 치러진 전투와는 다르다.

36) 곽유석, 『고려선의 구조와 조선기술』, 민속원, 2012, 39쪽. 이 수치는 조선시대 소맹선의 정원과 유사한 수준이다(김재근, 『한국의 배』, 서울대학교 출판부, 1994, 86쪽).

37) 척당 편승한 30명의 전투원 외에 전함을 지휘하는 선장격인 선두, 노를

편승하여 해상 작전을 수행하였던 점 역시 이를 뒷받침한다, 그런데 흥미로운 사실은 이들 전함 중에 기존의 전함보다 규모가 월등히 큰 대선(大船)들도 여러 척 포함되어 있었다는 점이다.

> 태조는 舟舸 백여 척을 증치하였는데, 그 중 大船 10여 척은 각 方이 16步요, 그 위에는 樓櫓를 세웠는데 가히 말을 달릴 만하였다.[38]

위는 궁예가 통치하던 말기인 914년에 왕건이 전함을 증강시킨 사실을 전해주는 기록이다. 이 기록에서 주목되는 점은 전함을 100여 척 더 건조한 것과 이들 전함에 포함된 대선 10여 척의 존재이다. 전함 100여 척의 증치는 노후된 전함을 대신하고, 보다 규모가 큰 해상 작전을 벌이기 위한 것으로 보여진다.[39] 건조된 대선 10여 척은 이를 효과적으로 수행하기 위한 것으로 짐작된다. 이 대선을 미터법으로 환산하면 약 31미터가 된다.[40] 전함이 이 정도의 크기였다면 당시로서는 대형급에 속하는 전함이었을 것이다. 대형의 전함들은 속력이 느린 단점이 있다. 하지만 병력 수송 능력이 뛰어나고 높은 위치에서의 공격이 용이하기 때문에 실전에서 집중 사격의 효과를 높일 수 있는 장점이 있다.[41] 왕건이 대선을 건조한 것은 원정작전 능력을

젓는 수수, 배의 방향을 조종하는 초공이 별도로 편성되었던 것인지는 명확하지 않다.

38) 『高麗史』 권1, 세가1 태조 건화 4년 갑술, "太祖增治舟舸百餘艘 大船十數各方十六步 上起樓櫓可以馳馬."

39) 신성재, 앞의 논문, 2012, 52~53쪽(앞의 책, 2016, 89~90쪽).

40) 곽유석, 앞의 책, 2012, 37쪽. 대략 17.5~35미터에 달하는 것으로 보기도 한다(오붕근, 『조선수군사』, 한국문화사, 1998, 107쪽).

41) 임용한, 「고려후기 수군개혁과 전술 변화」 『軍史』 54, 국방부 군사편찬연구

강화하고 조직적인 전투력을 발휘하기 위해서였던 것 같다. 이러한 사실은 초기의 해군활동에 70여 척 정도가 참가하였으나, 이후 대선을 포함하는 100척 이상의 전력으로 확대되었음을 보여주는 것으로 고려의 해군력이 후반기로 갈수록 점차 증강되었던 사정을 반영한다.[42)

그렇다면 고려는 해군 병력과 전함을 어떻게 확충하였던 것일까. 우선적으로 생각해볼 수 있는 것은 당시 해군활동을 주도적으로 수행한 왕건과 그의 가문의 영향력 하에 있던 인적·재정적 기반을 떠올릴 수 있다. 기존에 제시된 성과에서도 고려의 해군과 전함, 조직과 기술, 군량, 경비 등 상당 부분이 왕건가를 비롯한 개성 재벌들의 조력에 의해 이루어진 것으로 서술한 바 있다.[43) 당대의 상황이 호족이라 불리던 세력가들이 지방사회를 이끌어가던 사정을 감안하면 송악의 해상세력가인 왕건가의 영향력이 크게 작용하였다는 논리에 수긍이 가기도 한다. 여기에 더하여 궁예가 통치하던 시기부터 고려로 이어지는 국가적 차원에서 추진한 해군력 강화와 확충 노력 또한 눈여겨볼 필요가 있다. 지방의 유력한 호족세력이 지배적인 영향력을 미치던 시기였던 점도 사실이지만, 당대는 새 왕조를 수립한 국왕의 통치력이 지방사회에 확산되면서 호족세력들이 점차 고려와

소, 2005, 279쪽.

42) 해군력을 구성하는 또 하나의 중요한 요소인 해군활동 거점 역시 점차 늘어났던 것으로 짐작된다. 나주를 포함한 진도, 고이도, 압해도, 진주 지방 등에서는 현지인들의 협조하에 고려가 운영하던 전략적 거점이 형성되었음 직하다.

43) 김상기, 「고려태조의 건국과 경륜」 『국사상의 제문제』 1·2, 국사편찬위원회, 1959, 73~74쪽 ; 朴漢卨, 「王建世系의 貿易活動에 對하여」 『史叢』 10, 高大史學會, 1965, 285쪽 ; 朴漢卨, 「羅州道大行臺考」 『江原史學』 1, 江原大學校史學會, 1985, 31쪽.

후백제의 영향력 하에 놓여가던 시기였다는 사실 또한 간과할 수
없다.

효과적인 해군 전략의 수립과 적극적인 실천, 이를 구현하기 위해
확보한 해군 병력과 전함을 근간으로 하는 해군력에 기반하여 고려는
후백제와의 대결 구도에서 승리하고 후삼국을 통일하는 국가적 목표
를 달성할 수 있었던 것이다.

3. 왕건의 해군활동과 해군력 운용

1) 핵심 해역에 대한 해양 통제

현대적인 의미에서 해양 통제(Control of the Sea)는 아군이 필요로
하는 특정 시기 및 해역에서 적의 방해를 받지 않고 자유롭게 해양을
사용할 수 있도록 보장하고, 적의 해양 사용을 거부하기 위하여 적의
해군력을 효과적으로 제압 또는 통제하는 상태를 의미한다. 해양
통제는 해양 지배가 현실적으로 어렵기 때문에 제한된 해역에서
필요한 기간만 설정하는 개념이다. 즉 존재하는 모든 위협을 대상으로
이루어지는 것이 아니라 아군 행동의 자유를 직접적으로 제한하는
위협에 대해서 통제하는 것이다.[44]

고려 태조 왕건은 현대의 해군력 운용과 유사한 개념의 해양 통제를
해군력을 동원하여 실현하였다. 특히 당면하고 있던 현실의 가장

---

44) 해군본부 전력분석시험평가단, 앞의 책, 2017, 36쪽.

큰 위협이었던 후백제의 도전에 대응하여 전략 거점 나주를 근간으로 그 앞바다에 위치한 서남해역을 핵심 해역으로 설정하여 이에 대한 해양 통제를 실시하였다.

> 양 개평 3년(909) 기사에 태조는 궁예가 날로 포학해지는 것을 보고 다시 외방 군무에 뜻을 두었는데 마침 궁예가 나주를 근심하여 태조로 하여금 가서 지키도록 하고, 관계를 올리어 韓粲 海軍大將軍으로 삼았다. … 주사를 거느리고 光州 塩海縣에 머물렀다가 견훤이 吳越國으로 파견하는 선박을 노획하여 돌아오니 궁예가 심히 기뻐하며 襃奬을 더하여 주었다.[45]

위는 왕건이 909년에 해군대장군(海軍大將軍)에 임명되어 서남해역에서 해군활동을 벌인 사실을 전하는 기록이다. 왕건이 벌인 해군활동에서 주목되는 점은 그 작전 공간을 염해현(塩海縣)으로 설정한 점과 성공적인 작전 수행으로 견훤이 오월국(吳越國)으로 보내던 선박을 사로잡은 점이다. 왕건이 해군활동을 벌인 염해현은 오늘날의 전남 함평군 해제면 임수리에 비정되는 곳이다.[46] 그리고 이 시기에 사로잡은 후백제의 선박은 오월국으로 파견되던 외교 사절들이 승조한 사신선이었다.[47] 이 같은 사실은 왕건이 염해현을 중심으로 하는

---

45) 『高麗史』 권1, 세가1 태조, "梁開平三年己巳 太祖見裔日以驕虐 復有志於閫外 適裔以羅州爲憂 遂令太祖往鎭之 進階爲韓粲海軍大將軍 … 以舟師次于光州塩海縣 獲萱遣入吳越船而還 裔喜甚 優加襃奬."

46) 李海濬, 「新安 島嶼地方의 歷史文化의 性格」 『島嶼文化』 7, 木浦大島嶼文化硏究所, 1989, 66쪽.

47) 권덕영, 「後百濟의 海外交涉 活動」 『후백제와 견훤』, 서경문화사, 2000, 144~145쪽.

해역을 고려의 해군이 활동하는 핵심해역으로 설정하고, 효과적인 해상통제전(海上統制戰)을 전개하여[48] 중국과 해외 교섭을 추진하던 후백제의 외교활동을 통제하였음을 보여준다. 왕건이 벌인 핵심 해역에서의 해군활동에 의해 후백제는 대외적인 위상을 높이고 경제적인 실리를 획득하기 위한[49] 외교활동이 통제되는 등 심각한 타격을 입게 되었다.

이와 함께 왕건은 염해현과 인접한 곳에서 활동하던 독자적인 해상세력들에 대해서도 해양활동을 통제하기 위한 노력을 기울였다. 서남해역의 영웅이라고 불리던 능창(能昌)을 제압한 해군활동이 이를 말해준다.

> 드디어 광주 서남의 경계인 潘南縣 포구에 이르러 적경에 첩보망을 늘어놓았다. 그 때에 壓海縣의 적수 能昌이 해도에서 일어났는데, 수전을 잘하여 水獺이라고 불리었다. 그는 망명한 이들을 모아 葛草島의 小賊들과 연결하여 태조가 오는 것을 기다려 해치려고 하였다. 태조가 제장에게 말하기를, "능창이 이미 내가 오는 것을 알고 있으니 반드시 도적들과 변을 일으킬 것이다. 적도의 무리가 비록 적으나, 만일 세를 합하여 우리의 앞뒤를 막는다면 승부를 알 수 없다. 물에 익숙한 자 10여 인으로 하여금 갑옷을 입고 창을 들고 輕舫을 타고 밤에 갈초도 입구로 가서 음모하려고 왕래하는 자를 사로잡아 그 계획을 좌절시키는 것이 좋을 것이다." 제장이 모두 그 말에 좇아

---

48) 신성재, 「궁예정권의 나주진출과 수군활동」『군사』 57, 국방부 군사편찬연구소, 2005, 178~181쪽.

49) 권덕영, 앞의 논문, 2000, 142~147쪽.

과연 한 척의 작은 배를 잡으니, 그가 바로 능창이었다. 태조가 그를 잡아 궁예에게 보냈더니, 궁예가 크게 기뻐하고 능창의 얼굴에 침을 뱉으며 말하기를, "海賊이 모두 너를 영웅으로 추대하지만, 지금은 나의 포로가 되었으니 어찌 나의 계책이 신묘치 않은가?" 하고 곧 여러 사람에게 보인 후 참하였다.[50]

위는 앞서 살핀 왕건이 후백제의 사신선을 포획한 기사와 비슷한 시기의 기록으로 압해현(壓海縣)의 적수로 불리우고 있던 능창을 사로 잡은 사실이 주목된다. 기록에도 나와 있듯이, 능창은 압해도와 주변 해역에서 영향력이 컸던 해상세력,[51] 혹은 해상호족(海上豪族)이었다.[52] 이런 인물들이 주변 세력들과 결탁하여 세를 확대하면서 독자적인 노선을 지향하거나, 경우에 따라서는 후백제를 지지하는 입장을 취한다면[53] 이는 왕건이 추진하던 서남해상에서의 해상권 장악에 심대한 위협이 될 수 있었다. 이에 따라 왕건은 압해현 일대에서 해군 작전을 수행한 것이었고, 능창을 포획하는 전과를 거둔 것이었

50) 『高麗史』권1, 세가1 태조 양 개평 3년, "遂至光州西南界潘南縣浦口 縱諜賊境 時有壓海縣賊帥能昌起海島 善水戰 號曰水獺 嘯聚亡命 遂與葛草島小賊相結 候太 祖至 欲邀害之 太祖謂諸將曰 能昌已知我至 必與島賊謀變 賊徒雖小 若幷力合勢 遏前絶後 勝負未可知也 使善水者十餘人 擐甲持矛乘輕舫 夜至葛草渡口 擒往來計 事者 以沮其謀可也 諸將皆從之 果獲一小舸 乃能昌也 執送于裔裔大喜 乃唾昌面曰 海賊皆推汝爲雄 今爲俘虜 豈非我神筭乎 乃示衆斬之."

51) 鄭淸柱, 앞의 책, 1996, 154쪽 ; 姜鳳龍, 「後百濟 甄萱과 海洋勢力-王建과의 海洋爭霸를 중심으로」『歷史敎育論集』83, 歷史敎育硏究會, 2002, 124~125쪽.

52) 權悳永, 「新羅下代 西·南海域의 海賊과 豪族」『韓國古代史硏究』41, 한국고대사 학회, 2006, 316~329쪽.

53) 申虎澈, 앞의 책, 1993, 31~32쪽에서는 능창을 후백제 견훤의 부하로 파악하 였다.

다. 핵심 해역에서의 효과적인 해군활동으로 왕건은 서남해역에 활동하던 독자적인 해상세력들을 점진적으로 제압하면서 전략적 목표로 설정한 당 해역에 대한 해상권을 장악할 수 있게 되었다.

왕건은 핵심 해역을 중점적으로 통제하는 해군활동을 지속적으로 수행하였다. 서남해안 지방에 대한 해상권 장악이 후백제의 배후를 견제하면서 지상전에서의 군사활동을 유리하게 전개할 수 있는 전략적 이점을 제공하고, 드넓은 다도해 지방으로부터 다량의 전략 물자가 생산되고 있었던 만큼[54] 당 해역을 핵심 해역으로 하는 해양 통제는 후삼국을 통일하는 순간까지 지속되었다. 물론 이 과정이 반드시 순탄하게 전개된 것만은 아니었다. 후백제의 견훤 역시 당 해역이 차지하던 해상권의 가치를 명확히 인식하고 있었다. 이에 견훤은 929~930년 초에 서남해역에 대한 대대적인 공략을 벌였고, 왕건은 잠시나마 견훤에게 해상권을 상실당하는 비운을 맛보기도 하였다.[55] 그러나 서남해역은 왕건의 통일전쟁에 있어 포기할 수 없는 중요한 곳이었고, 결국 유금필(庾黔弼)을 도통대장군(都統大將軍)으로 하는 고려 해군은 다시금 이 해역에 대한 해상권을 회복할 수 있게 되었다.[56] 왕건의 핵심 해역에 대한 해양 통제는 궁극적으로 정치적인 효과를 불러왔다.

---

54) 진도를 비롯한 서남해의 도서지방에서 확보한 전쟁 재원과 그 활용은 신성재, 앞의 논문, 2010, 222~227쪽(앞의 책, 2016, 38~43쪽) 참조.
55) 『高麗史』 권92, 열전5, 유금필. 고려가 서남해역에서 일시적으로 해상권을 상실하게 되는 시점에 대한 기왕의 논의는 신성재, 앞의 논문, 2012, 68~70쪽(앞의 책, 2016, 107~110쪽) 참조.
56) 위와 같음.

(935년) 여름 6월에 견훤이 막내아들 能乂, 딸 哀福, 애첩 姑妣 등을 데리고 나주로 도망해와 入朝할 것을 청하였다. (왕이) 장군 庾黔弼, 대광 萬歲, 원보 香乂·吳淡·能宣·忠質 등을 시켜 군선 40여 척으로 海路를 경유하여 맞아오도록 하였다.[57]

    왕건이 나주로 통하는 서남해의 핵심 해역을 중심으로 하는 해군활동에서 거둔 최대의 성과는 견훤의 입조라고 하는 정치적인 효과였다. 잘 알려진 것처럼 견훤의 고려 정부로의 망명은 935년 6월에 이루어졌다. 그 배경은 견훤의 장남인 신검(神劍)이 다음 후계자로 지목된 이복동생 금강(金剛)을 죽이고 아버지를 금산사에 유폐시킨 것에서 비롯하였다.[58] 금산사에 갇혀 있던 견훤은 결국 탈출에 성공하였고, 나주로 피신한 다음 고려 정부로 망명해온 것이었다. 견훤의 망명이 가능할 수 있었던 것은 왕건이 나주로 통하는 서남해역을 대상으로 해군활동을 꾸준히 전개하고 당 해역에 대한 해상권을 지속적으로 장악하였기 때문이었다. 결국 핵심 해역에 대한 해상권 장악을 둘러싸고 전개된 길고도 치열했던 견훤과의 해양쟁패전에서 왕건은 서남해역 해상권 장악과 해상교통을 보장하는 해군활동을 지속적으로 실천함으로써 견훤의 도전을 물리치고 후삼국을 통일하는 시대적 과업을 달성하게 되었던 것이다.[59]

---

57) 『高麗史』 권2, 세가2 태조 18년, "夏六月 甄萱與季男能乂女哀福嬖妾姑比等 奔羅 州請入朝 遣將軍庾黔弼大匡萬歲元甫香乂吳淡能宣忠質等 領軍船四十餘艘 由海路 迎之."
58) 『三國史記』 권50, 열전10 견훤 ;『三國遺事』 권2, 기이2, 후백제 견훤.
59) 신성재, 앞의 논문, 2016, 285쪽.

2) 해상으로부터의 군사력 투사

현대의 전략 개념에서 군사력 투사(Power Projection)는 해양으로부터 육상의 정세 또는 전황에 직접적으로 영향을 미치도록 군사력을 행사하는 것을 말한다. 즉 지상이나 공중으로 접근할 수 없는 작전지역에까지 접근하여 군사력을 투사할 수 있다.[60]

왕건이 거느린 고려의 해군이 해상으로부터 군사력을 투사한 가장 전형적인 사례는 나주에 진출하던 903년의 해군활동에서였다.[61] 당시 왕건이 후백제의 배후 지역에 위치한 나주를 대상으로 해군력을 대담하게 투사하는 군사활동을 벌였던 것은 다음과 같은 조건과 상황 속에서 가능하였다. 우선 충청지역에서 후백제와 대치 정국이 고착된 측면이 있다. 당시 충청지역은 궁예정권이 청주 일대를 점령하면서 이 지역과 괴양(槐壤 : 괴산) 등지를 경계선으로 후백제와 대치하던 형국이었다. 이 지역은 양국이 마주하던 최전방의 전초기지이자 완충기지였다.[62] 그렇기 때문에 수비 중심에 치중하여 상호간의 전투행위는 적었고,[63] 힘의 균형이 깨지지 않은 대치 국면이 장기간에 걸쳐 지속되었다.

장기간에 걸친 대결 구조 속에서 견훤의 신라 대야성(大耶城) 공략 실패와[64] 연이은 금성 지역에 대한 공략 실패는 왕건으로 하여금

---

60) 해군본부 전력분석시험평가단, 앞의 책, 2017, 37쪽.
61) 주 18)과 같음.
62) 申虎澈, 『後三國時代 豪族研究』, 개신, 2002, 349쪽.
63) 朴漢卨, 「高麗太祖의 後三國統一政策」『史學志』14, 檀國大學校史學會, 1980, 56쪽.
64) 『三國史記』 권12, 효공왕 5년.

새로운 돌파구를 모색하게 하는 계기가 되었다. 견훤이 금성 일대의 공략에 실패하였던 것은 당시 이 지역을 지배하고 있던 호족세력들의 강력한 저항력에 압도되었기 때문이었다.[65] 견훤의 공략 실패는 금성 지역 호족들과 지역민들의 반발심을 높여주는 역효과를 양산하였고,[66] 이는 왕건의 기습적인 공략에 호기가 되었다. 또 하나 눈여겨볼 사실은 당시 왕건가의 기반이 해상 활동과 무역이 근거하고 있다는 점이다. 송악과 나주가 해상교통로를 통해 상호 연결되고 있었던 사실을 감안하면 해군활동을 벌이기 이전에 나주 지역이 갖고 있던 해양전략적인 가치에 대한 상세한 파악은 물론, 해상 수로 조건과 인적 네트워크 또한 두텁게 형성되어 있었을 것으로 짐작된다. 대체로 이러한 군사적 조건과 사회경제적인 역량에 기반하여 왕건은 나주를 대상으로 군사력을 투사하는 해군활동을 성공적으로 전개하였다.

해상으로부터 투사된 왕건의 해군활동은 다음과 같은 군사전략적인 효과로 이어졌다. 우선 나주 공취 이후 군사력을 배치함으로써 후백제의 배후를 위협할 수 있게 되었다. 이는 후백제의 해군활동은 물론 내륙 지방에서의 군사활동을 위축시켰을 것으로 짐작된다. 왕건의 나주 지역 공취는 본격적으로 해군활동을 추진할 수 있는 지역적·공간적 기반이 되었다. 왕건의 고려 해군이 서남해상에서 후백제의 해군활동을 압도할 수 있었던 것은 확보한 나주를 전략적인 거점으로 적극 활용하였기 때문이었다. 송악과 나주를 오가는 해군 선단이

---

65) 鄭淸柱,「新羅末·高麗初의 羅州豪族」『全北史學』 14, 全北大學校史學會, 1991, 8~9쪽.

66) 姜鳳龍,「甄萱의 勢力基盤 擴大와 全州 定都」『후백제 견훤정권과 전주』(전북 전통문화연구소 편), 주류성, 2001, 111쪽.

주둔함은 물론 이곳에서 출항한 함대가 후백제의 해상 활동을 통제하였던 것이다.[67] 요컨대 나주에 해군 전력을 투사하여 공취하고, 이지역으로 통하는 항로대를 안정적으로 보호하면서 전략 거점으로 확고히 하였던 것은 서남해역 해상권 장악이라는 군사적인 성과를 가능케 하였던 것이다.

한편 왕건은 다도해 지방에 위치한 도서지방을 대상으로도 적극적인 해군력을 투사하였다. 기록상 확인되는 대표적인 사례는 909년의 진도와 고이도에 대한 해군활동이다.[68] 왕건이 진도에 해군력을 투사한 것은 수로가 좁고 유속이 빠른 수로의 이점을 공방전에 효과적으로 활용하기 위해서였다. 삼별초(三別抄)가 반란을 일으켜 진도를 장악한 시기의 상황을 보면 조세는 물론 군량과 우마의 사료 등을 이송하지 못할 정도로 해상 교통의 요지였음이 확인된다.[69] 이는 진도가 해상 교통을 통제할 수 있는 또 하나의 전략 거점이었음을 말해준다. 왕건은 진도가 지닌 이 같은 전략적 가치를 활용하기 위해 해군력을 투사하여 확보한 것이었다. 즉 이 섬을 점령하여 전략적인 거점으로 구축하면 고려의 해군이 남해안으로 진출하는 데 용이한 반면 남해안으로부터 도전해오는 세력들을 효과적으로 통제할 수 있었기 때문이었다. 오늘날의 고금도에 비정되는 고이도에[70] 대한 해군력 투사는 보다 적극적인 해상권 확대를 도모하기 위한 목적에서 이루어진 것으로 보여진다. 비록 이때의 해군력 투사로부터 대략 20년 정도

---

67) 당시 고려의 해군이 나주 지역에서 전략 거점으로 삼은 곳은 榮山浦였다.
68) 『高麗史』권1, 세가1 태조 양 개평 3년 기사.
69) 『高麗史』권27, 세가27 원종 13년 3월.
70) 주 22)와 같음.

지난 뒤의 사례지만, 왕건은 927년(태조 10)에 해군으로 하여금 진주 지방에 대한 원정작전을 수행하도록 명하였다. 영창(英昌)과 능식(能式)이 이끄는 고려의 해군은 이 지방과 그 하단에 위치한 돌산(突山) 등 4개의 도서지방을 성공적으로 원정하고 복귀하였다.[71]

왕건은 해군력을 활용한 군사력 투사를 통해 후삼국 전쟁에서 유리한 위치에 올라서게 되었다. 해군활동을 전개할 수 있는 대소 규모의 전략 및 전술적 거점을 확보한 것은 후백제는 물론 신라에 대한 해상으로부터의 군사적 압박을 가하는 데 효력을 발휘하였음직하다. 뿐만 아니라 이들 도서지방에 대한 해군력 투사는 전쟁을 치르는 데 필요한 재원 확보에 매우 중요한 기반이 되었다. 진도를 비롯한 서남해 도서지방에서 산출되던 어염과 소금, 말은 전쟁을 수행하는 데 필요한 전략물자로 적극 활용되어졌고, 이러한 공간을 연결하는 해군활동은 핵심 해역을 지속적으로 장악케 함으로써 해상으로부터의 통일을 가능케 하였던 것으로 판단된다. 나주와 서남해 도서지방, 나아가 강주 지방과 그 주변 도서에 대한 군사력 투사는 해군을 통해서만 가능하였던 군사작전으로, 이 시대 왕건의 해양전략적인 식견과 과감한 해군력 운용의 실상을 잘 보여준다.

3) 해군력 현시와 인도적 지원

해군력 현시는 해군 전력과 활동을 나타내 보여 위기 발생을 억제하거나 위기에 적절히 대응하기 위한 운용 개념이다. 이는 국위 선양과

---

71) 『高麗史』 권1, 세가1 태조 10년 夏 4월.

국력 과시 등 국가 이익에 유리한 여건을 조성하는 수단이다. 인도적 지원은 전쟁이나 분쟁 또는 천재지변으로 발생된 피해자들에게 긴급 구호를 제공하는 것이다.[72]

해군력 현시가 잘 드러나는 사례는 왕건이 서남해안 지방에서 수행한 해군활동을 통해 확인할 수 있다. 아래 기록을 보자.

건화 4년(914) 갑술에 … 貞州 포구에 나아가 전함 70여 척을 수리하여 병사 2천을 싣고 나주로 갔다. 百濟와 海上草竊이 태조가 다시 온다는 것을 알고 모두 두려워 엎드려 감히 준동하지 못하였다.[73]

위는 왕건이 나주 지역에서 해군활동을 종료하고 복귀한 뒤인 914년에 재차 해군을 이끌고 출정한 사실을 전한다. 왕건이 나주를 공취한 903년 이후로 해당 지방의 분위기는 고려에 우호적이었다. 그러나 나주를 벗어난 도서지방에서는 독자적인 성향의 군소해상세력(群小海上勢力)들이 활동하고 있었다.[74] 이들은 능창의 사례를 통해서도 알 수 있듯이, 독자성을 표방하는 세력이 존재하였는가 하면, 후백제와 타협하면서 이들과 공존을 모색하는 세력들도 존재하였다. 이들의 준동으로 소란스러운 상황이 조성되자 왕건의 재차 출정이 이루어졌고, 왕건은 서남해역에서 준동하던 후백제와 해상세력들을 해군력이 지닌 우세한 역량을 발휘하여 제압한 것이었다. "백제(百濟)

---

72) 주 60)과 같음.
73) 『高麗史』권1, 세가1 태조, "乾化四年甲戌 … 就貞州浦口 理戰艦七十餘艘 載兵士 二千人 往至羅州 百濟與海上草竊知太祖復至 皆懾伏莫敢動."
74) 조인성, 「弓裔政權의 對外關係」『강좌 한국고대사』4, 가락국사적개발연구원, 2003, 385쪽.

와 해상초절(海上草竊)이 태조가 다시 온다는 것을 알고 모두 두려워 엎드려 감히 준동하지 못하였다."고 하는 기록은 왕건이 강력한 해군력을 바탕으로 위기 상황을 사전에 억제하고, 효과적으로 통제하던 실상을 보여준다.

왕건이 해군력을 현시하여 상대방을 적절히 통제하고 굴복시켰던 또 다른 사례는 고이도 점령시의 해군활동을 통해서 살펴볼 수 있다. 진도와 고이도를 대상으로 해군활동을 전개하던 909년 당시, 왕건은 진도를 군사적 수단을 동원하여 함락시켰다. 관련 기록을 보면 "(궁예가) 태조에게 명하여 정주(貞州)에서 전함을 수리한 뒤 알찬(閼粲) 종희(宗希)·김언(金言) 등을 부장으로 하여금 군사 2천 5백명을 거느리고 광주(光州) 진도군(珍島郡)을 쳐서 함락시킨 것"[75]으로 나온다. 그러나 고이도에 대한 점령은 그와 같은 방식으로 이루어지지 않았던 것 같다. 기록에 따르면, "(왕건이 군사를 거느리고) 고이도로 나아가니 성 안의 사람들이 군용이 엄정한 것을 보고 싸우지도 않고 항복하였다."[76]고 전한다. 이러한 기록은 왕건이 정벌군의 강성함을 드러내어 고이도에 거주하던 주민들의 자발적인 항복을 이끌어낸 것을 보여주는 것으로, 해군력의 현시를 설명해주는 적절한 사례가 아닐 수 없다.

한편 왕건은 해군력을 활용하여 인도적인 지원 활동 또한 전개하였던 것 같다.

---

75) 『高麗史』 권1, 세가1 태조 양 개평 3년 기사, "又使太祖修戰艦于貞州 以閼粲宗希 金言等副之 領兵二千五百往擊光州珍島郡拔之."
76) 『高麗史』 권1, 세가1 태조 양 개평 3년 기사, "進次皐夷島 城中人望見軍容嚴整不戰而降." 『三國史記』 권12, 효공왕 13년 기록에는 고이도성을 깨트린(破) 것으로 나온다.

(궁예는) 마침내 보병장군 康瑄詰·黑湘·金材瑗 등을 태조의 부장으로 삼았다. … 군사 3천여 명을 거느리고 군량을 싣고 나주로 갔다. 이 해에 남방에 기근이 들어 草竊들이 봉기하고 지키는 군사는 모두 반은 콩을 섞어 먹었다. 태조가 진심으로 구휼하였는데, 그에 의지하여 모두 살아날 수 있었다.[77]

위는 914년 즈음의 상황을 전하는 기록으로 당시 남방지역에 기근이 들었던 사실과 태조가 굶주림에 시달리던 군사들을 구휼하였다는 기록이 주목된다. 기록의 직접적인 내용은 왕건이 고려의 해군들을 구휼하여 그 덕으로 모두 살아났다는 것이다. 그러나 이 기록은 좀더 확대하여 해석해봄직하다. 당시 남방지역에 기근이 들었던 상황 속에서 굶주림에 시달리던 존재들은 비단 고려의 해군만이 아니었을 것이다. 고려의 해군이 주둔하던 나주와 인접한 고을에서도 동일한 현상이 발생하였을 것이다. 이 같은 상황에서 왕건은 그 구휼의 대상과 범위를 일부 지역민들까지 확대하여 적용하지 않았나 추정된다. 고려와 후백제 모두 분립된 후삼국 구도에서 전쟁 주도권을 장악하기 위해 사활을 건 싸움을 지속하였던 상황인 만큼 지역민들에 대한 위무활동은 매우 중요한 사안으로 인식되었을 것이다. 따라서 주둔하던 군사들에 대한 구휼활동을 전개하는 과정에서 지역민들에 대한 인도적 차원의 지원 활동 또한 자연스럽게 병행되어졌을 것으로 짐작된다.

---

77) 『高麗史』 권1, 세가1, 태조 건화 4년 갑술, "遂以步將康瑄詰黑湘金材瑗等副 … 領軍三千餘人 載粮餉往羅州 是歲 南方饑饉草竊蜂起 戍卒皆食半菽 太祖盡心救 恤 賴以全活."

기동성을 갖춘 왕건의 해군력에 기반한 구휼활동은 지역민들의 의지를 결집시키고 고려 정부에 우호적인 입장을 취하도록 유도하였음직하다. 왕건이 903년에 나주를 공취하였으나, 이후 통일전쟁이 종식되는 시점까지 이 지역이 고려 정부에 우호적인 태도를 유지하였던 것은 비단 고려의 우세한 군사적 역량에 기반한 것으로 설명하기에는 한계가 없지 않다. 해군력을 동원한 군사적 역량과 더불어 지역민들을 포섭하기 위한 인도적 차원의 사회·경제적 지원 활동이 병행되는 분위기 속에서 왕건과 고려를 든든히 지지하는 태도를 견지하였던 것으로 보여진다.

4. 맺음말

이 글에서는 왕건이 후삼국 통일전쟁기에 벌인 해군활동에 주목하여 현대 해군이 규정하고 있는 해군력과 그 운용 개념을 적용하여 해석하고, 역사적인 교훈을 살펴보았다. 고려의 해군력을 구성하던 해군 전략과 병력, 전함의 실체를 검토하고, 해양 통제, 군사력 투사, 해군력 현시, 인도적 지원 등 현대적 개념을 적용하여 해군력 운용의 특징을 정리하였다. 그 결과 다음과 같은 결론에 이르게 되었다.

우선 왕건은 903년 나주 진출 직후 해군력을 효과적으로 운용하기 위한 해군 전략을 수립하였다. 그 내용은 해상 원정을 통해 공취한 나주를 후백제의 배후를 위협하는 전략 거점으로 구축하고, 이를 발판으로 서남해상에 대한 해상권을 장악해가면서 후삼국을 통일하자는 것이었다. 왕건은 이를 구현하는 데 소요되는 해군 병력과 전함을 확보하였다. 왕건이 확보한 병력은 최대 3천명 수준이었다. 전함은 전쟁 초기에는 70여 척을 거느렸으나, 이후 대선 10여 척이 포함되는 등 100여 척 규모로 증강되었다. 왕건은 이렇게 확보한 해군력을 바탕으로 본격적인 해군활동을 전개하였다.

왕건의 해군력 운용은 해군활동을 통해 구체적으로 실천되었다. 왕건은 나주가 위치한 서남해역을 중심으로 압해도와 진도, 고이도를 연결하는 다도해 앞바다를 핵심 해역으로 설정한 다음 해양 통제를 적극적으로 실시하였다. 이에 따라 고려는 후백제의 해외 교섭활동을 통제하는 한편, 서남해역에서 활동하던 독자적인 해상세력을 포섭할 수 있게 되었다. 핵심 해역을 대상으로 하는 해양 통제는 정치·경제·군사적인 파급 효과를 가져왔다. 나주로 도망해온 후백제왕 견훤이 서남해역 해상교통로를 경유하여 망명하였고, 당 해역에 산재한 도서지방에서 생산되던 소금, 말, 곡식 등은 통일전쟁의 재원으로 유용하게 활용되어졌다. 이에 기반하여 왕건은 후삼국 통일전쟁의 주도권을 장악할 수 있게 되었다.

왕건은 해상으로부터의 해군력 투사도 성공적으로 수행하였다. 나주와 진도, 고이도, 남해안의 진주 지방은 고려의 해군력이 투사된 지역이었다. 왕건은 이 지역들을 확보함으로써 후백제와 신라를 해상으로부터 위협할 수 있게 되었고, 서남해역에 대한 해상권 또한 장악할 수 있게 되었다. 이와 함께 왕건은 해군활동을 해군력 현시에도 활용하였다. 해군력의 위용을 과시하여 고이도의 자발적인 항복을 받아내었는가 하면, 서남해안 지방에서 준동하던 해상세력들을 제압하기도 하였다. 왕건은 인도적인 지원 활동에도 해군력을 적극적으로 운용하였다. 당시 남방지역에서 기근이 발생하자, 왕건은 해군력을

동원하여 구휼 활동을 전개하는 등 지역민의 생존에 인도적인 지원을
하였다. 해군력에 기반한 인도적 차원의 구휼 활동에 의해 서남해의
지방사회와 지역민들은 왕건과 고려를 든든히 지지하는 태도를 견지
하게 되었다.

　요컨대 효과적인 해군 전략의 수립과 실천, 이를 구현하기 위해
확보한 해군 병력과 전함을 근간으로 하는 해군력에 기반하여 왕건은
견훤과의 대결 구도에서 승리하고 후삼국을 통일하는 국가적인 목표
를 달성할 수 있게 되었다.

1. 자료

『三國史記』　　　　　　　　　　『三國遺事』
『高麗史』　　　　　　　　　　　『高麗史節要』
『宣和奉使高麗圖經』　　　　　　『太祖實錄』
『太宗實錄』　　　　　　　　　　『世宗實錄』
『宣祖實錄』　　　　　　　　　　『新增東國輿地勝覽』
『增補文獻備考』　　　　　　　　『東國通鑑』
『東史綱目』　　　　　　　　　　『燃藜室記述』
『擇里志』　　　　　　　　　　　『東文選』
『東國李相國集』　　　　　　　　『舊唐書』
『新唐書』　　　　　　　　　　　『資治通鑑』
『隋書』　　　　　　　　　　　　『魏書』
『入唐求法巡禮行記』　　　　　　『日本書紀』
『孫子兵法』　　　　　　　　　　『吳子兵法』
『六韜』　　　　　　　　　　　　『孟子』
『朝鮮金石總覽』　　　　　　　　『韓國金石文追補』
國防軍史研究所, 『高麗時代軍事編年史(Ⅰ)』, 三寶社, 1999.
國史編纂委員會, 『中國正史朝鮮傳 譯註』(一·二), 1988.
東亞大學校 古典研究室, 『譯註高麗史』 1, 東亞大學校出版社, 1965.
박용운, 『고려사 백관지 역주』, 신서원, 2009.
박종기, 『고려사 지리지 역주』, 한국학중앙연구원 출판부, 2016.

손자 지음·김광수 해석, 『손자병법』, 책세상, 1999.

유동환 옮김, 『육도·삼략』, 홍익출판사, 2005.

임원빈·김주식·이민웅·정진술, 『고려시대 수군관련 사료집』, 신서원, 2004.

張東翼, 『日本古中世 高麗資料 研究』, 서울대학교출판부, 2004.

채웅석, 『고려사 형법지 역주』, 신서원, 2009.

한국역사연구회, 『譯註 羅末麗初金石文』(上·下), 혜안, 1996.

2. 저서

강봉룡, 『바다에 새겨진 한국사』, 한얼미디어, 2005.

곽유석, 『고려선의 구조와 조선기술 연구』, 민속원, 2012.

國防部戰史編纂委員會, 『海東名將傳』, 1987.

국토지리정보원, 『한국지명유래집(충청편)』, 2015.

權悳永, 『古代韓中外交史-遣唐使 研究』, 一潮閣, 1997.

권덕영, 『재당 신라인사회 연구』, 일조각, 2005.

권덕영, 『신라의 바다 황해』, 일조각, 2012.

金甲童, 『羅末麗初의 豪族과 社會變動 研究』, 高麗大民族文化研究所, 1990.

김갑동, 『고려전기 정치사』, 일지사, 2005.

김갑동, 『고려의 후삼국 통일과 후백제』, 서경문화사, 2010.

김경옥, 『朝鮮後期 島嶼研究』, 혜안, 2004.

김명진, 『고려 태조 왕건의 통일전쟁 연구』, 혜안, 2014.

金庠基, 『高麗時代史』, 東國文化社, 1961.

金庠基, 『高麗時代史』, 서울대학교출판부, 1985.

김용선 엮음, 『궁예의 나라 태봉-그 역사와 문화』, 일조각, 2008.

金在瑾, 『韓國船泊史研究』, 서울대학교출판부, 1984.

金在瑾, 『우리 배의 歷史』, 서울대학교출판부, 1989.

金在瑾, 『韓國의 배』, 서울大學校出版部, 1994.

金哲俊, 『韓國古代社會研究』, 知識産業社, 1975.

金哲俊, 『韓國古代社會研究』, 서울大學校出版部. 1990.

南都泳, 『韓國馬政史』, 마사박물관, 1996.

東亞大學校 石堂學術院, 『국역 고려사 1, 세가1』, 경인문화사, 2008.

大邱市史編纂委員會, 『大邱市史』, 1995.

류영철, 『高麗의 後三國 統一過程 研究』, 景仁文化社, 2004.

문경호, 『고려시대 조운제도 연구』, 혜안, 2014.

文暻鉉, 『高麗太祖의 後三國統一研究』, 螢雪出版社, 1987.

문안식·이대석, 『한국고대의 지방사회-영산강유역의 역사와 문화를 중심으로』, 혜안, 2004.

문안식, 『후백제 전쟁사 연구』, 혜안, 2008.

閔賢九, 『高麗政治史論』, 고려대학교출판부, 2004.

백제연구소 편, 『후백제와 견훤』, 서경문화사, 2000.

邊太燮, 『高麗政治制度史研究』, 一潮閣, 1971.

杉山正明 지음·이진복 옮김, 『유목민이 본 세계사』, 학민사, 1999.

새뮤얼 애드셰드 지음·박영준 옮김, 『소금과 문명』, 지호, 2001.

신성재, 『후삼국시대 수군활동사』, 혜안, 2016.

申虎澈, 『後百濟 甄萱政權研究』, 一潮閣, 1993.

申虎澈, 『後三國時代 豪族研究』, 개신, 2002.

신호철, 『후삼국사』, 개신, 2008.

아더 훼릴 저·이춘근 역, 『전쟁의 기원』, 인간사랑, 1990.

역사비평 편집위원회, 『한국 전근대사의 주요 쟁점』, 역사비평사, 2002.

오붕근, 『조선수군사』, 한국문화사, 1998.

육군군사연구소, 『한국군사사 ③』(고려 I), 경인문화사, 2012.

陸軍本部, 『韓國古戰史 2』(中世篇), 1976.

陸軍本部, 『高麗軍制史』, 1983.

윤명철, 『한민족의 해양활동과 동아지중해』, 학연문화사, 2002.

윤명철, 『한국해양사』, 학연문화사, 2003.

尹薰杓, 『麗末鮮初 軍制改革研究』, 혜안, 2000.

李基東, 『新羅骨品制社會와 花郎徒』, 一潮閣, 1984.

李基白, 『高麗兵制史研究』, 一潮閣, 1968.

李基白, 『高麗貴族社會의 形成』, 一潮閣, 1990.

이기백·김용선, 『고려사 병지 역주』, 일조각, 2011.

이도학, 『궁예 진훤 왕건과 열정의 시대』, 김영사, 2000.

이도학, 『후백제 진훤대왕』, 주류성, 2015.

이도학, 『후삼국시대 전쟁 연구』, 주류성, 2015.

李文基, 『新羅兵制史研究』, 一潮閣, 1997.

李丙燾, 『韓國史』(中世篇), 乙酉文化社, 1961.

李樹建, 『韓國中世社會史研究』, 一潮閣, 1984.

李貞薰, 『高麗前期 政治制度 研究』, 혜안, 2007.

李宗峯, 『韓國中世度量衡制研究』, 혜안, 2001.

이재범, 『슬픈 궁예』, 푸른역사, 1999.

李在範, 『후삼국시대 궁예정권 연구』, 혜안, 2007.

임용한, 『전쟁과 역사-삼국편』, 혜안, 2001.

張東翼, 『日本古中世日本資料研究』, 서울대학교출판부, 2004.

全基雄, 『羅末麗初의 政治社會와 文人知識人』, 혜안, 1996.

전북전통문화연구소 편, 『후백제 견훤정권과 전주』, 주류성, 2001.

정진술, 『한국 해양사』(고대편), 景仁文化社, 2009.

정진술·이민웅·신성재·최영호, 『다시 보는 한국해양사』, 景仁文化社, 2008.

鄭淸柱, 『新羅末高麗初 豪族研究』, 一潮閣, 1996.

조인성, 『태봉의 궁예정권』, 푸른역사, 2007.

최근식, 『신라해양사연구』, 고려대학교출판부, 2005.

최근영, 『統一新羅時代의 地方勢力研究』, 신서원, 1990.

崔圭成, 『高麗 太祖 王建 研究』, 주류성, 2005.

崔碩男, 『韓國水軍史研究』, 鳴洋社, 1964.

崔碩男, 『韓國水軍活動史』, 鳴洋社, 1965.

충남대학교 백제연구소, 『후백제와 견훤』, 서경문화사, 2000.

忠南大學校 百濟研究所, 『百濟史上의 戰爭』, 書景文化社, 2000.

평산신씨 대구·경북화수회, 『고려 태조 왕건 고려 태사 신숭겸 장군-공산전투 동수대전』, 2000.

평화문제연구소, 『조선향토대백과』 8·9(황해남도), 2008.

河炫綱, 『韓國中世史研究』, 一潮閣, 1988.

河炫綱, 『韓國中世史論』, 新丘文化社, 1989.

한국고대사연구회, 『신라말 고려초의 정치·사회변동』, 신서원, 1994.

한국중세사학회 편, 『고려 중앙정치제도사의 신연구』, 혜안, 2009.

한스 델뷔르크 지음·민경길 역, 『병법사』, 한국학술정보(주), 2009.

한정훈,『고려시대 교통운수사 연구』, 혜안, 2013.
해군본부 전력분석시험평가단,『해군기본교리』, 2017.
海軍本部 政訓監室,『韓國海洋史』, 1954.
海軍本部 政訓監室,『韓國海戰史』上, 1962.
해군 전력분석시험평가단,『해양전략용어해설집』, 2017.
海洋戰略硏究部,『韓國海戰史』, 海軍大學, 2007.
호남사학회,『고려의 후삼국통합과정과 나주』, 景仁文化社, 2013.
洪承基 編,『高麗 太祖의 國家經營』, 서울대학교출판부, 1996.
洪承基,『高麗政治史硏究』, 一潮閣, 2001.
洪良浩 著·李鍾學 譯,『韓國名將傳』, 博英社, 1974.
洪元基,『高麗前期軍制硏究』, 혜안, 2001.
黃善榮,『高麗初期 王權硏究』, 東亞大學校出版部, 1988.

3. 논문

강문석,「철원환도 이전의 궁예정권 연구」『역사와 현실』57, 한국역사연구회, 2004.
강봉룡,「영산강유역 고대사회와 나주」『榮山江流域의 古代社會』, 學硏文化社, 1999.
姜鳳龍,「務安郡의 水軍鎭과 烽燧의 設置 背景」『務安郡의 水軍鎭과 烽燧』, 務安文化院, 2000.
姜鳳龍,「押海島의 번영과 쇠퇴−고대·고려시기의 압해도」『島嶼文化』18, 木浦大島嶼文化硏究所, 2000.
姜鳳龍,「甄萱의 勢力基盤 擴大와 全州 定都」『후백제 견훤정권과 전주』, 주류성, 2001.
姜鳳龍,「後百濟 甄萱과 海洋勢力−王建과의 海洋爭霸를 중심으로」『歷史敎育論集』83, 歷史敎育硏究會, 2002.
姜鳳龍,「羅末麗初 王建의 西南海地方 掌握과 그 背景」『島嶼文化』21, 木浦大島嶼文化硏究所, 2003.
姜鳳龍,「신라의 삼국통일과 해양사적 의의」『島嶼文化』25, 목포대학교 도서문화연구소, 2005.

高慶錫, 「장보고 세력의 경제적 기반과 신라 서남해 지역」『韓國古代史研究』 39, 한국고대사학회, 2005.

高慶錫, 『淸海鎭 張保皐勢力 硏究』, 서울大學校 博士學位論文, 2006.

고경석, 「신라 수군의 변화과정 연구」『대외문물교류연구』 8, 해상왕장보고연구회, 2009.

고경석, 「장보고의 해상활동과 해적」『전남대학교 세계한상문화연구단 국제학술회의』, 전남대학교 세계한상문화연구단, 2012.

곽유석, 『高麗船의 構造와 造船技術 硏究』, 木浦大學校 博士學位論文, 2010.

권덕영, 「後百濟의 海外交涉 活動」『후백제와 견훤』, 서경문화사, 2000.

권덕영, 「신라 하대 서·남해 海賊과 張保皐의 해상활동」『대외문물교류연구』 창간호, 해상왕장보고연구회, 2002.

권덕영, 「장보고와 동아시아 해역의 해적」『재당 신라인사회 연구』, 일조각, 2005.

權悳永, 「新羅下代 西·南海域의 海賊과 豪族」『韓國古代史研究』 41, 한국고대사학회, 2006.

權悳永, 「신라의 황해개척과 바다 경영」『대외문물교류연구』 9, 해상왕장보고연구회, 2010.

권영국, 「고려전기 중앙군의 성격」『한국 전근대사의 주요 쟁점』, 역사비평사, 2002.

권영오, 「김위홍과 진성왕대 초기 정국운영」『大丘史學』 76, 大丘史學會, 2004.

권영오, 「후백제군의 포석정 습격과 경순왕 옹립」『한국고대사탐구』 13, 한국고대사탐구학회, 2013.

金甲童, 「高麗建國期의 淸州勢力과 王建」『韓國史研究』 48, 韓國史研究會, 1985.

金甲童, 「高麗太祖와 後百濟 神劒의 전투」『滄海朴秉國敎授停年紀念史學論叢』, 1994.

김갑동, 「호족의 대두와 집권화 과정」『한국역사입문 ②』, 풀빛, 1995.

김갑동, 「後百齊 甄萱의 戰略과 領域의 變遷」『후백제 견훤정권과 전주』, 주류성, 2001.

金甲童, 「高麗時代 羅州의 地方勢力과 그 動向」『한국중세사연구』 11, 한국중세사학회, 2001.

金甲童, 「후백제의 멸망과 견훤」『韓國史學報』 12, 고려사학회, 2002.

金甲童, 「나말려초 天安府의 성립과 그 동향」『韓國史研究』 117, 韓國史研究會, 2002.

金甲童, 「高麗太祖 初期의 中央官府와 支配勢力」『史學研究』 71, 韓國史學會, 2003.

김갑동, 「고려초기 홍성지역의 동향과 지역세력」『史學研究』 74, 韓國史學會, 2004.

김갑동, 「고려 후삼국 통일과정의 정밀 탐구─류영철,『고려의 후삼국 통일과정 연구』, 경인문화사, 2005」『한국중세사연구』 21, 한국중세사학회, 2006.

김갑동, 「고려의 건국 및 후삼국통일의 민족사적 의미」『한국사연구』 143, 한국사연구회, 2008.

金甲童, 「고려의 후삼국 통일과 유금필」『軍史』 69, 국방부 군사편찬연구소, 2008.

김갑동, 「고려 태조 왕건과 유금필 장군」『人文科學論文集』 46, 대전대학교 인문과학연구소, 2009.

金暎綠, 「東洋의 戰略 槪念에 대한 試論」『軍史』 61, 국방부 군사편찬연구소, 2006.

金光洙, 「高麗建國期의 浿西豪族과 對女眞關係」『史叢』 21·22, 高大史學會, 1977.

金光洙, 「羅末麗初의 豪族과 官班」『韓國史研究』 23, 韓國史研究會, 1979.

金南奎, 「高麗의 水軍制度」『高麗軍制史』, 陸軍本部, 1983.

김대중, 「王建의 後三國統一과 羅州의 戰略的 位相」『고려의 후삼국통합과정과 나주』, 景仁文化社, 2013.

김명진, 「太祖王建의 天安府 設置와 그 運營」『한국중세사연구』 22, 한국중세사학회, 2007.

김명진, 「高麗太祖의 一利川戰鬪와 諸蕃勁騎」『한국중세사연구』 25, 한국중세사학회, 2008.

김명진, 「태조왕건의 충청지역 공략과 아산만 확보」『역사와 담론』 51, 호서사학회, 2008.

김명진, 「太祖王建의 나주 공략과 압해도 능창 제압」『도서문화』 32, 목포대학교 도서문화연구원, 2008.

金明鎭, 『高麗 太祖 王建의 統一戰爭 硏究』, 慶北大學校 博士學位論文, 2009.

김명진, 「고려 태조 왕건의 일모산성전투와 공직의 역할」『軍史』85, 국방부 군사편찬연구소, 2012.

김명진, 「고려 태조 왕건의 운주전투와 긍준의 역할」『軍史』96, 국방부 군사편찬연구소, 2015.

김상기, 「고려 태조의 건국과 경륜」『국사상의 제문제』1·2, 국사편찬위원회, 1959.

金庠基, 「羅末 地方群雄의 對中交通」『黃義敦先生古稀紀念史學論叢』, 東國大出版部, 1960.

金壽泰, 「全州 遷都期 甄萱政權의 變化」『韓國古代史硏究』13, 韓國古代史學會, 1999.

김아네스, 「고려 초기의 都護府와 都督府」『歷史學報』173, 歷史學會, 2002.

김종수, 「고려 태조대 6위 설치와 군제 운영」『軍史』88, 국방부 군사편찬연구소, 2013.

金周成, 「高麗初 淸州地方의 豪族」『韓國史硏究』61·62, 韓國史硏究會, 1988.

金周成, 「신라말·고려초 지방지식인」『湖南文化硏究』19, 全南大湖南文化硏究所, 1990.

김주성, 「후백제 견훤과 전주」『전주의 역사와 문화』, 주류성, 2000.

金昌謙, 「後三國統一期高麗太祖의 浿西豪族과 渤海遺民에 대한 政策硏究」『成大史林』4, 成大史學會, 1987.

金昌謙, 「高麗 太祖代 對流移民政策의 性格」『國史館論叢』35, 國史編纂委員會, 1991.

김효경, 「부여 林川郡 城隍祠와 庚黔弼」『역사민속학』26, 한국역사민속학회, 2008.

나말려초연구반, 「나말려초 호족의 연구동향」『역사와 현실』5, 한국역사연구회, 1991.

柳永哲, 「공산전투의 재검토」『鄕土文化』9·10, 1995.

柳永哲, 「後三國鼎立期의 大邱地域과 公山戰鬪」『大邱市史』제1권(通史), 大邱市史編纂委員會, 1995.

柳永哲, 「古昌戰鬪와 後三國의 정세 변화」『한국중세사연구』7, 한국중세사학회, 1999.

柳永哲, 「一利川 戰鬪와 後百濟의 敗亡」『大邱史學』63, 大丘史學會, 2001.

文暻鉉,「王建太祖의 民族再統一의 硏究」『慶北史學』1, 慶北史學會, 1979.

文秀鎭,「高麗建國期의 羅州勢力」『成大史林』4, 成大史學會, 1987.

文秀鎭,『高麗의 建國과 後三國 統一過程 硏究』, 成均館大學校 博士學位論文, 1991.

文秀鎭,「王建의 高麗建國과 後三國統一」『國史館論叢』35, 國史編纂委員會, 1992.

문안식·이대석,「왕건의 서남해 지역 경략과 토착세력의 동향」『한국고대의 지방사회』, 혜안, 2004.

閔丙河,「申崇謙과 公山桐藪 戰鬪」『軍史』29, 國防軍史硏究所, 1994.

朴龍雲,「高麗時代의 茂松庾氏家門 분석」『李丙燾博士九旬紀念 韓國史學論叢』, 1987.

朴天植,「高麗士族의 形成·發展과 階層構造」『國史館論叢』26, 國史編纂委員會, 1991.

朴漢卨,「王建世系의 貿易活動에 對하여-그들의 出身究明을 中心으로」『史叢』10, 高大史學會, 1965.

朴漢卨,「後三國의 成立」『한국사』3, 국사편찬위원회, 1978.

朴漢卨,「高麗太祖의 後三國統一政策」『史學志』14, 檀國大學校史學會, 1980.

朴漢卨,「羅州道大行臺考」『江原史學』1, 江原大學校史學會, 1985.

朴漢卨,「豪族과 王權」『한국사연구입문』, 지식산업사, 1987.

朴漢卨,「弓裔의 渤海 收復意識」『高句麗硏究』13, 高句麗硏究會, 2002.

배재훈,「견훤의 군사적 기반」『신라문화』36, 동국대학교 신라문화연구소, 2010.

邊東明,「金惣의 城隍神 推仰과 麗水·順天」『歷史學硏究』22, 호남사학회, 2004.

변동명,「申崇謙의 谷城 城隍神 推仰과 德陽祠 配享」『韓國史硏究』126, 韓國史硏究會, 2004.

徐榮敎,「張保皐의 騎兵과 西南海岸의 牧場」『震檀學報』94, 震檀學會, 2002.

서정석,「의자왕의 전략과 황산벌전투의 실상」『軍史』76, 국방부 군사편찬연구소, 2010.

宋寅州,「高麗圖經에 서술된 군제관련 記事의 검토」『한국중세사연구』12, 한국중세사학회, 2002.

신성재,「궁예정권의 나주진출과 수군활동」『軍史』57, 국방부 군사편찬연구소,

2005.

신성재, 「태봉과 후백제의 덕진포해전」『軍史』62, 국방부 군사편찬연구소, 2007.

신성재, 「태봉의 수군전략과 수군운용」『역사와 경계』75, 부산경남사학회, 2010.

신성재, 「궁예와 왕건과 나주」『韓國史硏究』151, 한국사연구회, 2010.

신성재, 「일리천전투와 고려태조 왕건의 전략전술」『韓國古代史硏究』61, 한국고대사학회, 2011.

신성재, 「후삼국시대 나주지역의 해양전략적 가치」『島嶼文化』38, 목포대학교 도서문화연구원, 2011.

신성재, 「청해진의 해상방위와 군사운용」『軍史』78, 국방부 군사편찬연구소, 2011.

신성재, 「고려의 수군전략과 후삼국통일」『東方學志』158, 延世大學校 國學硏究院, 2012.

신성재, 「고려와 후백제의 공산전투」『한국중세사연구』34, 한국중세사학회, 2012.

신성재, 「후백제의 수군활동과 전략전술」『한국중세사연구』36, 한국중세사학회, 2013.

신성재, 「후삼국시대 수군의 운영체제와 해전-특히 태봉과 고려를 중심으로」『역사와 경계』88, 부산경남사학회, 2013.

신성재, 「고려전기 해군에 대한 시론적 고찰」『역사와 경계』75, 부산경남사학회, 2015.

신성재, 「고려와 후백제의 해양쟁패전」『한국중세사연구』47, 한국중세사학회, 2016.

신성재, 「나말려초 백령도와 유금필의 수군활동」『이순신연구논총』26, 순천향대학교 이순신연구소, 2016.

신성재, 「왕건의 서남해 도서지방 경략과 해양사적 의미」『한국중세사연구』51, 한국중세사학회, 2017.

신성재, 「고려 태조대 명장 충절공 유금필」『軍史』102, 국방부 군사편찬연구소, 2017.

신성재, 「후삼국 통일전쟁과 왕건의 해군력 운용-현대의 해군력운용 개념을

　　　　적용하여」『이순신연구논총』28, 순천향대학교 이순신연구소, 2017.

申虎澈, 「弓裔의 政治的 性格-특히 佛敎와의 관계를 중심으로」『韓國學報』
　　　　29, 一志社, 1982.

申虎澈, 「新羅의 滅亡과 甄萱 」『忠北史學』 2, 忠北大學校史學會, 1989.

申虎澈, 「新羅末·高麗初 昧谷城(懷仁) 將軍 龔直」『湖西文化硏究』10, 忠北大湖
　　　　西文化硏究所, 1992.

申虎澈, 「後三國時代 豪族聯合政治」『韓國史上의 政治形態』, 一潮閣, 1993.

申虎澈, 「後三國 建國勢力과 淸州 地方勢力」『湖西文化硏究』11, 충북대학교
　　　　호서문화연구소, 1993.

申虎澈, 「신라말 고려초 歸附豪族의 정치적 성격」『忠北史學』8, 忠北大學校史
　　　　學會, 1995.

申虎澈, 「弓裔와 王建과 淸州豪族」『中原文化論叢』2·3, 충북대학교 중원문화
　　　　연구소, 1999.

신호철, 「후백제 견훤 왕의 역사적 평가와 그 의미-고려 태조와의 정치이념
　　　　및 호족·대외정책 등의 비교를 중심으로」『후백제와 견훤』, 서경문화
　　　　사, 2000.

신호철, 「高麗 건국기 西南海 지방세력의 동향」『역사와 담론』58, 호서사학회,
　　　　2011.

申虎澈, 「후삼국-고려초기 나주 호족의 활동」『고려의 후삼국통합과정과
　　　　나주』, 景仁文化社, 2013.

윤경진, 「고려초기의 정치체제와 호족연합정권」『한국 전근대사의 주요 쟁점』,
　　　　역사비평사, 2002.

尹明喆, 「新羅下代의 海洋活動硏究」『國史館論叢』91, 國史編纂委員會, 2000.

윤명철, 「後百濟의 海洋活動과 對外交流」『후백제 견훤정권과 전주』, 주류성,
　　　　2001.

尹龍爀, 「936년 고려의 통일전쟁과 개태사」『韓國學報』114, 一志社, 2004.

윤용혁, 「나말여초 洪州의 등장과 運州城主 兢俊」『한국중세사연구』22, 한국중
　　　　세사학회, 2007.

陰善赫, 『高麗太祖王建硏究』, 全南大學校 博士學位論文, 1995.

陰善赫, 「新羅 敬順王의 卽位와 高麗 歸附의 政治的 性格」『全南史學』11, 全南史
　　　　學會, 1997.

李基東, 「新羅下代의 浿江鎭」『韓國學報』4, 一志社, 1976.

李基白, 「高麗京軍考」『李丙燾博士華甲紀念論叢』, 一潮閣, 1956.

李基白, 「新羅私兵考」『歷史學報』9, 歷史學會, 1957.

李基白, 「高麗 太祖 時의 鎭」『歷史學報』10, 歷史學會, 1958.

李基白, 「貴族的 政治機構의 整備」『한국사』5, 국사편찬위원회, 1975.

李基白, 「太祖 王建과 그의 豪族聯合政治」『高麗貴族社會의 形成』, 一潮閣, 1990.

李道學, 「新羅末 甄萱의 勢力 形成과 交易」『新羅文化』28, 동국대 신라문화연구
소, 2006.

李明植, 「新羅末 朴氏王代의 展開와 沒落」『大丘史學』83, 大丘史學會, 2006.

李純根, 「羅末麗初 '豪族' 용어에 대한 연구사적 검토」『聖心女大論文集』19,
성심여자대학, 1987.

李純根, 「羅末麗初 地方勢力의 構成形態에 관한 一研究」『韓國史研究』67, 韓國
史研究會, 1989.

李純根, 『新羅末 地方勢力의 構成에 관한 研究』서울大學校 博士學位論文, 1991.

李仁在, 「羅末麗初 申崇謙의 生涯와 死後評價」『江原文化研究』6, 江原鄉土文化
研究會, 2001.

李在範, 「弓裔政權의 國號와 年號에 관한 小考」『白山朴成壽教授華甲紀念論叢』,
1991.

李在範, 『後三國時代 弓裔政權의 研究』, 成均館大學校 博士學位論文, 1991.

李在範, 「高麗 太祖 卽位時의 社會動向에 관한 一考察」『皐村申延澈教授停年退
任紀念史學論叢』, 일월서각, 1995.

李在範, 「高麗 太祖代의 對外政策」『白山學報』67, 白山學會, 2003.

이재범, 「궁예·왕건정권의 역사적 연속성에 관한 고찰」『史林』24, 수선사학회,
2005.

이재범, 「나말여초 '鴨綠'의 위치 비정」『史林』27, 수선사학회, 2007.

李貞信, 「弓裔政權의 成立과 變遷」『藍史鄭在覺博士古稀紀念東洋學論叢』, 高麗
苑, 1984.

이종봉, 「羅末麗初 梁州의 動向과 金忍訓」『지역과 역사』13, 부경역사연구소,
2003.

이진한, 「고려 태조대 대중국 해상교통로와 외교·교역」『한국중세사연구』33,
한국중세사학회, 2012.

이창섭, 「高麗 前期 水軍의 運營」『史叢』60, 高大史學會, 2005.

이창섭, 「11세기 초 동여진 해전에 대한 고려의 대응」『韓國史學報』30, 고려사학회, 2008.

이창섭, 「對宋 외교 활동에 참여한 고려 수군-破閑集과 高麗圖經에 나타나는 사례를 중심으로」『史叢』83, 2014.

李泰鎭, 「金致陽 亂의 性格」『韓國史研究』17, 韓國史研究會, 1977.

李海濬, 「新安 島嶼地方의 歷史文化的 性格」『島嶼文化』7, 木浦大島嶼文化研究所, 1990.

李海濬, 「목포의 역사」『木浦市의 文化遺蹟』, 國立木浦大學校博物館, 1995.

이형우, 「古昌戰鬪考」『上智實業專門大學論文集』12, 1982.

이희환, 「동서문명의 접경지, 백령도 점경(點景)-지도를 중심으로 본 백령도의 문화교류사」『인천학연구총서』33, 인천대학교 인천학연구원, 2015.

임용한, 「고려후기 수군개혁과 전술변화」『軍史』54, 국방부 군사편찬연구소, 2005.

全基雄, 「羅末麗初의 地方社會와 知州諸軍事」『慶南史學』4, 慶南史學會, 1987.

전기웅, 「신라의 멸망과 朴氏王家」『韓國民族文化』31, 釜山大學校 韓國民族文化研究所, 2008.

전기웅, 「삼국유사 소재 '眞聖女大王居陀知條' 설화의 검토」『韓國民族文化』38, 釜山大學校 韓國民族文化研究所, 2010.

전덕재, 「조선시대 영남지역 포구와 나루의 변천-낙동강유역의 포구와 나주를 중심으로」『島嶼文化』28, 木浦大島嶼文化研究所, 2006.

전덕재, 「泰封의 地方制度에 대한 考察」『新羅文化』27, 동국대학교 신라문화연구소, 2006.

전덕재, 「신라의 王京과 小京」『歷史學報』209, 歷史學會, 2011.

鄭景鉉, 「高麗太祖代의 徇軍部에 대하여」『韓國學報』48, 一志社, 1987.

鄭景鉉, 「高麗 太祖의 一利川 戰役」『韓國史研究』68, 韓國史研究會, 1988.

鄭景鉉, 「高麗前期 武職體系의 成立」『韓國史論』19, 서울대학교 인문대학 국사학과, 1988.

鄭景鉉, 「高麗初期 京軍의 統帥體系-徇軍部의 兵權에 대한 再解釋을 겸하여」『韓國學報』62, 一志社, 1991.

鄭景鉉, 『高麗前期 二軍六衛制研究』, 서울大學校 博士學位論文, 1992.

丁善溶, 「弓裔의 勢力形成 過程과 都邑 選定」『韓國史研究』97, 韓國史研究會, 1997.

丁善溶, 「高麗 太祖의 對新羅政策 樹立과 그 性格」『한국중세사연구』27, 한국중세사학회, 2009.

丁善溶, 『高麗太祖의 新羅政策 研究』西江大學校 博士學位論文, 2010.

정연식, 「거타지 설화의 새로운 해석」『東方學志』160, 延世大學校 國學研究院, 2012.

정요근, 「後三國時期 高麗의 남방진출로 분석」『한국문화』44, 서울대 규장각 한국학연구원, 2008.

정진술, 「왕건의 나주 공략과 고하도」『해양담론』창간호, 목포해양대학교 해양문화연구정책센터, 2014.

鄭淸柱, 「弓裔와 豪族勢力」『全北史學』10, 全北大學校史學會, 1986.

鄭淸柱, 「新羅末·高麗初의 羅州豪族」『全北史學』14, 全北大學校史學會, 1991.

鄭淸柱, 「王建의 成長과 勢力 形成」『全南史學』7, 全北大學校史學會, 1993.

鄭淸柱, 「新羅末·高麗初 支配勢力의 社會的 性格-後三國 建國者와 豪族」『全南史學』9, 全南史學會, 1995.

鄭淸柱, 「新羅末·高麗初 順天地域의 豪族」『全南史學』18, 全南史學會, 2002.

정청주, 「신라말·고려초 海上勢力의 대두와 그 역사적 의미-왕건의 海上勢力 장악을 중심으로」『歷史學研究』59, 호남사학회, 2015.

曺凡煥, 「新羅末 朴氏王의 登場과 그 政治的 性格」『歷史學報』129, 歷史學會, 1991.

趙法鍾, 「後百濟 甄萱의 歷史繼承認識-高句麗 및 百濟의 馬韓繼承認識을 중심으로」『후백제 견훤정권과 전주』, 주류성, 2001.

조법종, 「후백제와 태봉관련 연구동향과 전망」『신라문화』27, 동국대학교 신라문화연구소, 2006.

조법종, 「후백제와 태봉」『한국고대사입문 3-신라와 발해』, 신서원, 2006.

趙仁成, 「弓裔政權의 中央政治組織-이른바 廣評省體制에 대하여」『白山學報』33, 白山學會, 1986.

趙仁成, 「弓裔의 出生과 成長」『東亞研究』17, 西江大學校 東亞研究所, 1989.

趙仁成, 『泰封의 弓裔政權 研究』, 西江大學校 博士學位論文, 1991.

趙仁成, 「弓裔의 勢力形成과 建國」『震檀學報』75, 震檀學會, 1993.

趙仁成, 「弓裔의 세력 형성과 彌勒信仰」『韓國史論』36, 국사편찬위원회, 2002.

조인성, 「弓裔政權의 對外關係」『강좌 한국고대사』4, 가락국사적개발연구원, 2003.

趙仁成, 「弓裔의 後高句麗 건국과 관련한 두 문제」『新羅文化』27, 동국대학교 신라문화연구소, 2006.

崔圭成, 「弓裔政權의 支持勢力」『東國史學』19·20, 東國史學會, 1986.

崔圭成, 「弓裔政權의 性格과 國號의 變更」『祥明女大論文集』19, 祥明女子大學校, 1987.

崔圭成, 「弓裔政權下 知識人의 動向」『國史館論叢』31, 國史編纂委員會, 1992.

최규성, 「新羅下代 西南海 豪族과 王建과의 關係」『대외문물교류연구』창간호, 해상왕장보고연구회, 2002.

崔柄憲, 「道詵의 生涯와 羅末麗初의 風水地理說」『韓國史研究』11, 韓國史研究會, 1975.

최연식, 「康津 無爲寺 先覺大師碑를 통해 본 弓裔 행적의 재검토」『목간과 문자』7, 한국목간학회, 2011.

최완기, 「조운제의 정비」『한국사』24, 국사편찬위원회, 1994.

崔貞煥, 「고려시기 대구지역의 변화와 정체성」『安東史學』9·10號, 安東史學會, 2005.

崔鍾奭, 「羅末麗初 城主·將軍의 정치적 위상과 城」『韓國史論』50, 서울대학교 인문대학 국사학과, 2004.

최형국, 「朝鮮時代 騎兵의 戰術的 운용과 馬上武藝의 변화」『역사와 실학』38, 역사실학회, 2009.

하일식, 「해인사전권(田券)과 묘길상탑기(妙吉祥塔記)」『역사와 현실』24, 한국역사연구회, 1997.

河炫綱, 「高麗太祖와 開城」『李弘稙博士回甲紀念 韓國史學論叢』, 新丘文化社, 1969.

河炫綱, 「高麗王朝의 成立과 豪族聯合政權」『한국사』4, 국사편찬위원회, 1977.

河炫綱, 「高麗太祖의 內外政策의 樹立背景과 그 性格」『東方學志』54·55·56, 延世大學校 國學研究院, 1987.

한정훈, 「고려시대 13조창과 주변 교통로 연구」『한국중세사연구』23, 한국중세사학회, 2007.

한정훈, 「고려 초기 60浦制의 실시와 그 의미」 『지역과 역사』 25, 부경역사연구
　　소, 2009.

洪承基, 「高麗初期 中央軍의 조직과 역할」 『高麗軍制史』, 陸軍本部, 1983.

洪承基, 「高麗 太祖 王建의 집권」 『震檀學報』 71·72, 震檀學會, 1991.

4. 국외 저서 및 논문

日野開三郎, 『日野開三郎 東洋史學論集 第九卷 ; 北東アジア國際交流史の研究(上)』,
　　三一書房, 1984.

旗田巍, 「高麗王朝成立期の府と豪族」 『法制史研究』 10, 1960.

武田幸男, 「新羅の骨品體制社會」 『歷史學研究』 299, 1965.

石井正敏, 「小右記 所載 內藏石女等申文にみえる高麗の兵船について」 『朝鮮學報』
　　198, 朝鮮學會, 2006.

日野開三郎, 「羅末三國の鼎立と對大陸海上交通貿易(一)」 『朝鮮學報』 16, 朝鮮學
　　會, 1960.

日野開三郎, 「羅末三國の鼎立と對大陸海上交通貿易(四)」 『朝鮮學報』 20, 朝鮮學
　　會, 1961.

田保橋潔, 「弓裔とその都城址」 『史學會誌』 17, 1941.

池內宏, 「高麗太祖の經略」 『滿鮮史研究』 中世篇 2, 吉川弘文館, 1937.

陳恩林, 「春秋時期的軍事制度」 『中國春秋戰國軍事史』, 人民出版社, 1994.

津田左右吉, 「後百濟疆域考」 『朝鮮歷史地理』 1, 南滿洲鐵道株式會社, 1913.

倉澤藤三郎, 「弓裔の古趾を訪ねて」 『文敎の朝鮮』, 1926.

胡戟, 「中國 水軍과 白江口 戰鬪」 『百濟史上의 戰爭』, 書景文化社, 2000.

찾아보기

신성재 愼成宰

해군사관학교를 졸업하고 연세대학교 대학원 사학과에서 문학 석사와 박사 학위를 받았다. 현재 모교에서
군사전략학과(軍史戰略學科) 교수로 재직하면서 사관생도들을 가르치고 있다.
집필한 저서로는 『후삼국시대 수군활동사』(혜안), 『대한민국 건군의 주역 손원일 제독』(공저, 해군사관학교)
이 있다. 논문으로는 「태봉의 수군전략과 수군운용」, 「고려의 수군전략과 후삼국통일」, 「일리천전투와
고려 태조 왕건의 전략전술」, 「고려와 후백제의 해양쟁패전」, 「왕건의 서남해 도서지방 경략과 해양사적
의미」, 「고려 현종대 강민첨의 생애와 군사활동」, 「고려 말 정지의 해방론과 수군활동」, 「명량해전 연구의
성과와 전망」, 「손원일 제독의 해군건설과 수군전통 계승활동」, 「한국 해군장교 정모휘장의 변천과 그
함의」 등이 있다.
한국 중세시대 수군사와 전쟁사 연구에 관심을 기울이고 있으며, 최근에는 현대 한국 해군의 문양과 상징,
이념과 가치체계를 대상으로 연구의 지평을 넓혀가고 있다.

한국중세사학회 연구총서 11

후삼국 통일전쟁사 연구

신 성 재 지음

초판 1쇄 발행 2018년 5월 31일

펴낸이 오일주
펴낸곳 도서출판 혜안

등록번호 제22-471호
등록일자 1993년 7월 30일

주소 (우) 04052 서울시 마포구 와우산로 35길 3(서교동) 102호
전화 3141-3711~2 / 팩스 3141-3710
E-Mail hyeanpub@hanmail.net

ISBN 978-89-8494-606-4 93910

값 26,000 원